이육사 전집

이육사 전집

김용직
손병희 편저

책머리에

　이육사는 한국현대문학사가 갖게 된 자랑이며 긍지다. 그는 일제 암흑기의 삼엄한 전시체제하에서 반제·자주의 의지를 다진 시를 남겼다. 그에 앞서 그는 조국광복에 정신(挺身)하는 가시밭길을 택했다. 사상범 이육사를 사갈시한 일제는 전후해서 그를 10여 차례나 연행, 구금, 투옥했다. 그때마다 혹독한 박해가 뒤따랐다. 그러나 이 극악·지난의 상황을 무릅쓰고 이육사는 한 번도 반제투쟁의 고삐를 놓지 않았다. 41세를 일기로 한 그의 최후도 북경의 일본영사관 감방에서 빚어진 순국이었다.

　이육사의 문필활동 역시 그의 민족운동과 궤를 같이했다. 1930년대 초두부터 이루어진 그의 글쓰기는 처음 사회사정을 다룬 시사물로 시작되었다. 그 후 그는 시와 수필을 발표했고 소설을 쓰는가 하면 문예비평에도 손을 대었다. 이육사의 작품 활동은 거의 문학의 전 영역에 걸친 셈이다. 이들 글은 크게 두 가지 유형으로 나눌 수 있다. 「황혼(黃昏)」, 「청포도(靑葡萄)」로 본격화된 그의 시와 「황엽전(黃葉箋)」으로 대표되는 소설, 「전조기(剪爪記)」, 「계절의 오행(五行)」 등의 수필작품들에는 이육사의 역사·상황·현실에 대한 눈길이 직접적으로 나타나지 않는다.

이와는 유형을 달리하는 것이 「절정(絶頂)」, 「광야(曠野)」 등의 시이며 「고향」, 「노신추도문」 등의 산문이다. 전자는 초현실, 탈역사의 유형에 속하는 것들이다. 그러나 이들 작품에는 명백히 시대 상황에 대한 대응의 의지가 그 바닥에 깔려 있다. 그러나 큰 테두리로 보아 전자와 후자는 평행선을 달린 대치개념이 아니다. 보편적 세계를 다룬 자리에서도 이육사는 모국어와 그 문화에 대한 애정을 품고 있었다. 그와 아울러 시대와 역사, 현실에 대한 의식을 담은 작품에서도 보편적 세계에 대한 감각을 포함시켰다. 그런 의미에서 그의 일체 작품들은 민족과 역사에 대한 배려의 산물인 동시에 예술과 문화의 표준을 망각하지 않은 경우다.

이미 지적된 것처럼 이육사는 일제치하를 외곬으로 민족의 편에 서서 살았다. 그의 외발적 행동이 심하게 제한·규제된 사실은 이미 제시된 바와 같다. 그와 아울러 그의 문필활동 역시 총독부 학무국과 군부의 부단한 감시하에 놓여 있었다. 많은 이육사의 글들이 그들에 의해 삭제, 압수, 폐기처분되었을 것으로 보인다. 이육사전집을 엮으면서 우리는 그런 이육사의 작품들 가운데 남은 것들을 최대한 수용하도록 노력했다. 李活과 李陸史, 二·六·四 등 그의 기명이 있는 글들은 그것이 몇 줄로 된 토막글인 경우에도 반드시 검토해 보았다.

이 작업을 통해서 우리는 그동안 매몰된 상태로 있었던 일곱 편의 글과 그에 포함된 두 수의 시조를 찾아내었다. 그 하나는 이육사가 평생의 지기로 삼은 신석초에게 보낸 세 편의 편지다. 이것은 1부 시편에 수록되어 있다. 이제까지 이육사가 우리에게 끼친 작품으로 시조에 속하는 것은 하나도 발견되지 않았다. 그런데 이 두 수는 평

시조의 자수율을 엄격하게 지킨 전형적 작품이다. 이것으로 우리는 이육사의 시 작품 목록에서 두 수를 더 등록할 수 있게 되었다. 이와 아울러 우리는 1942년도에 육사가 고향의 친족에게 보낸 서간문도 발굴해 내었다. 이 해는 육사가 국제 정세의 변화에 대응하여 북경을 내왕하면서 국외로의 탈출을 모색하고 있었을 때다. 그런 이면 사정이 짐작되는 것으로 이 편지글은 이육사 연구에 귀중한 자료가 된다. 또한 이 전집에는 이육사가 이상하(李相夏)에게 보낸 서간문도 수록시켰다. 순한문으로 된 이 글은 탈초(脫草)를 하고 한글 해석을 붙였다. 또 다른 것은 이육사가 조선일보 대구지국 기자로 있을 때 쓴 「대구 약령시(藥令市)의 유래」다. 이 글은 그동안 제목만이 알려졌을 뿐 본문은 나타나지 않은 상태였다. 이 작업을 통해 우리는 그 빈터를 메울 수 있게 되었다. 마지막 하나가 토막글로 전하는 『시학』 5집의 앙케트 응답이다. 그러나 이육사의 작품으로 햇빛을 보지 못한 것이 어디에 있을 가능성은 많다. 시인의 탄신 100주년 기념출판을 계기로 이육사 관계의 정보·자료가 더욱 풍성하게 갖추어지기를 기대한다.

새로 발굴한 작품들을 여기에 밝혀두면 다음과 같다.

1. 경부선차중에서–신석초에게(1940. 4)
2. 삼랑진에서– 신석초에게(1940. 4)
3. 경주옥룡암에서–신석초에게(1942. 8)
4. 이원석(李源錫)군에게(1942. 11)
5. 대구 약령시의 유래(조선일보, 1932. 1)
6. 이상하(李相夏)군에게(1930. 6)

7. 『시학』 설문에 대한 응답(1940. 1)

  이육사탄신백주년기념사업(李陸史誕辰百週年記念事業)이 발의되었을 때 전집을 기획, 발간하도록 요청한 것은 바로 우리들이었다. 말하자면 애초에 이 책은 자원입대 형태를 취한 의용봉사의 각도에서 시작된 것이다. 돌출발언에 속한 우리 의견을 수용하여 이 전집 엮기가 지체 없이 이루어질 수 있게 해준 기념사업추진 실무진들에게 감사한다. 새삼스럽게 밝힐 것도 없이 이육사는 민족문학과 역사를 되새기는 우리에게 길이며 빛이 된 이름이다. 그런 그의 모습을 부각하려는 우리 작업에는 여러 이웃과 친지들의 뜨거운 도움이 있었다. 이번 전집을 내는 전제 작업으로 우리는 육사의 관계 자료들을 가능한 한 새로 발굴하려고 시도했다. 이 전집에는 그동안 공개되지 않은 육사의 글이 일곱 편이나 새롭게 햇빛을 보았다. 이들 자료를 제공한 분들은 신석초(申石艸) 선생의 유족인 신홍순(申弘淳)씨와 육사의 장질인 이동영(李東英) 교수 등이다. 아껴 갈무려 온 글들을 공개하여 전집이 결정판이 되도록 하여준 후의에 감사한다. 이와 아울러 이 전집의 간행은 안동시와 경상북도, 문화관광부의 아낌없는 지원으로 가능하게 되었다. 관계당국의 넉넉한 헤아림을 깊이 기억해 두고 싶다. 끝으로 이 책은 도서출판 '깊은샘'의 유다른 관심으로 이루어지게 되었다. 사장 박현숙과 편집진의 일꾼들에게도 인사를 드리지 않을 수 없다.

2004년 7월 10일

일러두기

이 책은 이육사가 생전에 써서 남긴 작품들을 총망라한 전집으로 기획, 편집되었다. 우리 작업 이전에도 이육사 전집은 몇 가지가 간행되었다. 그러나 그들 선행 작업에는 최근에 발굴된 몇 편의 작품이 포함되지 않았다. 또한 경우에 따라서는 이육사가 아닌 동명이인의 작품이 잘못 수록된 것이 있다. 이 작업은 그들을 지양, 극복하고 최근에 나온 이육사의 작품까지를 모두 수록하여 문자 그대로 이육사 문학의 결정판이 되기를 기했다.

1. 전집을 엮기 위한 체계로 우리는 양식론의 감각을 원용했다. 그리하여 이 책은 시, 소설, 수필, 문예·문화비평, 시사평론, 방문기·서간·기타 등 6부로 짜여졌다. 이와 아울러 편자들이 쓴 시인론이 붙고 시인의 생애, 작품연보, 관계연구 서지목록을 첨가했다. 그 결과 이 책은 총 6부의 분문과 네 편의 부록으로 이루어지게 되었다.
2. 모든 작품은 가능한 한 원형이 훼손되지 않도록 노력했다. 여러 작품의 표기에는 이분법이 적용되었다. 시와 서간문 등 일부 문예물에서는 원전제일주의를 취했다. 여기서는 구식철자법과 사투리도 원형 그대로 표기했다. 그러나 기타 수필과 문

예비평, 시사평론 등에서는 대체로 현행 맞춤법이 감안되었다. 다만 사투리와 고어, 시인 나름의 조어 등은 가능한 한 원형을 그대로 살리는 입장을 택했다. 여기서 우리가 택한 표기법의 손질 사례는 하단에 붙인다.

3. 한자(漢字) 표기에 대해서는 시와 산문을 구별해 보았다. 우선 시의 경우에는 한자 표기를 원칙적으로 그대로 두었다. 널리 알려진 대로 이육사는 한자와 한문에 대해서 상당한 조예를 지닌 분이었다. 그런 그가 작품에 쓴 한자를 한글로 고치는 것은 시인의 작품을 자의로 훼손시키는 일이다. 이것이 우리가 詩에서 어떤 어휘도 한글화하지 않은 가장 으뜸가는 이유다. 서간문에서도 이 원칙은 지켜졌다.

산문에서는 뜻이 크게 훼손되지 않는 범위 안에서 한자를 한글로 고쳐 적었다. 그러나 음이 같아도 한자로 적어야 그 내포와 외연이 제대로 드러나는 말들은 한자를 그대로 두었다. 구체적으로 裝飾, 鐵道, 鈍感 등 지금 우리 주변에서 일상용어로 쓰이는 말들은 한글로 표기했다. 그러나 空山蘿月, 剪爪 등은 한자를 살리도록 했다.

4. 모든 작품의 제목은 원칙적으로 원형을 그대로 적었다. 또한 시에서는 필요한 경우 작품 하단에 주석란을 마련하여 간단한 풀이의 말을 달았다. 그러나 작품의 의미맥락, 내용과 구조에 관계되는 해석은 가하지 않기로 했다. 이것은 경우에 따라서 이육사의 작품에 대한 읽기가 다른 각도에서 이루어질 수 있는 사정을 고려한 나머지의 일이다.

5. 이 책의 또 다른 시각으로 된 것이 일반 대중용을 탈피하고자 한 점이다. 우리는 처음부터 전공자용으로 이 책을 꾸리기로 했다. 우리의 시도가 있기 전에도 이육사의 시집과 작품집은 여러 종이 나왔다. 그들이 일반 독자의 교양제고에 기여한 공적은 당연히 인정되어야 한다. 그러나 거기서 빚어진 부작용도 없지 않았다. 몇몇 경우 그런 육사작품집은 풍문을 낳고 통속적인 생각을 빚어냈다. 이 책을 통해 우리는 그런 편견들이 극복되기를 바란다. 진지한 학도들의 다수 참여로 이육사의 모습이 참되게 그리고 종합적으로 부각되어 가기를 희망한다. 그것을 가능하게 하는 것이 전공의 감각을 바탕으로 하는 이육사 읽기라고 믿는다. 우리가 이 책을 전공자용으로 편찬한 것은 그런 의도에 따라서이다.

6. 이 작업을 통해서 우리는 이육사에 관한 몇 가지 잘못된 판단을 바로잡았다. 어떤 편자의 전집에는 「문외한의 수첩」이 소설편에 올라 있다. 거기에 R이라는 인물이 올라 있기는 하다. 그러나 작품 안에서 그의 모양이나 성격이 묘사된 부분은 나타나지 않는다. 이육사의 문학적 입장은 모더니즘과 초현실주의의 그것이 아니었다. 그렇다면 이 작품은 수필, 수상편에 올리는 것이 마땅하리라 본다. 또 하나의 경우에는 「소년(少年)에게」가 게제지 미상으로 올라 있다. 이것은 1941년 1월호 『시학』에 실린 작품이다. 뿐만 아니라 이제까지 본문해석에는 얼마간의 착오도 있었다. 보기로 들면 「호수(湖水)」의 마지막 줄에 '명모(瞑帽)같이'라는 구절이 있다. 이것은 '멱모(幎冒)'의 오식이다.

이 작업에서 우리는 가능한 한 이런 착오를 바로 잡았다.
7. 외래어 표기는 당시 표기를 그대로 따랐지만 거기에 붙은 방점은 뺐다. 시와 서간문을 제외한 양식에서 띄어쓰기는 현대 맞춤법에 따랐다. 마침표가 없는 경우도 적절히 넣었다. 기호들도 현대표기에 맞게 고쳤다.(「 」『 』→ ' ' " ")
8. 1부 시(詩)의 경우 「황혼」에서 「꽃」까지 『육사시집』을 원본으로 했으며, 「말」에서 「주난홍여」까지는 미수록 작품으로 게재지를 명기 하였다.

〈바뀐 예〉

~만은→~마는	글시→글씨	무었→무엇
~음니다→읍니다	깃버하다→기뻐하다	문허지다→무너지다
~의게→~에게	끗→끝	바다가→바닷가
써나다→떠나다	나갓다→나갔다	발가질아→발가질까
때→때	날자→날짜	벌서→벌써
가개, 가게→가게	낫하나다→나타나다	봇다리→보따리
가만이→가마니	낯→낱(낱개)	비체→빛에
가저→가져	눈섭→눈썹	숫→숯
가저야→가져야	돗→돛	안타, 안다→않다
가티→같이	드듸여→드디어	업다→없다
갑→값	듯다→듣다	업서라→없어라
갓허라→같어라	듸더→디뎌	엇던→어떤
거름→걸음	량→양	엇지→어찌
거믜→거미	말숙→말쑥	옴겨→옮겨
그럼으로→그러므로	말슴→말씀	우슴→웃음
그적게→그저께	모릅니다→모릅니다	웨→왜
글세→글쎄	많이, 몹씨→몹시	일흠→이름

차례→차례 하엿다→하였다 훨신→훨씬
첨하→처마 함니다→합니다 흔들니다→흔들리다
첫재→첫째 햇읍니다→했습니다 히망→희망
틀님→틀림 홋족기→홑조끼

〈살린 예〉

~이였다(이었다) 반다시(반드시) 오날(오늘)
날세(날씨) 빛갈(빛깔) 오증어(오징어)
되였다(되었다) 사마구(사마귀) 왼밤, 왼몸(온밤, 온몸)
따(땅) 석냥(성냥) 자미(재미)
마짱(마작) 시굴(시골) 조히(좋은, 좋게, 종이)
마츰내(마침내) 아츰(아침) 질기다(즐기다)
목구녕(목구멍) 아해(아이) 하날(하늘)
몬지(먼지) 안해(아내) 하드라도(하더라도)
바눌(바늘) 연석(녀석) 하로(하루)

차 례

책머리에 ··· 5
일러두기 ··· 9

1부 시

黃昏 ·· 21
靑葡萄 ·· 23
路程記 ·· 25
年譜 ·· 27
絶頂 ·· 29
鴉片 ·· 30
나의 뮤-즈 ··· 32
喬木 ·· 34
娥眉 ·· 35
子夜曲 ·· 37
湖水 ·· 39
少年에게 ··· 40
江건너 간 노래 ·· 42
芭蕉 ·· 44

斑猫	46
獨白	48
日蝕	50
邂逅	52
曠野	54
꽃	56
말	58
春愁三題	59
失題	61
한개의 별을 노래하자	63
海潮詞	65
草家	68
小公園	70
南漢山城	72
狂人의 太陽	73
西風	74
서울	76
바다의 마음	78
蝙蝠	79
山	82
畵題	83
잃어진 故鄕	84
옥룡암에서 신석초에게	86
謹賀石庭先生六旬	87
晩登東山	88

酒暖興餘 ··· 90

2부 소설

黃葉箋 ··· 93
골목안(小巷) ·· 103
故鄕 ·· 115

3부 수필

蒼空에 그리는 마음 ······································ 133
嫉妬의 叛軍城 ·· 135
門外漢의 手帖 ·· 139
剪爪記 ·· 147
季節의 五行 ··· 150
橫厄 ·· 163
靑蘭夢 ·· 167
銀河水 ·· 170
玄酒·冷光 ·· 175
戀印記 ·· 177
年輪 ·· 182
山寺記 ·· 187
季節의 表情 ··· 192

皇蘭 ··· 199

4부 문예·문화 비평

魯迅 追悼文 ··· 207
自己深化의 길 ······································ 222
映畵에 대한 文化的 囑望 ························· 225
藝術形式의 變遷과 映畵의 集團性 ············· 230
尹崑崗詩集『氷華』기타 ··························· 243
中國文學 五十年史 ································ 246
中國 現代詩의 一斷面 ···························· 266

5부 시사평론

大邱社會團體槪觀 ································· 277
五中全會를 앞두고 外分內裂의 中國政情 ···· 283
國際貿易主義의 動向 ····························· 289
危機에 臨한 中國政局의 展望 ·················· 296
中國靑帮秘史小考 ································· 306
1935년과 露佛關係 展望 ························· 317
中國農村의 現狀 ··································· 325
侮辱의 書 ·· 337
朝鮮文化는 世界文化의 一輪 ··················· 343

6부 방문기 · 서간문 · 기타

新進作家 張赫宙君의 訪問記 ················· 347
舞姬의 봄을 찾아서 ························· 350
大邱의 자랑 藥令市의 由來 ··················· 358
無量寺에서 ································ 367
玉龍菴에서 ································ 368
신석초에게 1 ······························ 370
신석초에게 2 ······························ 372
再從 源錫君에게 ···························· 373
李相夏에게 ································ 375
1934년 문단에 대한 희망 앙케에트에 대한 응답 ······ 378
『詩學』 앙케에트에 대한 대답 ················· 379

부록

◆ 해설
시와 역사의식 ···················· 김용직 • 383

이육사 연보 ····················· 손병희 • 405
이육사 작품 연보(발표순) ············ 손병희 • 413
이육사 연구 서지 목록 ·············· 손병희 • 418

1부

시

黃　昏

내 골ㅅ방의 커-텐을 걷고
정성된 마음으로 黃昏을 맞아드리노니
바다의 흰 갈메기들 같이도
人間은 얼마나 외로운것이냐

黃昏아 네 부드러운 손을 힘껏 내밀라
내 뜨거운 입술을 맘대로 맞추어보련다
그리고 네 품안에 안긴 모든것에
나의 입술을 보내게 해다오

저　十二星座의 반짝이는 별들에게도
鐘ㅅ소리 저문 森林속 그윽한 修女들에게도
쎄멘트 장판우 그 많은 囚人들에게도
의지 가지없는 그들의 心臟이 얼마나 떨고 있는가

十二星座(십이성좌) : 황도십이궁(黃道十二宮), 곧 황도대에 있는 열두 별자리를 이른다.
의지 가지없는 : 의지할 만한 대상이 없는, 또는 다른 방도가 없는.

고비沙漠을 걸어가는 駱駝탄 行商隊에게나
아프리카 綠陰속 활 쏘는 土人들에게라도
黃昏아 네 부드러운 품안에 안기는 동안이라도
地球의 半쪽만을 나의 타는 입술에 맡겨다오

내 五月의 골ㅅ방이 아늑도 하니
黃昏아 來日도 또 저 푸른 커-텐을 걷게 하겠지
暗暗히 사라지긴 시내ㅅ물 소리 같아서
한번 식어지면 다시는 돌아 올줄 모르나보다

『新朝鮮』, 1935년 12월

駱駝(낙타) : 약대라고도 함.
暗暗(암암)히 : 그윽하게, 혹은 잊어지지 않고 가물가물 보이는 듯하게, (눈앞에) 아른히, 선히. 『신조선』(1935. 12)에 발표된 원전에는 情情(정정)히로 되어 있었다. 시집에서 이렇게 된 것을 자의적이라고 본 예가 있다. 그러나 시집 발간을 주재한 것은 육사의 아우 이원조였다. 그가 생전에 이 부분이 오식임을 들었을 공산이 있어 현형이 타당하다고 본다.

靑 葡 萄

내 고장 七月은
청포도가 익어가는 시절

이 마을 전설이 주절이주절이 열리고
먼데 하늘이 꿈 꾸며 알알이 들어와 박혀

하늘 밑 푸른 바다가 가슴을 열고
흰 돛 단 배가 곱게 밀려서 오면

내가 바라는 손님은 고달픈 몸으로
靑袍를 입고 찾아 온다고 했으니

내 그를 맞아 이 포도를 따 먹으면

주절이주절이 : 주저리주저리. 물건이 어지럽게 많이 매달려 있는 모양이나 이것저것 끊임없이 이야기하는 모양. 비슷한 말로 '주절주절'이 있다.
靑袍(청포) : 푸른 빛깔의 도포. 조선시대 4·5·6품의 벼슬아치가 입은 공복, 또한 엷은 빛깔로 된 청포는 경사스러운 일의 상징으로 되어 왔음.

두 손은 함뿍 적셔도 좋으련

아이야 우리 식탁엔 은쟁반에
하이얀 모시 수건을 마련해두렴

『文章』, 1939년 8월

함뿍 : 함빡.

路程記

목숨이란 마치 깨여진 배쪼각
여기저기 흩어져 마을이 구죽죽한 漁村보담 어설프고
삶의 틔끌만 오래묵은 布帆처럼 달아매였다

남들은 기뻤다는 젊은 날이었것만
밤마다 내 꿈은 西海를 密航하는 짱크와 같애
소금에 절고 湖水에 부프러 올랐다

항상 흐렸한밤 暗礁를 벗어나면 颱風과 싸워가고
傳說에 읽어본 珊瑚島는 구경도 못하는
그곳은 南十字星이 비쳐주도 않았다

구죽죽한 : '구중중한'(?), '구중중한'은 축축한 습지나 고인 물 따위가 더럽고 지저분한 것을 뜻한다.
짱크 : 중국에서, 연해나 하천에서 사람이나 짐을 실어 나르는 데 쓰던 배인 정크(junk).

쫓기는 마음 지친 몸이길래
그리운 地平線을 한숨에 기오르면
시궁치는 熱帶植物처럼 발목을 오여쌌다

새벽 밀물에 밀려온 거미이냐
다 삭아빠즌 소라 껍질에 나는 붙어 왔다
먼-ㄴ 港口의 路程에 흘러간 生活을 드려다보며

『子午線』, 1937년 12월

기오르면 : 기어 오르면.
시궁치 : 시궁의 근처, 곧 시궁발치. 시궁은 더러운 물이 잘 빠지지 않고 썩어서 질척
질척하게 된 도랑.
오여쌌다 : 둘러싸다, 에워싸다(?).

年 譜

'너는 돌다리ㅅ목에서 줘왔다' 던
할머니 핀잔이 참이라고 하자

나는 진정 江언덕 그 마을에
벌어진 문바지였는지 몰라

그러기에 열여덟 새봄은
버들피리 곡조에 불어 보내고

첫사랑이 흘러간 港口의 밤
눈물 섞어 마신술 피보다 달더라

줘왔다 : 주워 왔다.
벌어진 : 버려진.
문바지 : 남의 집 대문 앞에 버려져, 남이 이를 받아 키우는 아이.
공명 : 부귀공명의 준말.

공명이 마다곤들 언제 말이나 했나
바람에 붙여 돌아온 고장도 비고

서리 밟고 걸어간 새벽길우에
肝ㅅ잎만 새하얗게 단풍이 들어

거미줄만 발목에 걸린다해도
쇠사슬을 잡아맨 듯 무거워졌다

눈우에 걸어가면 자욱이 지리라고
때로는 설래이며 바람도 불지

『詩學』, 1939년 4월

마다곤들 : '마다고인들, 공명이 싫다고 하는 말인들'의 뜻.
肝ㅅ잎 : 간엽(肝葉), 곧 잎사귀 모양을 하고 두 쪽으로 나뉜 간장(肝臟)의 한쪽 부분.

絕　頂

매운 季節의 채쭉에 갈겨
마츰내 北方으로 휩쓸려오다

하늘도 그만 지쳐 끝난 高原
서리빨 칼날진 그 우에서다

어데다 무릎을 꿇어야 하나
한발 재겨 디딜곳조차 없다

이러매 눈 감아 생각해 볼밖에
겨울은 강철로 된 무지갠가 보다

『文章』, 1940년 1월

絕頂(절정) : 본 뜻은 최정상을 가리킨다. 그러나 여기서는 진퇴양난의 위기 상황을 뜻함.
어데다 : 어디에다.
재겨 : 재어, 쟁여.

鴉 片

나릿한 南蠻의 밤
燔祭의 두레ㅅ불 타오르고

玉돌보다 찬 넋이 있어
紅疫이 만발하는 거리로 쏠려

거리엔 노아의 洪水 넘쳐나고
위태한 섬우에 빛난 별하나

鴉片(아편) : 양귀비의 진액을 건조시켜서 얻는 고무 모양의 물질. 마취작용을 하나 중독성이 있어 마약으로 분류됨.
나릿한 : '느릿한'의 작은 말. 북한에서는 '나릿하다'를 냄새, 공기, 소리가 사람의 감각 기관을 약하게 자극하는 말로 쓴다.
燔祭(번제) : 구약 시대에, 짐승을 통째로 태워 제물로 바친 제사. 안식일, 매달 초하루와 무교절, 속죄제에 지냈다.
두레ㅅ불 : 두레의 불. '두레'는 농민들이 농번기에 농사일을 공동으로 하기 위하여 부락이나 마을 단위로 만든 조직.
紅疫(홍역) : 홍진이라고 하며 바이러스성 비말로 일어나는 전염병. 유아에게 감염되며 고열이 일어나고 심한 경우 사망한 예가 있었다. 백신이 발명되어 예방접종이 가능해짐.

너는 고 알몸동아리 香氣를
봄마다 바람 실은 돛대처럼 오라

무지개같이 恍惚한 삶의 光榮
罪와 곁드려도 삶즉한 누리

『批判』, 1938년 11월

恍惚(황홀) : 어떤 사물 현상에 마음을 빼앗기어 멍한 모양.

나의 뮤-즈

아주 헐벗은 나의 뮤-즈는
한번도 기야 싶은 날이 없어
사뭇 밤만을 王者처럼 누려 왔소

아무것도 없는 주제였만도
모든것이 제것인듯 뻐틔는 멋이야
그냥 인드라의 領土를 날라도 단인다오

고향은 어데라 물어도 말은 않지만
처음은 정녕 北海岸 매운 바람속에 자라
大鯤을 타고 단였단 것이 一生의 자랑이죠

기야 : 그것이야.
주제였만도 : 주제(변변하지 못한 처지)였지만(도).
뻐틔는 : 버틔는, 곧 (주장 따위를) 굽히지 않는. 혹은 뻐기는, 곧 우쭐거리며 자랑하는.
인드라 : 인드라(Indra), 곧 인도의 베다 신화에 나오는 비와 천둥의 신.
大鯤(대곤) : 『장자』에 나오는 상상적인 큰 물고기.

계집을 사랑커든 수염이 너무 주체스럽다도
醉하면 행랑 뒤ㅅ골목을 돌아서 단이며
袱보다 크고 흰 귀를 자조 망토로 가리오

그러나 나와는 몇 千劫 동안이나
바루 翡翠 녹아 나는듯한 돌샘ㅅ가에
饗宴이 벌어지면 부르는 노래란 목청이 외골수요
밤도 시진하고 닭소래 들릴 때면
그만 그는 별 階段을 성큼성큼 올라가고
나는 초ㅅ불도 꺼져 百合꽃 밭에 옷깃이 젖도록 잤소

『陸史詩集』, 서울출판사, 1946년

袱(복) : 보자기.
翡翠(비취) : 짙은 초록색의 옥돌, 빛이 아름다워 보석으로 쓰임.
* 전체 시형으로 보아, 마지막 5연은 원래 전후 3행이 각각 한 연이었을 것으로 추정한다.

喬 木

푸른 하늘에 닿을 듯이
세월에 불타고 우뚝 남아서서
차라리 봄도 꽃피진 말아라

낡은 거미집 휘두르고
끝없는 꿈길에 혼자 설내이는
마음은 아예 뉘우침 아니라

검은 그림자 쓸쓸하면
마침내 湖水속 깊이 거꾸러져
참아 바람도 흔들진 못해라

『人文評論』, 1940년 7월

喬木(교목) : 줄기가 곧고 굵으며 높이 자라는 나무. 소나무, 향나무 등.
휘두르고 : 경상북도 사투리로 '휘감고'의 뜻.

娥 眉
- 구름의 伯爵夫人

鄕愁에 철나면 눈섶이 기난이요
바다랑 바람이랑 그 사이 태여 났고
나라마다 어진 풍속에 자랐겠죠

짓푸른 깁帳을 나서면 그 몸매
하이얀 깃옷은 휘둘러 눈부시고
정녕 왈츠라도 추실란가봐요

해ㅅ살같이 펼쳐진 부채는 감춰도
도톰한 손껼 驕笑를 가루어서
공주의 忽보다 깨끗이 떨리요

기난이요 : 기나니요, '길게 자라는 것이요'의 뜻임.
깁帳(장) : 비단 휘장이나 천막, 여기서는 짙푸른 하늘의 비유.
깃옷 : 우의(羽衣), 곧 선녀나 신선이 입는다는 새의 깃으로 만든 옷.
驕笑(교소) : 교만기가 느껴지는 웃음.
가루어서 : '가리어서'의 사투리.
忽(홀) : 笏(홀)의 오식. 봉건시대 조정의 벼슬아치들이 조회에 나갈 때 손에 쥔 물건.

언제나 모듬에 지쳐서 돌아오면
꽃다발 향기조차 기억만 새로워라
찬젓때 소리에다 옷끈을 흘려보내고

초ㅅ불처럼 타오르는 가슴속 思念은
진정 누구를 애끼시는 贖罪라오
발아래 가득히 황혼이 나우리치오

달빛은 서늘한 圓柱아래 듭시면
薔薇쪄 이고 薔薇쪄 흩으시고
아련히 가시는곳 그 어딘가 보이오.

『文章』, 1941년 4월

  신분에 따라서 상아나무로 되어 있었다.
모듬 : 모임.
찬젓때 : 찬 젓대(笛), 차가운 피리.
贖罪(속죄) : 사람이 저지른 허물, 잘못을 씻는 일.
나우리치오 : 물결치오.
薔薇(장미)쪄 : 장미를 성기게 베어내.

子夜曲

수만호 빛이래야할 내 고향이언만
노랑나비도 오잖는 무덤우에 이끼만 푸르러라

슬픔도 자랑도 집어삼키는 검은 꿈
파이프엔 조용히 타오르는 꽃불도 향기론데
연기는 돛대처럼 나려 항구에 들고
옛날의 들창마다 눈동자엔 짜운 소금이 저려

바람 불고 눈보래 치잖으면 못살이라
매운 술을 마셔 돌아가는 그림자 발자최소리

子夜曲(자야곡) : 한문에서 자야(子夜)는 한밤중인 자시(子時)를 가리킨다. 따라서 '자야곡'이란 '한밤중의 노래'라는 뜻이다.
짜운 : 원형 '짜다', 따라서 '짜운'은 '짠'의 경상도 사투리.
못살이라 : 못살리라, '바람불고 눈보래'치는 것은 순편한 생활의 반대 상황이다. 따라서 이것은 일종의 반어에 속한다.

숨막힐 마음속에 어데 강물이 흐르느뇨
달은 강을 따르고 나는 차듸찬 강맘에 드리느라

수만호 빛이래야할 내 고향이언만
노랑나비도 오잖는 무덤우에 이끼만 푸르러라

『文章』, 1941년 4월

강맘 : 강의 마음. 시인 조어로 한자어 강심(江心)에 대비되는 말이다.
* 형태로 보아 이 작품 2연은 2행을 한 연으로 나누는 것이 자연스럽다.

湖 水

내여달리고 저운 마음이련마는
바람에 씻은듯 다시 瞑想하는 눈동자

때로 白鳥를 불러 휘날려보기도 하것만
그만 기슭을 안고 돌아누어 흑흑 느끼는 밤

희미한 별 그림자를 씹어 놓이는 동안
자주ㅅ빛 안개 가벼운 瞑帽같이 나려씨운다

『詩學』, 1939년 5월

저운 : '싶은'의 경상도 방언.
瞑想(명상) : 눈을 감고 깊이 생각하는 것.
瞑帽(명모) : 멱모(幎冒)의 오식인 듯함. 이때의 멱(幎)은 죽은 자의 얼굴을 가리는 명주, 모는 얼굴을 가리는 일. 즉 멱모는 죽은 자의 얼굴을 가리는 비단을 가리킨다.
씹어 놓이는 : 씹어 놓게 하는(?).

少年에게

차듸찬 아침이슬
진주가 빛나는 못가
蓮꽃 하나 다복히 피고

少年아 네가 낳다니
맑은 넋에 깃드려
박꽃처럼 자랐세라

큰江 목놓아 흘러
여울은 흰 돌쪽마다
소리 夕陽을 새기고

다복히 : 모양이 소담히. 시인의 조어로 용례는 '다복솔'이 있다.
한가 : 한쪽 가장자리.

너는 駿馬 달리며
竹刀 져 곧은 기운을
목숨같이 사랑했거늘

거리를 쫓아 단여도
噴水있는 風景속에
동상답게 서봐도 좋다

西風 뺨을 스치고
하늘 한가 구름 뜨는곳
희고 푸른 지음을 노래하며

그래 가락은 흔들리고
별들 춥다 얼어붙고
너조차 미친들 어떠랴

『詩學』, 1940년 1월

駿馬(준마) : 썩 잘 달리는 늠름한 모양의 말.
단여도 : 다녀도.
지음 : 사이, 경계.
그래 : '노래'의 오식인 듯.

江건너 간 노래

섣달에도 보름께 달 밝은 밤
앞 내ㅅ江 쨍쨍 얼어 조이던 밤에
내가 부르던 노래는 江건너 갔소

江건너 하늘끝에 沙漠도 다은곳
내 노래는 제비같이 날러서 갔소

못잊을 계집애나 집조차 없다기
가기는 갔지만 어린날개 지치면
그만 어느 모래ㅅ불에 떨어져 타 죽겠소

沙漠은 끝없이 푸른 하늘이 덮여
눈물먹은 별들이 조상오는 밤

沙漠(사막) : 모래벌. 열대, 온대 대륙에서 강우량이 적어서 식물이 제대로 자라지 않는 불모지대. 사하라, 고비 사막 등이 대표적이다.
조상(弔喪) : 사람의 죽음에 임해서 조의를 표하는 것. 문상(問喪)과 같은 말.

밤은 옛ㅅ일을 무지개보다 곱게 짜내나니
한가락 여기두고 또 한가락 어데멘가
내가 부른 노래는 그 밤에 江건너 갔소

『批判』, 1938년 7월

어데멘가 : 어디에 있는 것인가, 어딘가.

芭 蕉

항상 앓는 나의 숨껼이 오늘은
海月처럼 게을러 銀빛 물결에 뜨나니

芭蕉 너의 푸른 옷깃을 들어
이닷 타는 입술을 추겨주렴

그 옛쩍 사라센의 마즈막 날엔
期約없이 흩어진 두날 넋이었어라

젊은 女人들의 잡아 못논 소매끝엔
고은 소금조차 아즉 꿈을 짜는데

海月(해월) : 해파리, 혹은 바다 위에 뜬 달.
이닷 : 이다지도, 이렇게도.
사라센 : 사라센(Saracen), 고대 그리스 로마에서 아라비아 북부 지방에 사는 아라비아 인을 부르던 이름. 또는 중세 이후에 유럽 인이 이슬람교도를 부르던 이름.
못논 : 못 놓은, 놓지 못한.
두날 : '두 낱'의 잘못. '낱'은 여럿 가운데 따로따로인, 아주 작거나 가늘거나 얇은 물건을 하나하나 세는 단위.

먼 星座와 새로운 꽃들을 볼때마다
잊었던 季節을 몇번 눈우에 그렷느뇨

차라리 千年 뒤 이 가을밤 나와 함께
비ㅅ소리는 얼마나 긴가 재어보자

그리고 새벽하늘 어데 무지개 서면
무지개 밟고 다시 끝없이 헤여지세

『人文評論』, 1941년 12월

소금조차 : '손금조차'의 잘못.
어데 : '어디에'의 경상도 북부지방 사투리.

斑猫

어느 沙漠의 나라 幽閉된 後宮의 넋이기에
몸과 마음도 아롱져 근심스러워라

七色 바다를 건너서 와도 그냥 눈瞳子에
고향의 黃昏을 간직해 서럽지 안뇨

사람의 품에 깃들면 등을 굽히는 짓새
山脈을 느낄사록 끝없이 게을너라

그 적은 咆哮는 어느 祖先때 遺傳이길래
瑪瑙의 노래야 한층 더 잔조우리라

斑猫(반묘) : 한자어로 딱정벌레과에 속하는 곤충의 일종. 가뢰, 토가뢰, 토반묘라고도 한다. 그러나 여기서는 고운 빛깔의 점박이 고양이를 가리키는 듯하다. 제4편 '그 적은 포효는 어느 조선때 유전이길래'로 그런 유추가 가능하다.
幽閉(유폐) : 구속되어 신체의 자유가 없는 것, 갇힘.
後宮(후궁) : 황제나 임금의 후실, 처첩.

그보다 뜰안에 흰나비 나즉이 날라올땐
한낮의 太陽과 튜립 한송이 지컴직하고

『人文評論』, 1940년 3월

짓새 : (하는)짓의 모양.
느낄사록 : 느낄수록.
咆哮(포효) : 사나운 짐승의 울음소리, 울부짖음.
瑪瑙(마노) : 석영, 단백석(蛋白石), 옥수(玉髓)의 혼합물.
잔조우리라 : (움직이는 모양새가) 가늘고 잔잔하리라, 잔조롬하리라.
나즉이 : 나직이.
지컴직하고 : '지킴직하고'의 오식인 듯. 지켜낼 만하고.

獨 白

雲母처럼 희고 찬 얼굴
그냥 주검에 물든줄 아나
내 지금 달아래 서서 있네

높대보다 높다란 어깨
얕은 구름쪽 거미줄 가려
파도나 바람을 귀밑에 듣네

갈메긴양 떠도는 심사
어데 하난들 끝간델 아리
으룻한 思念을 旗幅에 흘리네

높대 : '솟대'를 이렇게 쓴 듯하다.
어데 하난들 : 어디에 하나인들, 이때의 '어데'는 부정적 서술부에 연결되는 부사이다.
으룻한 : '모자람이 없어 온전한'의 뜻인 '오롯한'의 잘못.

船窓마다 푸른막 치고
초ㅅ불 鄕愁에 찌르르 타면
運河는 밤마다 무지개 지네

박쥐같은 날개나 펴면
아주 흐린날 그림자 속에
떠서는 날잖는 사복이 됨세

닭소리나 들리면 가랴
안개 뽀얗게 나리는 새벽
그곳을 가만히 나려서 감세

『人文評論』, 1941년 1월

사복 : '사북'의 옛말. 육사는 '대갈못(廣頭釘)'이나 '압정(押釘)'을 뜻하는 말로 사용한 듯 보인다.

日 蝕

쟁반에 먹물을 담아 비쳐본 어린날
불개는 그만 하나밖에 없는 내 날을 먹었다

날과 땅이 한줄우에 돈다는 고 瞬間만이라도
차라리 헛말이기를 밤마다 정녕 빌어도 보았다

마침내 가슴은 洞窟보다 어두워 설래인고녀
다만 한봉오리 피려는 장미 벌래가 좀치렸다

日蝕(일식) : 달이 태양을 가려 그 일부 또는 전체가 보이지 않는 현상.
瞬間(순간) : 눈 깜짝할 사이. 잠시 잠간.
洞窟(동굴) : 깊고 넓은 굴, 동혈(洞穴).
설래인고녀 : 설레는구나, 설레었구나.
좀치렸다 : 좀 먹었다, 좀이 끼었다.

그래서 더 예쁘고 진정 덧없지 아니하냐
또 어데 다른 하날을 얻어
이슬 젖은 별빛에 가꾸련다

『文章』, 1940년 5월

하날 : 하늘.

邂 逅

모든 별들이 翡翠階段을 나리고 풍악소래 바루
조수처럼 부푸러 오르던 그밤 우리는 바다의 殿堂을 떠났다

가을 꽃을 하직하는 나비모냥 떨어져선 다시 가까이
되돌아 보곤 또 멀어지던 흰 날개우엔 볕ㅅ살도 따겁더라

머나먼 記憶은 끝없는 나그네의 시름속에 자라나는 너를
간직하고 너도 나를 아껴 항상 단조한 물결에 익었다

그러나 물결은 흔들려 끝끝내 보이지 않고 나조차
季節風의 넋이 가치 휩쓸려 정치못 일곱 바다에 밀렸거늘

너는 무삼일로 沙漠의 公主같아 臙脂찍은 붉은 입술을
내 근심에 漂白된 돛대에 거느뇨 오 안타가운 新月

단조한 : 단순하고 변화가 없는, 단조로운.
넋이 가치 : 넋같이, 넋처럼.
정치못 : 定치 못(하고)(?).

때론 너를 불러 꿈마다 눈덮인 내 섬속 透明한 玲珞으로
세운 집안에 머리 푼 알몸을 黃金 項鎖 足鎖로 매여 두고

귀ㅅ밤에 우는 구슬과 사슬 끊는 소리 들으며 나는 일홈도
모를 꽃밭에 물을 뿌리며 머ㄴ 다음 날을 빌었더니

꽃들이 피면 향기에 醉한 나는 잠든 틈을 타 너는 온갖
花瓣을 따서 날개를 붙이고 그만 어데로 날러 갔더냐

지금 놀이 나려 船窓이 故鄕의 하늘보다 둥글거늘 검은
망토를 두르기는 지나간 世紀의 喪章같애 슬프지 않은가

차라리 그 고은 손에 흰 수건을 날리렴 虛無의 分水嶺에
앞날의 旗빨을 걸고 너와 나와는 또 흐르자 부끄럽게 흐르자

『陸史詩集』, 서울출판사, 1946년

무삼일로 : 무슨 일로, 무슨 까닭으로.
臙脂(연지) : 여자가 화장할 때 뺨에 찍던 붉은 염료. 입술연지는 립스틱.
玲珞(영락) : '瓔珞'의 잘못.
項鎖(항쇄) : 죄인에게 씌우던 형틀인 칼.
足鎖(족쇄) : 죄인의 발목에 채우던 쇠사슬.
귀ㅅ밤 : 귀뺨, '귀뺨'은 뺨의 귀 쪽 부분.
花瓣(화판) : 꽃잎.

曠　野

까마득한 날에
하늘이 처음 열리고
어데 닭 우는 소리 들렷스랴

모든 山脈들이
바다를 戀慕해 휘달릴때도
참아 이곳을 犯하든 못하였으리라

끊임없는 光陰을
부즈런한 季節이 피어선 지고
큰 江물이 비로소 길을 열었다

지금 눈 나리고
梅花香氣 홀로 아득하니
내 여기 가난한 노래의 씨를 뿌려라

어데 : 어디에.
戀慕(연모) : 몹시 사랑하고 그리워하는 것.

다시 千古의 뒤에
白馬타고 오는 超人이 있어
이 曠野에서 목놓아 부르게 하리라

『陸史詩集』, 서울출판사, 1946년

千古(천고) : 아득한 세월.
超人(초인) : 보통사람보다 유별나게 뛰어난 능력을 가진 사람. 초일한 인간.
* 이 작품 「광야(曠野)」와 다음에 수록된 「꽃」은 이육사의 유작으로 1945년 12월자 『자유신문』에 실린 것이다. 이 작품을 공개한 시인의 아우 이원조(李源朝)는 그 꼬리에 '이 시의 공졸(工拙)은 내가 말할 바 아니고 내 혼자 남모르는 至寬極痛을 품을 따름이다.'라고 부기했다. 여기서 '至寬'은 오식으로 생각되며 이원조가 썼을 때는 '至冤(지원)'이었을 것이다. 지관으로는 뜻이 통하지 않는다.

꽃

동방은 하늘도 다 끝나고
비 한방울 나리잖는 그때에도
오히려 꽃은 빨갛게 피지 않는가
내 목숨을 꾸며 쉬임 없는 날이여

北쪽 쓴도라에도 찬 새벽은
눈속 깊이 꽃 맹아리가 옴자거려
제비떼 까맣게 날라오길 기다리나니
마침내 저바리지 못할 約束이여

쓴도라 : 툰드라(tundra). 스칸디나비아 반도 북부에서부터 시베리아 북부, 알래스카
및 캐나다 북부에 걸쳐 타이가 지대의 북쪽 북극해 연안에 분포하는 넓은 벌판.
맹아리 : 망울의 사투리.
옴자거려 : 옴작거려.

한 바다복판 용솟음 치는 곳
바람결 따라 타오르는 꽃城에는
나비처럼 醉하는 回想의 무리들아
오늘 내 여기서 너를 불러 보노라

『陸史詩集』, 서울출판사, 1946년

말

훗트러진 갈기
후주군한 눈
밤송이 가튼 털
오! 먼길에 지친말
채죽에 지친 말이여!

수굿한 목통
축처-진 꼬리
서리에 번적이는 네굽
오! 구름을 헷치려는 말
새해에 소리칠 힌말이여!

『朝鮮日報』, 1930년 1월 3일

채죽 : 채찍.
수굿한 : 일반적으로는 순한 모양을 가리키나 여기서는 '생기가 없는'의 뜻으로 쓰인 것 같다.
힌 말 : 흰 말의 오식.

春愁三題

1
이른아츰 골목길을 미나리장수가 기ㄹ게 외우고 감니다.
할머니의 흐린瞳子는 蒼空에 무엇을 달리시난지,
아마도 ×에간 맛아들의 입맛(味覺)을 그려나보나봐요.

2
시내ㅅ가 버드나무 이ㅅ다금 흐느적어림니다,
漂母의 방망이소린 웨저리 모날가요,
쨍쨍한 이볏살에 누덱이만 빨기는 짜증이난게죠.

3
쎌딍의 避雷針에 아즈랑이 걸녀서 헐덕어림니다,
도라온 제비떼 抛射線을 그리며 날너재재거리는건,

달리시난지 : 달구시는지, 혹은 다시는지.
×에간 : 옥에 간, 이렇게 복자가 쓰인 것은 일제의 검열을 의식한 결과다.
漂母(표모) : 빨래하는 여인.
避雷針(피뢰침) : 벼락을 막기 위해 건물이나 나무 정상에 설치한 금속제 막대기.

깃드린 옛집터를 차저못찻는 괴롬갓구료.

四月 五日

『新朝鮮』, 1935년 6월

失 題

하날이 놉기도 하다
고무풍선갓흔 첫겨울 달을
누구의 입김으로 부너올렷는지?
그도 반넘어 서쪽에 기우러젓다

행랑뒤골목 휘젓한 상술집엔
팔녀온 冷害地處女를 둘너싸고
大學生의 지질숙한 눈초리가
思想善導의 염탐 밋헤 떨고만잇다

부너올렷는지 : 불어 올렸는지.
휘젓한 : 호젓한.
冷害地處女(냉해지처녀) : 여름철 기온이 내려가 농작물이 자라지 않아 흉년이 든 지
  방의 여자 아이들.
지질숙한 : 변변하지 못하고 욕정이 섞여 저저분하게 느껴지는.
思想善導(사상선도) : 일제가 한반도의 사상 감시를 선도라는 이름으로 달리 말했다.
  여기 '사상선도'는 그들의 기관원을 가리킨다.

「라듸오」의 修養講話가 끗치낫는지?
마―장俱樂部 門간은 합흠을 치고
「쎌딍」돌담에 꿈을그리는 거지색기만
이都市의 良心을 직히나부다

바람은 밤을 집어삼키고
아득한 까스 속을 흘너서가니
거리의 主人公인 해태의 눈깔은
언제나 말가케 푸르러오노

                 (十二月 初夜)

                       『新朝鮮』, 1936년 1월

마―장 : 중국의 실내 오락인 마작(麻雀).
俱樂部(구락부) : '클럽(club)'의 일본식 음역어.
합흠 : 하품, 하폄.

한개의 별을 노래하자

한개의 별을 노래하자 꼭한개의 별을
十二星座 그숫한 별을 었지나 노래하겟늬

꼭 한개의별! 아츰날때보고 저녁들때도보는별
우리들과 아―주 親하고 그중빗나는별을노래하자
아름다운 未來를 꾸며볼 東方의 큰별을가지자

한개의 별을 가지는건 한개의 地球를 갓는 것
아롱진 서름밖에 잃을것도 없는 낡은이따에서
한개의새로운 地球를차지할 오는날의깃븐노래를
목안에 피ㅅ때를 올녀가며 마음껏 불너보자

처녀의 눈동자를 늣기며 도라가는 軍需夜業의 젊은동무들
푸른 샘을 그리는 고달픈 沙漠의 行商隊도마음을 축여라
火田에 돌을 줍는百姓들도沃野千里를 차지하자

軍需夜業(군수야업) : 군수공장의 야간작업. 일제는 그들의 침략전쟁을 수행하기 위해
우리 청장년들을 군수공장에 징용하여 야간에도 작업을 강행했다.

다같이 제멋에 알맞는 豊穰한 地球의 主宰者로
임자없는 한개의 별을 가질 노래를 부르자

한개의별 한개의 地球 단단히다저진 그따우에
모든 生産의 씨를 우리의손으로 휘뿌려보자
嬰粟처럼 찬란한 열매를 거두는 餐宴엔
禮儀에 끄림없는 半醉의 노래라도 불너보자

렴리한 사람들을 다스리는神이란항상거룩합시니
새별을 차저가는 移民들의그틈엔 안끼여갈테니
새로운 地球에단 罪없는노래를 眞珠처름 훗치자

한개의별을 노래하자 다만한개의 별일망정
한개 또한개 十二星座 모든 별을 노래하자.

『風林』, 1936년 12월

豊穰(풍양)한 : 풍임(豊稔)과 같은 말. 곡식이 잘 익어 추수가 풍성한 모양.
嬰粟(앵속) : 식물 양귀비를 뜻하는 '罌粟'의 잘못.
렴리 : 사바세계의 더러움을 싫어하며 떠난다는 뜻의 불교 용어 '厭離'로 추정.
거룩합시니 : '거룩하시니'의 뜻.
地球에단 罪없는노래를 : 地球에는 罪없는 노래를.
훗치자 : 흩뿌리자.

海潮詞

洞房을 차자드는 新婦의 발차최 같이
조심스리 거러오는 고이한 소리!
海潮의 소리는 네모진 내들창을 열다
이밤에 나를 부르느니 업스련만?

남생이 등같이 외로운 이서─ㅁ 밤을
싸고오는 소리! 고이한 侵略者여!
내 寶庫을 門을 흔드난건 그누군고?
領主인 나의 한마듸 허락도 없이

洞房(동방) : 신방(新房) 또는 침실.
발차최 : 발차취, 곧 '발자최'의 오식인 듯.
내들창 : 내(나의) 들창문.
부르느니 업스련만 : 부르는 이 없으련만.
남생이 : 풋것, 야채.
이서ㅁ 밤 : 어스름한 밤.
고이한 : 괴이한.
寶庫(보고)을 : '寶庫의'의 오식인 듯.

「코—가사스」平原를 달니는 말굽 소리보다
한층 요란한 소리! 고이한 略奪者여!
내 情熱 밖에 너들에 뺏길게 무었이료
가난한 귀향살이 손님은 파려하다.

올때는 웨그리 호기롭게 올려와서
너들의 숨결이 密輸者 같이 헐데느냐
오—그것은 나에게 呼訴하는 말못할 鬱憤인가?
내 古城엔 밤이 무겁게 깁허가는데.

쇠줄에 끌여것는 囚人들의 무거운 발소리!
녯날의 記憶을 아롱지게 繡놋는 고이한 소리!
解放을 約束하든 그날밤의 陰謀를
먼동이 트기전 또다시 속삭여 보렴인가?

검은 벨을 쓰고오는 젊은 女僧들의 부르지즘
고이한 소리! 발밑을 지나며 흑흑 늣기는건
어느 寺院을 脫走해온 어엽뿐 靑春의 反逆인고?
시드렀던 내 亢奮도 海潮처럼 부폭러 오르는 이밤에

코—카사스 : 코카서스(Caucasus).
略奪者(약탈자) : 무력으로 남의 물건, 재산 등을 강제로 빼앗는 사람.
파려하다 : 파리하다.
헐데느냐 : 헐떡대느냐, 헐떡거리느냐.
부폭러 : '부풀어'의 오식.

이밤에 날부를이 업거늘! 고이한 소리!
曠野를 울니는 불마진 獅子의 呻吟인가?
오 소리는 莊嚴한 네生涯의 마즈막 咆哮!
내 孤島의 매태낀 城廓을 깨트려다오!.

産室을 새여나는 妢娩의 큰 괴로움!
한밤에 차자올 귀여운 손님을 마지하자
소리! 고이한 소리! 地軸이 메지게 달녀와
고요한 섬밤을 지새게 하난고녀.

巨人의 誕生을 祝福하는 노래의 合奏!
하날에 사모치는 거룩한 깃봄의 소리!
海潮는 가을을 볼너 내가슴을 어르만지며
잠드는 넋을 부르다 오 海潮! 海潮의소리!.

『風林』, 1937년 4월

불마진 : 불을 맞은.
매태낀 : 매태(莓苔) 낀, 이끼 낀.
妢娩(분만) : 아기를 낳는 것, 해산.
메지게 : 미어지게.
하난고녀 : 하는구나.
깃봄 : 기쁨, 곧 '깃븜'의 오식인 듯.
볼너 : 불러, 곧 '불너'의 오식인 듯.
＊발표당시 『풍림』의 목차에는 이 작품이 「해조음(海潮音)」으로 표기되어 있었다. 본문 제목은 「해조사」로 나타나 교정의 잘못으로 생각된다.

草 家

구겨진 하늘은 무근 얘기책을편 듯
돌담울이 古城가티 둘러싼山기슬
빡쥐 나래밑에 黃昏이 무쳐오면
草家 집집마다 호롱불이켜지고
故鄕을 그린 墨畵한폭 좀이쳐.

띄염 띄염 보히는 그림 쪼각은
압밭에 보리밧헤 말매나물 캐러간
가신애는 가신애와 종달새소리에 반해

빈바구니 차고오긴 너무도 부끄러워
술레짠 두뺨우에 모매꽃이 피엿고.

말매나물 : 말냉이. 2년초 봄나물의 일종(들, 보리밭에 자라며 새순을 뜯어서 먹는다).
가신애 : 가시내, 계집애.
술레짠 : 상기된의 뜻으로 추정됨.
모매꽃 : 메꽃. 꽃이 연분홍, 뿌리와 잎이 식용.

그네줄에 비가오면 豊年이든다더니
압내江에 씨레나무 밀려나리면
젊은이는 젊은이와 떼목을타고
서리ㅅ발 입저도 못오면 바람이분다.

피로가군 이삭에 참새로 날라가고
곰처럼 어린놈이 北極을 꿈꾸는데
늘근이는 늘근이와 싸호는 입김도

벽에서려 성애끼는 한겨울 밤은
洞里의 密告者인 江물조차 얼붙는다.

— (幽廢된地域에서) —

『批判』, 1938년 4월

씨레나무 : 홍수가 나서 쓸려 내리는 나무.
입저도 : 잎이 떨어져도.
피로가군 : 피로 가꾼.
얼붙는다 : 얼어붙는다.

小公園

한낮은 햇발이
白孔雀 꼬리우에 합북 퍼지고

그넘에 비닭이 보리밧헤 두고온
사랑이 그립다고 근심스레 코고을며

해오래비 靑春을 물가에 흘여보냇다고
쭈그리고 안저 비를 부르건만은

힌오리때만 분주히 밋기를차저
자무락질치는 소리 약간들이고

합북 : 흠뻑.
그넘에 : 그 너머에.
비닭이 : 비둘기.
해오래비 : 해오라기.
자무락질치는 : 무자맥질치는.

언덕은 잔듸밧 파라솔 돌이는 異國少年들
海棠花가튼 뺨을돌어 望鄕歌도 부른다.

『批判』, 1938년 9월

돌이는 : 돌리는.
뺨을돌어 : '뺨을 돌려' 혹은 '뺨을 들어'의 오식인 듯.

南漢山城

넌 帝王에 길드린 蛟龍
化石되는 마음에 잇기가 끼여

昇天하는 꿈을 길러준 洌水
목이 째지라 울어 예가도

저녁 놀빛을 걷어 올리고
어데 비바람 잇슴즉도 안해라.

『批判』, 1939년 3월

蛟龍(교룡) : 용의 일종으로 상상 속에 등장하는 동물의 하나.
洌水(열수) : 고조선 때에는 '대동강'을, 조선시대에는 '한강'을 이르던 말.
예가도 : '예다'는 '가다'의 옛말.

狂人의 太陽

분명 라이풀線을 튕겨서 올나
그냥 火華처름 사라서 곱고

오랜 나달 煙硝에 끄스른
얼골을 가리면 슬픈 孔雀扇

거츠는 海峽마다 흘긴 눈초리
항상 要衝地帶를 노려가다

『朝鮮日報』, 1940년 4월 27일

라이풀 : 라이플(rifle) 총(銃).
火華(화화) : 불꽃, 일본말로 불꽃을 화화(火花)라고 함.
煙硝(연초) : 화약(火藥).
끄스른 : 그을린.
거츠는 : 거친.
흘긴 : '흘기다'는 눈동자를 옆으로 굴리어 못마땅하게 노려보다는 뜻.
要衝地帶(요충지대) : 군사, 전략적으로 지세가 중요한 곳.

西 風

서리 빛을 함복 띄고
하늘 끝없이 푸른데서 왔다.

江바닥에 깔여 있다가
갈대꽃 하얀우를 스처서.

壯士의 큰칼집에 숨여서는
귀향가는 손의 돋대도 불어주고.

젊은 과부의 뺨도 히든날
대밭에 벌레소릴 갓구어놋코.

함복 : 함빡.
하얀우를 : 하이얀 위를.
悔恨(회한) : 뉘우침. 마음속에서 일어나는 후회.
숨여서는 : 숨어서는.

悔恨을 사시나무 잎처럼 흔드는
네오면 不吉할것같어 좋와라.

『三千里』, 1940년 10월

사시나무 : 산야에 두루 나는 활엽수의 일종.
네오면 : 네가 오면.

서 울

어떤 시골이라도 어린애들은 있어 고놈들 꿈결조차 잊지못할 자랑속에 피여나 황홀하기 薔薇빛 바다였다.

밤마다 夜光虫들의 고흔 불아래 모혀서 영화로운 잔체와 쉴새없는 諧調에 따라 푸른 하늘을 꾀했다는 이얘기.

왼 누리의 심장을 거기에 느껴 보겠다고 모든 길과길들 피줄같이 얼클여서 驛마다 느름나무가 늘어서고

긴 세월이 맴도는 그판에 고초먹고 뱅—뱅 찔레먹고 뱅—뱅 너머지면 「맘모스」의 骸骨처럼 흐르는 燐光 길다랗게.

잔체 : 잔치.
諧調(해조) : ① 잘 조화됨, ② 즐거운 가락, 여기서는 ②의 뜻.
骸骨(해골) : 뼈다귀.
燐光(인광) : 공기 중에 흰 인이 있을 때 빛을 발하는 현상.
얼클여서 : 얽고 헝클어서.

개아미 마치 개아미다 젊은놈들 겁이 잔뜩나 참아 참아하는 마음은 널 원망에 비겨 잊을 것이었다 깍쟁이.

언제나 여름이 오면 황혼의 이뿔따귀 저뿔따귀에 한줄식 걸처매고 짐짓 창공에 노려대는 거미집이다 령비인.

제발 바람이 세차게 불거든 케케묵은 몬지를 논보래만냥 날러라 녹아나리면 개천에 고놈 살무사들 승천을 할넌지

『文章』, 1941년 4월

개아미 : 개미.
뿔따귀 : 여기서 '이뿔따귀 저뿔따귀'는 '이곳 저곳'의 경상도 사투리식 표현.
령비인 : '텅 비인'의 오식인 듯.

바다의 마음

물새 발톱은 바다를 할퀴고
바다는 바람에 입김을 분다.
여기 바다의 恩寵이 잠자고잇다.

힌돗(白帆)은 바다를 칼질하고
바다는 하늘을 간절너본다.
여기 바다의 雅量이 간직여잇다.

날근 그물은 바다를 얽고
바다는 大陸을 푸른 보로싼다.
여기 바다의 陰謀가 서리워잇다.

八月 二十三日

[유작원고]

恩寵(은총) : 높은 사람, 하느님, 임금으로부터 받는 특별한 사랑.
雅量(아량) : 너그럽고 깊은 마음씨.
간직여 있다 : 간직되어 있다, 저장되어 있다.

蝙 蝠

光明을 背反한 아득한 洞窟에서
다 썩은 들보라 문허진 城砦 위 너 헐로 도라단이는
가엽슨 빡쥐여! 어둠에 王者여!
쥐는 너를 버리고 부자집 庫간으로 도망했고
大鵬도 北海로 날러간 지 임이 오래거늘
검은 世紀에 喪裝이 갈갈이 찌저질 긴 동안
비닭이 같은 사랑을 한번도 속삭여 보지도 못한
가엽슨 빡쥐여! 孤獨한 幽靈이여!

헐로 : '홀로'의 오기인 듯.
돌아단이는 : 돌아다니는.
喪裝(상장) : 용례가 없는 한자로 상장(喪章)의 잘못인 듯하다.
비닭이 : 비둘기.

앵무와함께 종알대여 보지도 못하고
딱짜구리처름 古木을 쪼아 울니도 못거니
만호보다 노란눈깔은 遺傳을 원망한들 무엇하랴
서러운 呪文일사 못외일 苦悶의 잇빨을 갈며
種族과 횃(塒)를 일허도 갈곳조차 업는
가엽슨 빡쥐여! 永遠한 「보헤미안」의 넉시여!

제情熱에 못익여 타서죽는 不死鳥는 안일망정
空山 잠긴달에 울어새는 杜鵑새 흘니는피는
그래도사람의 心琴을 흔들어 눈물을 짜내지 안는가!
날카로운 발톱이 암사슴의 연한肝을 노려도봤을
너의 머—ㄴ 祖先의 榮華롭든 한시절 歷史도
이제는 「아이누」의 家系와도 같이 서러워라!
가엽슨 빡쥐여! 滅亡하는 겨레여!

딱짜구리 : 딱따구리.
울니도 : 울리지도.
횃(塒) : 새나 닭이 앉도록 장 속에 설치한 나무 막대.
보헤미안 : 보헤미안(Bohemian)
아이누 : 아이누(Ainu). 일본 홋카이도(北海道)와 사할린에 사는 한 종족.

運命의 祭壇에 가늘게 타는 香불마자 꺼젓거든
그많은 새즘승에 빌붓칠 愛嬌라도 가젓단말가?
相琴鳥처럼 고흔 뺨을 채롱에 팔지도 못하는 너는
한토막 꿈조차 못꾸고 다시 洞窟로 도라가거니
가엽슨 빡쥐여! 검은 化石의 妖精이여!.

[친필원고]

빌붓칠 : 빌붙을

相琴鳥(상금조) : 카나리아를 가리키는 듯하다.

채롱 : 껍질을 벗긴 싸릿개비나 버들가지 따위의 오리를 결어서 함(函) 모양으로 만든 채 그릇, 혹은 아름다운 색깔로 꾸민 바구니(綵籠).

* 참고로 『시학』 5집(1940. 1)에 실린 신석초의 서간문 「육사에게」에는 '지금 막 나는 형의 詩篇인 「蝙蝠」을 생각하는 중이오. 이 詩篇은 兄의 많은 詩詞 가운데 가장 훌륭한 것이라고 나는 생각하는 것이오.'라는 구절이 있다. 이것으로 미루어보아 이 작품은 그 무렵 일단 활자화되어 발표를 거친 것으로 추정된다.

山

바다가 수건을 날여 부르고
난 단숨에 뛰여 달여서 왔겠죠

千金같이 무거운 엄마의 사랑을
헛된 航圖에 역겨 보낸날

그래도 어진 太陽과 밤이면 뭇별들이
발아래 깃드려 오오

그나마 나라나라를 흘러 다니는
뱃사람들 부르는 望鄕歌

그야 창자를 끊으면 무얼하겠오

『週刊 서울』33호, 1949년 4월 4일

날여 : 날려.
航圖(항도) : 해도(海圖)에 해당되는 말로 시인의 조어인 듯하다.
역겨 : 엮어.

畵 題

都會의 검은 稜角을담은
水面은 이랑이랑 떨여
下半旗의 새벽같이 서럽고
花崗石에 어리는 棄兒의 찬꿈
물풀을 나근나근 빠는
淡水魚의 입맛보다 애닯어라

—丁丑 ○○夜

『週刊 서울』33호, 1949년 4월 4일

稜角(능각) : 물체의 뾰족한 모서리.
떨여 : 떨려.
下半旗(하반기) : 조기(弔旗), 기를 달 때 깃대 꼭지에서 조금 아래가 되게 한 것.
棄兒(기아) : 버린 아이.
淡水魚(담수어) : 민물에 사는 고기, 바닷고기의 상대어.

잃어진 故鄕

제비야
너도 故鄕이 있느냐

그래도 江南을 간다니
저노픈 재우에 힌구름 한쪼각

제깃에 무드면
두날개가 촉촉이 젓겠구나

가다가 푸른숲우를 지나거든
홧홧한 네 가슴을 식혀나가렴

不幸이 沙漠에 떠러져 타죽어도
아이서려야 않겠지

아이서려야 : 아예 서러워야.

그야 한떼 나라도 홀로 높고 빨라
어느때나 외로운 넋이였거니

그곳에 푸른하늘이 열리면
엇저면 네새고장도 될범하이

『週刊 서울』 33호, 1949년 4월 4일

그야 한떼 나라도 : '그야 한 떼로 같이 날아가도'의 뜻.
엇저면 : 어찌하면.

❖ 시조

옥룡암에서 신석초에게

뵈올가 바란 마음 그마음 지난 바램
하로가 열흘같이 기약도 아득해라
바라다 지친 이 넋을 잠재올가 하노라

잠조차 없는 밤에 燭태워 안젓으니
리별에 病든 몸이 나을길 없오매라
저달 상기 보고 가오니 때로 볼가하노라

1936년 8월 4일

하로가 : 하루가.
바라다 : 바라 지내다, 희망을 하다.
燭(촉)태워 : 촛불이 타는 가운데.
리별 : 이별.
없오매라 : 없는 것이다.
상기 : 아직.

*이 작품은 이육사가 신석초에게 보낸 엽서에 실린 것이다. 경주 옥룡암에서 신병을 다스릴 때 쓴 것으로 이런 시정을 감안하면 이 작품의 의미맥락이 파악된다. 여기서 화자는 살뜰하게 그리는 한 대상을 가지고 있다. 그 대상이 여기서는 일단 인격적 실체로 나타난다. 그러나 그 무렵 육사가 모색한 것이 민족해방의 길이었다. 이렇게 보면 여기서 그가 그리고 있는 것은 나라, 겨레에 수렴된다.

❖ 漢詩

謹賀石庭先生六旬

天壽斯翁有六旬　　蒼顔皓髮坐巋新.
經來一世應多感　　遙憶鄕山入夢頻.

1943년작, 『靑葡萄』(凡潮社, 1964)

근하 석정 선생 육순

하늘이 수를 내려 환갑을 맞으셨다
맑은 얼굴 흰 머리에 모습도 깨끗해라
지나보신 한평생 느낌도 많을 텐데
고향은 저 멀리라 꿈결에 자주 뵌다

蒼顔(창안) : 검푸른 안색, 늙어서 여윈 얼굴.
皓髮(호발) : 흰 머리, 늙은이의 머리를 뜻함.
經來一世(경래일세) : 한 세상을 겪었으니.
鄕山(향산) : 고향산, 곧 자기 고향.

晚登東山

卜地當泉石　　相歡共漢陽.
舉酌誇心大　　登高恨日長.
山深禽語冷　　詩成夜色蒼.
歸舟那可急　　星月滿圓方.

〈與 石艸, 黎泉, 春坡, 東溪, 民樹 共吟〉

1943년작, 『靑葡萄』(凡潮社, 1964)

卜地(복지) : 땅 또는 자리를 고르는 일.
登高(등고) : 언덕 또는 산에 오름.
禽語(금어) : 새의 지저귐, 한시어에서는 흔히 새의 지저귐을 말하는 것으로 쓴다.

만등동산

시냇가 돌이 있는 좋은 곳을 골라서
서로 모여 즐겨하니 서울이라네
술잔 들어 거침없는 마음을 자랑하고
언덕 올라 긴 하루도 아쉬워한다
뫼 깊어 새소리는 차갑게 느껴지고
시가 되니 밤빛은 푸르기만 하구나
배를 돌려 집에 감이 무어 바쁠가
별과 달 하늘땅에 가득 찼는데

〈신석초, 이원조, 춘파, 동계, 이민수와 함께 읊다〉

酒暖興餘

酒氣詩情兩樣闌　　斗牛初轉月盛欄.
天涯萬里知音在　　老石晴霞使我寒.
〈與 春坡·石艸·民樹·東溪·水山·黎泉 共吟〉

1943년작, 『青葡萄』(凡潮社, 1964)

주난흥여

술기운 시정(詩情)은 다 한창인데
북두성 지긋하고 달도 난간에 가득하다
하늘 끝 만리 길 친구는 멀고
이끼 낀 돌 맑은 이내 마음이 시려온다
〈춘파, 신석초, 이민수, 동계, 이원일, 이원조와 함께 읊다〉

斗牛(두우) : 북두칠성과 견우성.
知音(지음) : 서로의 생각을 헤아릴 줄 아는 친구.
老石(노석) : 오랜 세월을 거친 가운데 푸른 이끼마저 끼인 돌. 여기서는 암벽으로 된 산봉우리인 듯하다.

소설

黃葉箋

　　사람들은 얼음알보다 더 냉담하고 주사침같이 촉발라도 그래도 제대로는 인정도 있고 눈물도 있어 친한 사람들 사이에는 못 보면 보고자 하고 보면 빨아먹을 듯이 형형색색의 표정을 빚어내며 계절에 따라서는 눈물겨울 만큼 간절한 모양이나 '내'라는 위인은 자질도 소박하고 교양도 고매하지 못한데 요즘은 어쩐지 신경이 차돌보다도 단단해져서 아프고 슬픈 것도 못 견디게 느껴지지도 않거니와 보지 못해 못 견딜 사람도 없고 소식이라도 못 알려 탈이 될, 더 친하고 덜 친한 이가 없다. 그러나 행여 이 세상에 나를 사랑하는 사람이 있다고 하면 나는 의무로라도 그대에게 나의 소식을 알려야 하지마는 지금의 나에게는 그러한 미덕을 수행할 야망조차 없다. 다만 야망을 용서한 사람이 있거든 가을바람에 무한히 흘러가는 황엽의 쪼각쪼각이 모두 나의 편지라고 생각을 해라. 그리고 그 어느 한 쪼각이라도 주워다가 그대들의 책상 위에 꽂어두고 그 황엽이 바람에 나부끼며, 울며 부르짖는 서러운 전기를 들어 보아라…….

……그놈의 거리를 말할 것도 없고 저는 여하튼 가로수에서 떨어져 왔습니다. 그래서 거리에 서 있는 동안 형형색색의 인간들을 다 보았습니다. 그러나 대개는 모두 비슷비슷한 인간들이었고 별다른 놈은 못 보았습니다. 그것은 십년 전 일이라고 생각됩니다. 어느 날 오후 내 발밑을 지나가는 소년이 있었습니다. 미친 놈같이 중얼대는 말을 가만히 듣자니 '르나르'의 일기를 외이는 겐지 "불쌍한 놈! 불쌍한 놈!" 하고 거줏말하였습니다. 그 뒤로는 매일같이 아침에도 내 발밑을 지나고 저녁에도 내 발밑을 지나는 동안에 나는 어느 사이에 그만 그 녀석하고 친해졌습니다. 그래서 그 녀석의 정체를 알 수가 있었습니다.

그 녀석은 어느 시골에서 출가를 해서 서울을 왔다는데 그 출가한 이유가 어린 녀석하고는 맹랑했습니다. 그 녀석의 집은 어느 해안이던가 봐요. 아침으로 조수가 밀려나가면 끝없이 널려 있는 백모래밭이 너무도 허무해서 오기는 왔으나 섬들을 건너간 갈매기가 몹시 그립다고 하는 것을 보면 그래도 어린 향수가 머리를 긁어가는 모양이겠지요.

그 후 나는 우리들이 늘 만나는 시간이 되면 그 녀석이 하마나 오나 하고 기달리기도 했습니다. 그럴 때 멀리에 발자욱 소리가 나고 그 녀석이 '하이네'니 '괴테'니의 시를 외우고 올 때도 있었습니다. 그러고 몇 해가 지난 어느 해 봄날 내가 긴 동면으로부터 영롱한 첫눈을 텃을 때 또 그 녀석을 만났습니다. 그때는 벌써 그 녀석은 시프게 볼 소년이 아니라 의례히 그 상대자를 다리고 어둑어둑한 황혼에 내 옆에 와서 간즈러울 만큼 종알대며 행복의 '메뉴'를 전람회의 '프로그램'보다 더 화려하게 꾸미는 것이었습니다.

　이것이 한여름을 지나며 비가 오나 바람이 부나 계속되었습니다. 그러나 인간들에게 있어서는 행복의 절정은 최대의 비극과 서로 통해 있나 봐요. 그 해의 첫 가을 어느 으스름한 달밤에 나는 이 비극을 바로 내 눈앞에서 보는 것입니다.

　"여보! 우리 두 사람이 서로 사랑하면 그만이지 사랑을 부모에 대한 효행으로 하는 데가 어데 있소."

　이렇게 그 녀석은 말하는 것이었습니다.

　그것도 고이치 않은 게 그때쯤은 그 녀석의 기분이란 불꽃이 타오를 듯도 하였거니와 제 애비말을 안 듣기로 유명하여 집을 나선 놈이니까.

　"그렇지마는 어쩔 수가 있어야지요."

　이것이 그 녀석의 말에 갚어진 보수이었습니다. 그 뒤 나는 십 년이란 긴 동안 이 사람들의 속삭임을 들을 수 없었습니다.

　아마 그것이 그들의 비극의 시초인 동시에 나의 '로맨티시즘'도 종언이였든 것입니다. 나는 그날부터 새로운 생활을 경험하지 않으면 안 되었습니다. 이때까지는 그들 가운데에 어떠한 두 사람의 생활을 말로서 들었으나 인제는 어느 특정한 사람의 사랑이라든지 그런 달착지근한 것이 아니라 그저 그놈도 그놈 같고 그놈도 그놈 같은 뭇사람의 생활 전체가 내 풋잎새의 거울보다 반드라운 쪼각쪼각에 비치는 것이었습니다. 이전 같으면 멀리서 사쁜사쁜 발자욱 소리가 들려오고 그 발자욱 소리가 가까와지는 데 따라 쟁반에 구슬을 굴리는 듯한 목소리도 들었건마는, 또 그럴 때면 나도 잎사귀를 흔들어서 입김같이 보드러운 바람을 불어도 주었건마는 이때는 내가 바람을 불기는커녕 그들의 지나가는 위풍에 나는 전율하지 않을 수 없었습니다. 구슬을 굴리는 듯한 목소린들 어데가 들겠습니까? 뭇사람의 포효하는 소리란 아주 바다에서 일어나는 노도의 교향악 같앴습니다.

 그래서 나는 알기를 인간이란 위대한 작난군이라고 하였습니다. 어떻게 그들의 얼골이 크게 보이고 힘차게 느껴졌든 것인가. 지금은 생각만 하여도 왼몸이 으슬으슬합니다. 그러는 중에 그들의 행렬은 大江같이 흘러가고 나는 또다시 노랗게 단풍이 들어 한잎 두잎 떨어지는 것입니다. 얼마나 蕭條하고 적막한 거리겠습니까? 내 옆에는 괴수같이 늘어선 빌딩들의 검은 그림자가 '아스팔트'에 얼어붙은 거지들의 싸늘한 꿈을 죽음같이 덮어논 때문입니다. 밤도 삼경은 지난 때이지요. 더벅더벅 걸어오는 무거운 발자욱 소리와 함께 나는 고요한 '그림자' 하나를 발견했습니다. 안개에 촉촉히 젖인 차림차리와 힘없이 옮겨지는 발걸음이 아주 무슨 패잔병의 유령이었을지도 모릅니다. 나는 지금 그 유령을 따라 굴러갑니다. 그러나 그 유령은 내가 미행을 한다는 것은 모르고, 또는 알았다 해도 아무 저항도 할 필요가 없다는 듯이 방향도 없이 걷는 것이었습니다. 때로는 시내도 건너고 들판도 지나 힘이 지치고 밤이 깊으면 산기슭 나무등걸 밑에 누워서 하늘에 수없이 많은 별들을 헤아려도 보는 것이겠지요. 그러나 그 어느 별도 그에게 행운을 점제한 별은 없었나 봐요. 그러다간 그는 그만 흑흑 느끼고 울며 울다가는 자는 것이였습니다. 아마도 기적을 잊은 순간이 그에게는 가장 행복된 순간이든가 봐요. 산 속은 찬 기운만 가득하고 벌레소리는 정적을 삼림같이 무성하게 하는 것이였습니다.

그 다음날도 아츰햇발이 속새잎을 흔들면 그는 일어나 걷는 것이였습니다. 이러는 동안에 나는 이 유령에게서 무엇을 보았으리라고 생각하십니까?

어느 큰 강가이였습니다. 여울이 목놓아 울고 가는 강가이였습니다. 그는 이 강가에 앉어서 무엇을 생각하였는지 눈을 감은 채로 하늘을 치어다보는 것이였고 초생달을 교만한 계집의 눈자위처럼 그를 흘겨보는 것은 한층 더 창백한 비웃음 같앴읍니다. 그렇지마는 그는 그 광망을 피하려고도 않었읍니다. 아마도 그것은 내 생각에 따른다면 그래도 못 잊혀지는 낡은 기억을 모조리 물소리에 씻처 흘려 보내려는 노력이었을지도 모릅니다.

그때 먼 데 마을에는 개 짖는 소리가 어즈러이 들려오고 샛바람도 유달리 옷깃을 새여드는데 그는 일어서 한발한발 물가으로 걸어가는 것입니다. 이때 나는 그의 운명을 거의 들여다보는 것이였습니다.

자살이란 광경이 내 머릿속에 번개같이 일어났습니다. 그리고 그는 물가의 널찍한 만석 우에 올라앉어서 물 속에 비친 자기의 얼골을 자세히 들여다보는 것이였습니다. 그러나 그 물 속에는 자기의 얼골은 찾어볼 수가 없었든 것이겠지요. 증오를 참지 못하는 그는 그만 뼈만 남은 두 손으로 물결을 흩치고는 돌 우에 엎더져 우는 것이였습니다.

그는 또다시 일어나 모든 것을 잊어버린 듯이 걸어가는 것이였습니다. 일기는 점점 흐려지고 原色으로 물들은 天空은 그의 최후의 희망까지라도 뺏어바릴 듯이 싸늘한 압박을 더하는 것이였습니다. 그렇다고 해서 그에게는 아무런 격정도 반발도 있는 것 같지는 않었읍니다마는 주먹을 쥐어서는 주머니 속에 넣은 채로 간간히 머리를 흔드는 것은 과거에 대한 회한이라든지 그런 것들이 머리 속을 훑어가는 것이겠지요?

  그곳은 어느 동리 앞이였습니다. 많은 사람들이 모였다가는 다들 돌아가고 큰 버드나무에 '사지오리'를 붙인 색기를 걸쳐 맨 밑에는 기름종이에 빤-한 심지불이 타고 있었으며 아해들 몇 사람이 그것을 지키고 있었습니다. 그는 아해들에게 무엇을 하는 것이냐고 물었습니다.

  아해들의 대답이란 너무도 묘한 것이 아니겠습니까? 그 동리에는 십 년에 한 번씩은 유령이 난다는 전설이 있었습니다. 그래서 그날은 동리사람들이 정성을 다하야 한데 모여서 기도를 올리고 고사를 지내는 것이었는데 그날이 마침 십 년에 해당한 날이며 방금 의식을 마친 때라고 말을 마친 아해들은 그를 한참 동안이나 자세히 보다가는 그만 인가를 향하야 달어나는 것이었습니다. 아마도 그것은 참으로 이 동리에 유령이 나타났다는 것을 알리기 때문일런지도 모릅니다.

  그는 한번 크게 웃었습니다. 나는 그가 웃는 것을 보는 것은 처음이였습니다. 그러나 그 웃음이란 곧 변해져서 무슨 쓰디 쓴 약물을 먹은 뒤의 입모습같이 변해지며 얼골 전체가 크다란 환상에 사로잡히는 것 같앴습니다. 그러다가 그는 그 언덕 밑에서 잠이 들어 자면서 꿈을 꾸는 것이었습니다. 그 꿈이란 이러했습니다. 몹시 더운 여름날 며칠을 두고 비가 따루었습니다. 그래서 큰물이 나고 하룻밤 사이에 왼 동리가 물에 쓸려갔습니다. 왼 여름 피땀을 흘려 지은 농사도 한포기 없이 사람마다 두 주먹과 한 개의 목숨밖에는 남지 않었습니다. 주림과 치위가 매운 챗죽같이 그들을 휘갈겼습니다. 그래서 동리사람들은 제각기 이 고향을 떠나지 않으면 안 되었습니다. 물론 옛날에야 부모의 품속같이 포근하고 사랑스런 땅이었지마는 지금은 참담과 고통의 회억 이외에 아무것도 그들의 애착을 붙잡어 두지는 못하였습니다. 그들은 지금 한 개 촌락에서 다른 촌락으로, 한 城市에서 또다른 성시에 漂泊의 길을 가는 것이었지마는 그 어느 한 곳도 그들이 발을 붙일 곳은 없었습니다. 모든 집들이 그들 앞에는 문들을 잠겄습니다. 그리고 오직 그들에게는 한오리 끝없는 길이었습니다. 어느 때나 걸어갈 수 있는 길이였습니다. 하루에 또 하루, 한달에 또 한달 꼭같이 그들은 하늘을 치여다보고 길을 갔습니다. 벌써 초목도 다 단풍이 들고 낙엽이 나리나 그들이 발길을 머무를 수는 없었습니다. 어느 마을이나 성시에서 그들에게 일주일이나 유할 수가 있고, 한오리의 희망을 주었다면 다시 그 순간이 지나면 그들에게는 설움 이외에 아무것도 남는 것은 없었습니다. 그러나 이 설움과 주림과 치위는 그들 늙은이와 어린이와 남자 여자를 모다 한마음으로 얽어맬 수가 있었습니다. 바람과 비에 바래인 그들의 마음에 한 개의 희망이란 오즉 일거리와 생활이였습니다. 이것이 그들을 고무하고 추진하는 힘이였습니다.

마치 한떼의 표유하는 '집시'와같이 마을을 지내나 산을 넘으나 마른 풀을 뜯어 그것을 덮고 깔고 혹은 낙엽을 쓸어다가 요와 이불을 삼어 한냉을 지나는 하룻밤. 더우기 비 오는 밤…… 밤은 영원히 차운 것이며 뜨신 것은 다만 그들의 '마음'뿐이였습니다.

　날과 밤은 그넷줄처럼 바뀌였습니다. 해도 점점 쩔러지고 물들이 얼어붙으며 첫눈이 나린 것도 벌써 열흘 전이였습니다.

　그들은 아즉까지도 발붙일 땅과 한 가지의 일거리도 갖지는 못하였으며 끝간 데를 모를 길만을 보고 걸어가는 것입니다.

　"여기서라도 좀 쉬여 갔으면." 모다들 이렇게 마음으로 부르짖었습니다. 그러나 또 몇 사람은 말하는 것이였습니다.

　"가자. 앞으로 더 가보자." 이것도 모든 사람의 말이였습니다.

　그들은 여전히 경사진 산비탈을 걸어가며 길다란 曲線의 행렬이 계속되는 것입니다. 그때는 바람도 조금 잔잔해지고 햇발도 구름 밖을 나와 엷은 광선이 뭇사람의 얼골을 다소 명랑하게 하였으나 일행이 바로 산마루턱에 올러 닿었을 때 정세는 너무도 급히 변하야 눈이 퍼붓기 시작했습니다.

　"눈이 또 나린다." 이렇게 부르짖고는 모다들 놀라는 것이였습니다. 눈송이는 목화를 뜯어 뿌리는 듯이 왼 공중에 彌漫하야 지척을 가릴 수가 없었습니다. 바람에 몰려오는 눈송이가 얼굴에 부닥치면 낯살을 어이는 듯하고 손이 빠질 듯이 스린 것입니다. 시력조차 모호하여 발 아래 길도 알어보기는 어려웠습니다. 재를 오를 때에 비하면 산을 내려오는 것은 조금 용이하였으나 길이 질대로 질어서 엎어지락 자빠지락하는 사람들도 있으며 등에 업힌 어린애들은 배가 몹시 고프다고 우는 것이며, 그럴 때면 아버지와 어머니는 모다

들 산밑에 동리집에 나려가서 뜨신 밥을 준다고 달래는 것이었습니다. 그러나 산 밑에 동리집은 모다 제각기 제 마음에 그려보는 집들이였습니다.

"가자. 조금이라두 빨리 가자. 불빛을 볼 때까지." 그들 중에서 한 사람이 굵은 목소리로 외치는 것입니다.

"암, 그래야지." 또 몇 사람의 대답이 끝나면 모다들 침묵은 하면서 마음 속으로는 역시 "가자"고 대답하는 것입니다.

사람들은 이빨을 물고 있는 힘을 다하야 전진합니다. 지나온 길이 얼마이며 가야 할 길이 얼마인 것도 모르면서 죽으나 사나 가야 한다는 것밖에는, 그들은 한 사람도 자기만을 생각하는 사람은 없었습니다. 그들의 동반자의 발소리와 호흡이 그들과 같은 운명을 결정한다는 것은 이 잔혹한 자연과 싸워가는 무리들의 금과옥조이였습니다.

눈보래는 끄쳤습니다. 그러나 아즉도 그들에게는 조그마한 희망도 보이지는 않았습니다. 앞도 캄캄하고 뒤도 그랬습니다. 아득한 삼림 속을 허우적거리는 암담은 영원한 흑야가 새이지도 않고 영원한 미로도 끝막지도 않을 것 같앴습니다.

피로는 그들의 몸을 풀솜같이 만들었습니다. 참다가 못 참는 몇 사람이 땅이라도 꺼지란 듯이 한숨을 쉬는 것이였습니다. 그리고는 부르짖는 사람도 없고 중얼대는 사람도 없으며 눈물도 마르고 공포도 사라진 그들은 발목에 있는 힘을 다해서 눈과 진흙 우를 쉬임없이 이동하는 것입니다.

유령은 그들 가운데서 제일 나이 많은 노인을 발견했습니다. 그리고 그것은 십년 전 그가 고향을 떠나올 때 아즉도 그다지 늙지 않은 그의 아버지인 것도 알었습니다. 그리고 모든 사람은 그의 어린시절의 동무였습니다. 그는 참다 못해 "아버지" 하고 소리를 쳤읍니다. 그러나 그들은 어느 한 사람도 그를 상대로 반겨 맞어주는 사람은 없었습니다.

모다 제각기 제 갈길을 가고만 있었습니다.

유령도 그때야 잠이 깨였습니다. 그리고 몸서리를 치는 것입니다. 얼마나 지리한 꿈이며 괴로운 꿈이겠습니까? 유령은 다시 일어나 걷는 것입니다. 캄캄한 암흑 속을 영원히 차고 영원히 새지 못할 듯한 밤을 제 혼자 가는 것입니다. 십년 전 내 발밑을 지나다니며 사랑을 속삭이든 소년은 지금도 발길을 저 혼자 가고 있겠지요. 낙엽은 그래서 서러운 일생을 울고만 있습니다.

丁丑 11. 1.

『朝鮮日報』, 1937년 10월 31일, 11월 2·3·5일

❖ 번역

골목안(小巷)

古 丁 作

紹 介

  이 作家의 經歷에 對해서는 譯者도 잘 알지 못한다. 다만 「平沙」를 써서 康德 六年度에 民生部大官賞을 獲得하자 一世에 훤전된 것을 아는 사람은 아나 事實은 그 전에도 注意할 몇 개 作品을 썼다는 것은 「平沙」 전에 나온 이 作家의 作品을 읽어 보아서 알 수 있는 것이다. 그리고 이 사람의 作品集으로는 『奮飛』 外에 『一知半解集』 이란 雜文集이있고 『浮沉』이라는 詩集도 있는 줄 안다. 作品의 맨도리는 滿洲라는 特殊한 風土 속에서 主題를 고르는 데도 그러려니와, 作品을 處理해나가는 데 妙를 얻은 것은, 그 作品을 읽으면 어덴지 芥川龍之介의 作品을 읽는 듯한 느낌이 있는 것이다. 作家의 半生을 잘 알지는 못해도 지금은 新京서 發行되는 『藝文誌』의 企劃系 司務主任이라는 분주한 일을 보는 모양인데 創作生活에 影響이 없기를 독자와 함께 빌어둔다.

"사람이 그 처음 성품은 본대 착한 것이었나니라."……(三字經)

一

"종달새는 어데 가나? 보금자린 여게 두고."
 금화(金華)는 서른이 가까운 창부였다. 담베락 밑에 서서 유령처럼 힘 하나 없이 지나가는 사람을 보고는 불러들이는 것이었고 어두운 골목안은 제 손꾸락 사이에 끼운 담뱃불만 빠작빠작 타서 새빨갛게 빛나는 것이었다.
 밤바람은 사람이 구역증이 날 만치 악취를 불어오고 거기다 거츨은 아귀성과 음탕한 욕질까지 섞여서 아편 모히바늘 노름 사창 이런 것들에 지친 인간들을 이 골목안으로 모여들게 하는 것이었다.
 금화는 담배를 피우면서도 어리둥절하였다. 모히침 자리가 쑤시고 중독된 아랫도리가 바늘로 찌르는 듯 따가웠다. 손은 무엇을 잡을려고웠라 하였지만 떨리기만 하였다. 누군진 모르나 제 몸을 부닥치자 그때야 모진 꿈속에서 깨여난 것처럼 힘없이
 "종달새는 어데가나! 보금자린 여기두고."
 그 사내는 성냥을 죽그러서 쌍학패(雙鶴牌) 권연을 한 개 피여물고는 짐즛 금화의 앞에 어르대 보는 것이었다. 머리는 촉새집 같은 데다가 조그만 살짝을 꼽고 홀쪼그라진 얼굴에 세 치나 분을 발라

쑥 들어간 눈자위에 둥그런 눈알만이 튀여저 날 듯한데 좁은 이마에는 주름살이 잡힌 것이였다.
"파-짜!"
그 사내는 금화의 얼골에 대고 이렇게 말했다. 거기에는 독한 소주냄새가 풍기였다.
"도령님 들어와요……."
금화는 사내의 손을 꺼당기며 집안으로 호려드리려는 것이였다.
"싫어, 놓라니까."
그 사내는 금화의 손을 뿌리치고 휘적휘적 유령처럼 보이는 뭇사람들 쪽으로 걸어갔다.

二

가을이 샘물같이 차운 어느날 밤이였다. 골목안의 하늘에는 검은 포장을 친 듯 왼갖 추악을 덮어 있고 그 아래 금화는 무거운 발길로 걸어가는 것이였다. 무엇인지 발길에 채이였다. 금화는 내려다보았다. 그것은 아주 발가숭이가 된 모히 중독자의 시체가 그대로 길가에 둥그레진 것이였다. 금화는 되는 대로
"헤 뻐드러졌어."
이렇게 욕질을 하고 제 상관할 바 아니란 듯이 걸어갔다. 가다 사람을 만나면 서서 입으로는 무엇인지 중얼댔다. 뱃속에서는 쪼록쪼록 소리가 나는데 밤은 길고 골목안은 한층 더 긴 것이였다.

"애, 오늘밤은 얼마야?"

거출고 짭여뜯는 듯한 목소리에 금화도 깜짝 놀랐다.

"한푼도 없다니 그래 나는 여태 암껏도 먹지도 못했는데 돈부터 받으라 오고 염치 까진 연석!"

금화는 말대꾸를 총총 하고는 홱 돌아섰다.

"요망할 게집, 또 모히침이라 맞고"

금화의 남편은 벌겋게 충혈된 눈으로 노려보며 손바닥에 불이나케 휘갈기는 것이였다.

"계집만 부려먹고 뻔뻔히 짜빠저 노는 주제에……"

이 말을 다하기도 전에 누군지 옆을 스치며 지나갔다. 금화는 홱 돌아서며 힘없이

"……어데가나? 보금자린 여기두고."

그 사내는 입을 비쭉 하고는 그냥 가버렸다.

"임자는 뻔둥뻔둥 놀구 술만 들이켜면서 나는 그다지 쉽게 돈이 벌릴 듯해? 그래두 난 등이나 어깨뼈를 깎아가면서 돈을 벌랴고 애를 쓰는데."

하며 금화는 하품을 하고는

"못미덥건 찾어보라니 한푼도 없다니까."

"왜 이리 종알종알대는 거야! 내가 놀고만 있어? 난 그래도 매일 아츰 일터를 찾아다니잖는가 말이다. 흠? 오 년 전만 해두 내 몸이 튼튼할 땐 무엇 네 힘을 빌잖어도 넉넉했단다."

그리고 금화의 남편은 손아귀에 힘이 있는 대로 금화의 뺨을 휘갈기는 것이였다. 금화는 눈시울에 불이 번쩍 났다. 비틀비틀 쓰러지

면서 엉엉 울었다. 눈물과 콧물이 흘러나렸다. 그래도 사내는 미칠 듯 부르짖었다.

"흠 요망할 년의 게집이 왜 앙앙 처울어?"

또 달려들어 두어 차례 갈겨댔다.

"저런 쫄쫄 우지 말고 어데나 가면 되지 않어."

뒤에서 어떤 뚱뚱보 한 사람이 금화의 등을 떼밀었다. 그리자 한 떼 사람들이 아주 조수처럼 밀려와서 부닥치고 지절대고 부르짖는 소리, 욕질하는 소리, 매질하는 소리, 살려달라고 구원을 청하는 소리에 어느 사이 골목안은 야단법석이었다. 금화는 눈물을 씻을 여가도 없이 사람들의 틈을 빠져나와 길 한옆으로 달음질쳤다. 몸둥이는 누구한테 얻어맞었는지 얼얼 쑤시고 다 해진 무명옷이 한곳 쭉 찢어졌었다.

三

길가으로는 가로등이 켜졌고 붉고 푸른 네온이 제대로 다른 빛갈을 빛내고 있었다. 금화는 이 눈부시는 빛갈을 차마 볼 수가 없어 눈을 지긋이 감고 한참 있다가 겨우 눈을 들었을 때 차와 말과 사람들이 보여지는 것이었다. 가슴은 사뭇 펄렁대고 숨이 가뻐 가슴을 두 손으로 부둥켜 안고 있었다. 무슨 무서운 꿈속에서 개에게라도 물린 듯싶은 것이였다.

"구운 강냉이(玉蜀黍)사오! 구운 강냉이."

길 어구에서 구운 강냉이를 팔며 목쉰 소리로 외치는 것이었다. 노랗게 구운 강냉이를 크다란 질옹배기에다 보기 좋게 담아 놓았고 신선한 강냉이 구운 냄새가 코끝을 스친다. 금화는 저도 모르게 침을 생켰다. 넉 빠진 것처럼 어릴 때 집에서 부엌 아궁이에서 강냉이를 굽던 제 모양이 머리 속을 스쳐가는 것이었다.

"강냉이 한 개에 얼마요?"

"이전이요. 방금 구어낸 것이요."

금화는 품속에서 뷘 담배값을 찾아냈다. 알맹이를 찾아봐도 담배가루가 으러질 뿐 맨 끝에 겨우 동전 한푼이 나왔다

"일전에 팔려우."

"그건 무슨 말이요."

강냉이 장수는 강냉이 한 개를 집어 들고

"이 좀 보라우요. 이렇게 알이 총총 백이잖었소. 아주 싱싱하고 냄새조차 구수하거든요. 이전을 받아야 겨우 본전이라니요."

금화는 차마 못 잊겠다는 듯이 크다란 강냉이를 건너다보고는 또 한번 침을 삼켰다. 길다란 골목안은 가로등이 그대로 밝고 붉고 푸른 네온이 휘황하게 빛나는데 금화는 눈을 번쩍 들어 거리에 다니는 차와 말과 사람들을 자세히 바라보았다. 한참동안 몸 한번 옴즉하지 않았다. 홀지에 눈앞이 캄캄하고 자츳하면 강냉이가 담겨 있는 크다란 질옹배기 전에 넘어질 뻔하였다.

四

"문열어 문열어."

금화는 그것이 제 사내의 목소린 것을 알았다. 어쩌면 저다지 황겁해할까? 목소리도 좀 떨리고.

금화는 옷을 몸에 걸치며 문 앞으로 나가서 한 손으로 문고리를 베끼고 문을 열었다. 사내는 아무 말도 없이 단걸음에 뛰어들어 금화를 밀어제칠 듯하였다. 그리고 사내는 겨드랑에 꼈든 무거운 보따리를 금화의 가슴에 내밀고는 다시 돌아서서 문을 닫았다. 그러나 떨리는 손이라 문고리는 걸리지 않았다.

"어서 네 손으로 문을 걸어!"

"무얼 어쨌단 말요."

금화는 이렇게 말하고 문을 닫고 보따리를 든 채로 방안으로 들어왔다.

"대체 무얼 어떻게 했소 글세."

금화는 잠 오는 눈을 한번 비볐다.

"여보, 당신 무얼 어쨌소, 대체 왈왈 떨면서."

사내는 주머니에서 석냥을 끄내서 등잔에 불을 켰다. 불꽃이 컸다 적어졌다 하고 사내의 얼굴은 창백하고 입술조차 새하얗게 질려 있었다.

"내일부터 너는 그 골목안을 안 가도 된다."

사내는 헐떡거리며 이렇게 말하고는 한참 있다가

"로오(老五)……(老五란 저편의 兄弟가 다섯 사람이면 老라는 敬語를 붙여 老一, 老二 等等 이렇게 부른다)가 내게 좋은 수를 가르켜 줬거든!"
"그럼 당신 도적질을……"
금화는 그만 가슴이 덜덜 떨리고 그 이상 더 말하지 못했다.
"큰소리는 왜 내는 거야?"
사내 목소리는 금화보다 더 컸다.
"큰소리는 당신이 냈지 누가 냈단 말요……"
"이웃에는 아즉 사람들이 자지도 안는데 그런 죄를 짓고도 나중에 탈이나 나면 겁이 안 나요?"
금화는 귀를 기울이고 이웃집 숨소리를 엿들어 보았다. 사내의 손은 여전히 떨리고 있었다. 사내는 나즉한 목소리로

오늘 나는 너무나 배가 고팠단다. 나는 '로오'가 그런 일을 하는 것을 벌써부터 알구 있었단다. 오랫동안 찾아다니다가 오늘이야 겨우 날가게 옆에 있는 적은 밥집에서 찾아냈단다. 그 년석 거기서 술을 마시는데 아주 관운장처럼 뻐기는 게 아닌가? 내가 들어가니까 씩 웃고는 함부로 술을 권하는 것이였단다.

나는 배가 너무 고팠기에 먼저 군떡을 몇 개 집어먹고는 마음 놓고 그 년석과 술을 마셨다.

나는 '로오'에게 "형님" 이렇게 말했다. 그 년석도 내 말에 눈치를 채이고는 아무 말 없이 "오늘밤 날 따라오렴" 하고 말했을 뿐이었고 나도 "응응" 하고 고개를 끄덕였다.

한시쯤이나 되었을까. 그 년석은 술값을 치르고 그 집에서 나왔다. 캉캄한 샛골목을 한참 돌아가자니까 사람놈의 그림자도 볼 수 없었다. 그 년석은 허리춤에서 칼 한자루를 끄냈다.

'돈벌이 연장을 주마!'고 하는 것이었다.
　나는 그것을 받아들었다. 몸이 부들부들 떨려서 하마트면 떨어트릴 뻔하였건만 그 년석은 헤헤 웃을 뿐이었다.
　어느 크다란 이층집으로 가까이 갔다.
　'로오'는 밖에서 망을 보면서 나를 기다리고 있었다. 나는 내 발소리에도 겁이 나서 소름이 끼칠 뻔하였다. 나는 어떻게 들러갔고 어떻게 나왔는지도 모른다.
　나는 살아가지 않으면 안 되니까…….
　사내의 말은 끝났다. 죽은 사람 같은 창백한 얼굴 죽은 사람 같은 창백한 입술이였다.
　살아가지 않으면 안 된다 하지만 그런 짓까지 하고 살아가는 게…….
　금화는 몸서리를 쳤다.
　'너는 뭐냐? 너같이 살아가는 것은 그래 좋단 말이냐?'
　사내는 주머니에서 담배를 끄내서 피워 물었다.
　담 밑에는 귀뚜라미가 울고 있을 뿐 사방이 고요하고 어데선가 누집 개가 짖었다. 그리고는 또 고요해졌다.

五

　밤비가 보슬보슬 나렸다. 좀처럼 그칠 모양도 아니었다. 방안은 어둡고 고요하기 무덤 같다.

금화는 자리 우에 누어서 때때로 몸을 뒤틀어도 보고 되는 대로 침을 탁탁 뱉기도 했다. 문소리가 찌걱찌걱 났다. 금화는 쫓어가서 문 앞에서 "누구요" 하고 소리를 질렀다. 그러나 아무런 대답도 없었다. 금화는 또다시 큰소리로

"누구요"

역시 아무런 대답도 없었다. 집 모퉁이에서 무엇인지 벼락치는 소리가 났다. 금화는 가슴이 덜컹 나려앉는 듯이 겨우 자리 우에 왔을 때 거기서 "야옹" 하는 소리가 들렸다. 아마 뉫집 고양이가 먹을 것을 찾어다닌 것이었다. 금화는 그제야 마음을 가러앉히고 혼잣말로 중얼거렸다.

"밤고양이가 집에 들어오면 아무 일도 없는 법이야 아아!"……(만주의 미신……역자주)

금화는 다시 자리 우에 누웠다. 조금 전의 따뜻한 기운이 금화의 기분을 얼마쯤은 다사롭게 할 수가 있었다.

"벌써 밤이 깊었는데 인제는 돌아올 때도 됐건만……"

금화의 마음은 의심과 초조로 조바심을 쳤다. 어쩌면 모든 것이 탄로된 것이나 아닐까 하고 생각하면 자리발이 붙지 않었다.

고양이가 또 문 앞에 와서 "야옹" 소리를 쳤다. 금화는 가슴이 덜컥 나려 앉는 듯하였다. 화를 내며 자리를 일어나서 문 앞에 왔을 때는 발을 구르며 입으로는 "망할 년의 짐승" 하는 소리가 끄쳐지지 않았다.

좀처럼 마음이 가라앉지는 않았다. 그대로 왔다갔다 하면서 들창 앞에 가서는 창틈을 새여드는 아츰 햇빛을 몸에 하나 가득 받고는 하품을 한번 하였다.

六

　무서운 밤은 연달아 왔다. 금화는 쌀부대를 열어보았다. 부대에는 바닥에 여기저기 몇 알의 쌀이 흩어져 있었다. 금화는 손을 넣어 부대바닥의 몇낱쌀을 모아보고 또 흩트렸다. 맨 나종 몇낱쌀을 집어 입안에 털어넣고서 뽀작뽀작 깨물어도 보았다. 마치 제 이빨을 갈아붙이는 듯도 한 것이었다.
　"펫!"
　금화는 씹었던 쌀낱을 뱉어버리고 그리고 힘없이 네모난 테-불 앞에 가서 동그란 적은 거울 앞에 앉았다.
　걱정과 공포와 잠 못 자는 밤들이 금화의 그나마 얼마 남지 못한 자태까지 좀먹어버렸다. 두 뺨이 홀쪼그러지고 턱밑이 마른 가죽쪽 같이 되었다. 눈자위조차 쑥 들어간 것은 두 개의 동그란 눈알을 더욱 튀여나 보이게 하였다.
　테-불 우에는 분과 크림병들이 되는 대로 흩어져 있고 그 우에 몬지가 케케로 앉었었다.
　금화는 그것을 전날같이 하나하나 주어서 바르기 시작했다. 바르면 바를사록 두꺼워져서 눈썹조차 안 보일 지경이었다. 그리고 금화는 석냥을 커서 크림병에다 태워서 까맣게 탄 놈으로 눈썹을 그렸다. 검은 눈썹 붉은 입술 금화는 거울에다 눈썹을 찡그려서 한번 빈저보고 그리고 다시 한번 깔깔 웃어보고 그 다음 거울을 테불 위에다 부서지라고 내던지고 방금 빗질한 머리칼을 되는 대로 집어뜯어서 새중두리처럼 하고서는 골목안으로 나려가는 것이였다.

골목안의 밤은 어둡기도 하였다. 아편·모히바눌 노름 사창 이런 것들이 지친 인간들을 모아들이고 모든 것은 전날과 꼭 같은 것이였다. 금화도 지금 네거리에 서서 힘없이

"종달새는 어데 가나? 보금자리 여기 두고."

하고 부르는 것이였다.

가을밤은 길고 찼다. 금화는 치워서 이빨을 달달 떨면서 제 손으로 제 어깨를 꼭 잡았다. 모히침의 자리가 가려운 것이였다. 금화는 반쯤 눈을 감고 한 동무로부터 담배를 얻어 피우려 했다. 그러나 손이 떨려서 하마트면 제 손을 태울 뻔하였다.

"왜 그래?"

금화에게 담배를 준 동무가 무렀다.

금화는 점점 더 떨려오는 것이였다. 서서 있기조차 어려웠다. 그래서 전봇대를 붙들었을 때는 동무의 말조차 안 들리는 것이었다. 그 옆을 지나는 사람을 보면 힘없이 띄엄띄엄 부르는 것이였다.

"……어데가나? 보금자리 여기……"

이러고는 담벼락에 쓰러졌다. 지나가는 사람은 금화의 발에 발목이 걸리곤 하였다. 그러나 나려다보았을 때는

"뻐드러졌구만 그래."

하고 간단히 한마디 던질 뿐이였다.

四月 二十六日 於元山聽濤莊

「朝光」, 1941년 6월

❖ 번역

故 鄕

魯 迅 作

나는 그 모진 치위에도 아무런 일도 없이 이천 리나 되는 머ー느 길을 이십 년 만에 고향에 돌아왔다.

겨울도 아주 짙어져서 겨우 고향의 땅에 가까이 왔을 때부터 날세는 갑자기 음산하여지고 싸늘한 바람은 선실 안까지 숨어들어 윙윙 소리를 치는 것이였다. 선창으로 바깥을 내여다보면 나즉한 하날 밑에 여기저기 널려 있는 것은 너무나 보잘것없이 한산한 마을들이였다. 사람들이 살고 있는 듯한 활기라고는 조금도 없었다. 내마음은 참을 수 없이 슬픔이 치미러 올러왔다.

아ー 이십 년 이날 이적까지 한시도 잊을 수 없든 고향은 이런 것이였든가.

내 마음에 남어 있든 고향은 본대 이런 것은 아니었다. 고향에는 훌륭한 곳이 무척 많었을 것이다. 그러나 그 아름답든 기억을 생각해 보고 그것을 말로써 해보려 하면 나의 공상은 사러지고 무엇이라고 말로는 할 수 없이 눈앞에 보이는 것과같이 쓸쓸하여질 뿐. 이에 나는 내 자신에 말하기를 고향이란 원래에 이런 것이다.-옛날보다 모든 것이 진보했다고는 할 수 없으나 그렇다고 반다시 내가 느끼는 것같이 쓸쓸한 곳도 아니다. 이것은 다만 내 기분이 변해졌을 뿐이다. 그것은 내가 이번 고향에 돌아왔다는 것이 그다지 호화로운 길은 아닌 까닭이다.

나는 이번 고향을 이별하러 온 것이다. 우리가 몇 대를 나려오는 동안 한집안이 모여 살고 있든 옛집은 벌써 다른 사람들의 손에 팔려 넘어가고 비워줄 기한도 금년이 한끗, 내년 정월 초하로 안으로 우리들이 정들어 살든 옛집과는 갈리고 낯익은 고향의 땅도 떠나서 내가 몸붙이고 있는 그곳으로 식구를 끌고가지 않으면 안 되는 것이다.

그 다음날 아츰 나는 우리집 사립문까지 왔다. 지붕에는 기와장 사이에 마른 풀들이 줄기가 엉클린 대로 바람에 날려 그것이 이 옛집의 주인을 가려내지 않으면 안 될 원인을 설명하는 듯하였다. 이 방 저방에 살고 있든 친척들은 벌써 이사가 끝이 났는지 적적하였다. 나는 내가 있든 방 앞에 가자 어머니는 쫓어나오셨다. 그에 따라 뛰여나온 것은 겨우 여덟 살이 되는 질녀 굉아(宏兒)이였다. (다음 쓰는 사람의 이름은 모다 조선음으로 쓰는 게 독자들에게 좀더 친절할까 하야 중국음은 쓰지 않는다.)

어머니는 매우 기뻐하셨으나 어데인지 마음 한편에 적막한 기색을 볼 수가 있었다. 나를 앉게 하고 차를 부어 주시면서도 한참 동안은 집일에 대해서는 아무 말씀도 안 하셨다. 굉아도 아즉 한 번도 나를 본 일이 없으므로 곁에 가까이 오지는 않았다. 그저 머리만 숙이고 앉았다가 때때로 내 얼골을 치여다보곤 하였다.

 그러나 우리들은 결국 이사갈 얘기를 하게 되였다. 나는 벌써 집은 얻어두었고 변변치는 못할망정 기구도 다소 사두었으나 그 밖에는 집에 있는 살림 중에 나무연장 같은 것만 팔어서 그 돈으로 가서 사면 된다고 말했다. 어머니 말씀도 그게 좋다고 하셨다. 그리고 집을 묶는 것도 거의 다 되였으니까 나무연장 중에 가지고 가기 불편한 것은 거의 다 팔았다. 그러나 아즉 돈을 다 찾지 못했다고 하시며

 "너 한 이틀 몸을 쉬이면 가까운 친척들도 한 번씩 찾어 보고 그리고 떠나자구나."

고 말씀하셨다.

 "네"

 "그러고 '윤토'말이야, 그게 집에 오기만 하면 언제든지 네 말을 묻는구나. 퍽 너를 보고싶어 하지 않겠니. 내가 너 온다는 날짜를 알려 주었으니 또 지금 곧 올게다."

 이때 나의 머리에는 문득 한폭 화면이 생각되여 떠올랐다. 새파랗게 개인 하날에 금빛으로 둥근 달이 둥실 떠오르고 그 밑은 해안의 하얀 모래밭에 일면으로 시선이 자라는 데까지 싱싱한 수박들이 드리드리 열려 있는 것이다. 그 가운데 한 열두어 살 되는 소년이 목에는 은목도리를 걸고 손에는 한자루 짝살(銅叉)을 들고 한 마리의 고슴도치(猬)를 보자마자 눈에 불이 나게 그것을 찌르려고 하나 고슴도치는 그의 다리 밑으로 튀여나가서 달아나는 것이었다.

 이 소년이라는 이가 윤토이였다. 내가 처음 그를 알았을 때는 아

즉 열 살인가 그쯤이였섰다. 지금은 벌써 삼십 년이나 지나간 일이다. 이때는 나의 아버지도 살아 계시고 집도 지금보다는 형편이 훨씬 나었으며 나도 귀여운 애기시절이였다. 그 해는 우리집에서는 우리 일족의 선조가 되는 어룬의 큰 제사를 지내는 해이였다. 이 제사는 삼십 년 만이나 한 번씩 지내는 큰 제사이므로 따라서 매우 정중히 거행되는 것이였으며 정월달에 선조의 영정(影幀) 앞에서 거행되는 것이였다. 제물도 매우 많고 제기 같은 것도 아주 깨끗게 해야 되였다. 참례하러 오는 이도 많은만큼 제기 같은 것을 도적맞지 않도록 잘 주의할 필요도 있었다. 우리집에는 한 사람의 망월(忙月)이 있었다.(우리 고향에는 남의 집에 드난사는 사람이 세 종류가 있다. 일 년을 일정한 집에서 드난사는 것을 '장년(長年)'이라 하고 그날그날 사는 것을 '단공(短工)'이라 하여 자신이 농사하는 한편 과세할 때나 다른 명절이나 도조 받을 때 일정한 집에 드난사는 것을 '망월(忙月)'이라고 한다) 너무나 바뿌다고 해서 이 망월이 우리 아버지를 보고 제 아들 윤토를 불러서 제기를 맡아보도록 하자고 간청을 한 것이였다.

  우리 아버지도 찬성을 하였으므로 나는 매우 기뻐했다. 그것은 내가 일즉 윤토의 이름은 듣고 있었다. 나이도 나와 거의 같다고 생각하고 있었다. 윤(閏)달에 난 때문에 오행(五行) 기운에 토(土)기가 없다고 해서 그의 아버지가 윤토라고 이름을 지은 것이였다. 그는 돛을 놓아서 적은 새들을 잡는 것이 일수이였다.

  나는 이날부터 날마다 새해가 오기를 손꼽아 기다렸다. 새해가 오면 윤토도 곧 올 것인 때문이였다. 그러는 동안 섣달 그믐이 왔다.

어느 날인지 어머니는 나에게 윤토가 왔다고 말씀하셨다. 나는 곧 쫓어나가 보았다. 볼그레한 뺨 둥근 머리에 열분전으로 만든 모자를 쓰고 목에는 빤작빤작하는 은목테를 하고 있었다. 이것만 보아도 그가 얼마나 그의 아버지에게 사랑을 받고 있는가를 알 수가 있는 것이지마는 그가 수명이 길도록 하기 위하야 부처님께 발원하고 이 목테를 끼워주어서 그를 (죽지 않도록) 붙들고 있는 것이였다. 그는 낯가리가 매우 심하였다. 그러나 나에게만은 아무런 끄림도 없이 옆에 사람이 없을 때는 곧 말을 붙이고는 하였다. 그리고 한나절도 못 되는 동안 우리들은 아주 썩 친해지고 말았다.

우리들은 그때 어떤 얘기를 하였는지 지금에는 아득하나 다만 생각에 아련한 것은 윤토가 장터에 와서 아즉까지 본 일이 없는 여러 가지 구경을 하였다고 종알대든 것이다.

다음날 나는 그에게 새를 잡어달라고 말한즉 그가 말하기를

"그것은 틀렸다. 큰눈이 왔을 때가 아니면 안 된다. 우리곳에서는 모래밭에 눈이 오면 나는 눈을 쓰러제치고 빠끔한 땅을 만든 뒤에 크다란 대발을 갖다 펴고 한편을 적은 작대기로 고워서 논 뒤에 그 밑에 겨와 당가루를 뿌려두는 것이다. 그리면 적은 새들은 그것을 먹으러 오는 것이다. 이것을 조금 떨어진 곳에서 기다리고 있다가 대발을 고워둔 짝대기에 매여두었든 노끈을 잡아당기면 새들은 대발 밑에 치이지 않겠니. 거기는 여러 가지 새가 있단다. 매추리두 있구. 콩새도 있구. 녹두새도—"

그때 나는 눈이 오면 좋겠다구도 생각해 보았다.

윤토는 나에게 또 말하는 것이다.

"지금은 칩지만은 너 여름에 우리곳에 오면 좋지. 우리들은 낮에 바닷가에 가서 조개껍질을 줍지 않겠니. 붉은 놈두 있고 푸른 놈두 있구. 아주 가지 각색 놈이 다 있다. '누비조개'란 것두 있고 '비단조개'란 놈두 있단다. 밤이 되면 압빠(爹)를 따라서 수박원두를 지키로도 가겠지, 너도 가자구나 응."

"도적을 지키는 거냐?"

"응 그래두 길가든 사람이 목이 말러서 수박 한 개쯤 따서 먹는 것은 우리는 도적놈으로 치지는 않는 거야. 정신들여 지키지 않으면 안 될 것은 '오소리'나 '쪽제비'나 '고슴도치'다. 달 밝은 때엔 싸각싸각 소리가 귀에 들리기만 하면 그것은 '고슴도치' 놈이 수박을 도적해 먹는 것이거든. 그 때문에 곧 짝살을 해들고 가만가만 가서……."

나는 이때 얘기한 고슴도치란 것이 어뜬 짐생이란 것은 몰랐다-그것은 지금도 모른다-다만 조그만한 개 같은 것으로 매우 영악한 짐생이란 것은 생각했지만.

"그것은 사람에게 물고 달녀드니?"

"짝살을 가지고 있는데 무엇 겁나니. 쫓어가서 대번에 찌를 것인데. 고놈이 참 영리하거든. 사람에게 달려들어서는 그만 다리 밑으로 빠져 도망질을 치거든. 고놈 참 날싸기란 아주 말할 수 없거든……."

그날까지 나는 세상에 이같이 보기 드문 일이 많으리라고는 한 번도 생각해 보지 못했다. 바닷가에는 그렇게 고운 오색 조개껍질이 있다는 것이라거나 수박에 그다지 무서운 경력이 있다는 것을. 나는 이전까지 수박은 다만 가게 앞에 팔려고 내놓았을 뿐이라고 생각하고 있었다.

"우리곳의 모래불에는 조수가 밀려오면 비어(飛魚)가 잔뜩 올라오겠지. 모다 개구리 모양으로 발이 둘씩이나 달린 것이."

아! 윤토의 마음 속에는 얼마든지 무한한 신기한 일이 있는 듯했다. 그리고 그것은 내나 나의 동무들 가운데는 한 사람도 아지 못하는 것뿐이였다. 우리들은 겨우 아무 짝에도 쓸데없는 것만 아는 것이다. 윤토는 바닷가에 살고 있건마는 나의 동무들은 모다 나와 같이 집안에만 살고 있으면서 높은 담 우의 네모난 하늘만 바라볼 뿐이다.

안타깝게도 정월달은 빨리 지나가고 윤토는 저이집으로 돌아가지 않으면 안 되게 되였을 때 나는 너무나 슬퍼서 울었다. 그도 부엌으로 들어가 숨어서 나오지 않고 울면서 우리집을 떠나려고 하지는 않었다. 그러나 끝판은 그의 아버지를 따라가고 말었다. 그는 집에 돌아간 뒤 그 아버지가 내 집에 오는 편에 전갈을 하고 조개껍질 한 봉지와 매우 아름다운 새깃을 몇 낱인가 나에게 보내 주었다. 그럴 때면 나도 그에게 선물을 한두 번 보낸 일이 있다. 그것이 마즈막으로 우리들은 두 번도 다시 얼굴을 대하지 못했든 것이다.

이제 어머니가 그의 말을 하셨으므로 나는 어릴 때의 기억이 번갯불같이 내 머리 속에 떠올러왔다. 그리고 고향도 옛날 그때의 아름다운 것이 되여졌다. 그리고 어머니께 대답을 하는 것이였다.

"아! 그래서요, 그애는 그 뒤 어떻게 되였읍니까?"

"그게? 그것도 모다 생리가 좋지 못해서……"

어머니는 이렇게 말씀을 하시다말고 문 밖을 내다보시며

"누가 왔는 것 같구나. 연장을 살려고 왔는 겐지도 모르지마는 잘못하면 훔쳐갈는지도 몰라. 내가 나가 보고 오자꾸나."

어머니는 일어나 가셨다. 바깥에는 몇 사람의 여자 목소리가 들리였다. 나는 굉아를 불러서 내 앞으로 오게 하고 심심풀이의 적수를 삼었다. "너 글자를 쓸 줄 아니?" 하고 물어 보았다. "타향에 가는 것이 기쁘냐?"고도 물어 보았다

"기차타고 가요?"

"암- 기차타고 가지."

"방도 타고요?"

"먼저 배를 타고……"

"에그. 이렇게 훌륭하게 되셨구면. 수염도 아주 이렇-게 길으시고……" 이상하게 쇠를 긋는 듯한 목소리로 떠드는 사람이 있었다. 나는 깜짝 놀래여 돌아보니까 내 곁에 한 노파가 와서 있었다. 그는 광대뼈가 툭 솟고 입술이 열분 오십 전후의 여자이였다. 그는 두 손으로 허리를 집고 치마도 입지 않은 채로 두 발을 버티고 서 있는 것이 마치 원을 그리려고 펴놓은 '콤파스'와같이 가느다란 다리를 가지고 있다.

나는 놀랜 채로 서 있었다.

"나를 모르시우? 나는 어리셨을 때 늘 안어주고 하였었는데."

나는 더욱 놀래였다. 그때 마침 어머니가 와서 열적음을 풀어 주었다.

"이 애는 오랫동안 나가 있었기 때문에 동내 일은 모다 잊어 버렸다네. 너 생각나지 않니?" 하고 나에게 웃는 것이였다. "앗다, 저 앞

골목에 사는 양씨 마누라다, 두부장사하든."

 나는 언뜻 기억이 났다. 아주 어렸을 때 문 밖 저편 골목에 두붓집 가가에서 온종일 앉아 있는 양씨 마누라라는 이가 분명 있었다. 사람들은 그를 두붓집 서시(西施)라고 부르든 것이다. 그렇지만 그때는 분을 바르고 광대뼈도 이처럼 드러나지 않았고 입술도 이처럼 열지는 않았다. 그리고 온종일 앉아만 있었기 때문에 나는 이런 콤파쓰와 같은 모양은 보지 못하였었다. 그때 동내사람들은 모다 이 두붓집이 번창하는 것은 이 여자 때문이라고들 말하였었다. 그런데 나이가 층이 나서 그렇겠지만, 나는 그 여자로부터 아무런 영향도 받지 않았기 때문에 전연 기억에서 사러진 거와 같다. 그러나 콤파쓰는 대단 불평인 모양으로 경멸하는 표정을 지었다. 말하자면 불란서 사람이면서 나포레옹을 모르고, 아메리카 사람이면서도 와싱톤을 모르는 것을 조소하는 거나같이 농담하듯 말하였다.

 "잊어 버렸수? 참 훌륭한 양반들은 달러. 눈이 더 좋으신 모양이지……."

 "무얼 그렇게 아니라…… 나는……" 하고, 나는 어색하게 일어나서 말하였다.

 "그럼 할 말씀이 있수, 서방님. 서방님은, 아주 훌륭하게 되셨다니까 짐 옮기는 것도 불편하겠지. 허접사리 세간은 다 어떻게 하시오. 나를 주고 가시구려. 우리와 같은 가난뱅이들에게는 이모저모 모다 쓸 때가 있으니까."

 "나는 훌륭이 된 것도 없소이다. 나는 이런 물건이나마 팔지 않으면 안 될 지경이오. 그리고……"

"아이고 말 마시요. 도대(道臺-大臣)로까지 되셨으면서 훌륭하게 되지도 못하였다고. 지금 서방님은 첩네를 세 분이나 두시고 밖에 나가려면 팔인교나 타야 나가실 테고. 나는 다 알우. 훌륭하게도 못 되였다고 나를 속일려고 그리시우?"

나는 할말이 없어서 그냥 입을 다물고 묵묵히 서 있었다.

"참말 요새는 부자가 되면 될수록 한 푼이라도 없앨랴고는 하지 않는단 말이야. 한 푼이라도 여금하게 여기니까 자꾸 부자만 되는 게지……." 콤파쓰는 아니꼽다는 듯이 휙 돌아서서 무어라 중얼중얼하면서 머뭇머뭇 밖으로 나갔는데, 그때 내 어머니의 장갑을 판쓰 속에 훔치여 넣고 간 것이였다.

뒤를 이어서 또 근처에서 사는 가까운 친척이 찾아 왔다. 나는 그 사람들을 대접하면서 틈틈히 짐을 묶었다. 이러한 일로 삼사 일은 지나갔다.

어떤 날 몹시 치웁든 오후이였는데 나는 막 점심밥을 마치고 그곳에 앉아서 차를 마시고 있노라니까 누구인가 밖에서 집으로 들어오는 기색이 나길내 돌아다보았다. 그리고 얼결에 반가움과 놀램으로 황황히 일어나서 맞으러 나갔다.

그때 온 사람이 바로 윤토(閏土)이였다. 나는 한번 보고서 얼른 알어보기는 하였지만 내 기억에 남아 있든 윤토와는 아주 틀려 보였다. 그는 키가 배나 더 자라고 이전에 볼그레하든 통통한 뺨은 벌써 재끼인 황색으로 변하여서 거기에다 퍽이나 깊은 주름살이 잡히여 있었다. 눈맵시는 꼭 그의 아버지를 닮았고 눈가이 부숙부숙하고 붉은빛이 띄워 있었다. 이것은 해변에서 농사하는 사람들은 종일 조수 바람을 쏘임으로 대개 모다 이렇게 된다는 것을 나도 알고 있다. 그는 아주 더러워진 헬트모자를 쓰고 몸에는 아주 얄다란 솜옷을 한 벌만 입어서 매우 몸이 움추려져 있었다. 손에는 무슨 조히 꾸레미와 긴 담뱃대를 들고 있다. 그 손은 내가 기억함으로서는 혈색이 좋고 포동포동하게 살이 쪄 있던 것인데 지금은 거치러지고 터지고 해서 소나무 껍떼기와 같이 되여 있었다.

나는 그때 퍽 흥분하여서 무어라고 말하였으면 좋을지 몰라서 다만 이렇게 말하였다.

"야, 윤토인가— 참으로 오랫만일세……"

나에게는 계속하여서 할말이 많이 있었다. 생각은 마치 구슬떼미와같이 자꼬자꼬 풀려나온다. 매추리라던지 비어라던지 조개라던지 고슴도치라던지……. 그러나 무엇인가 말문을 막는 것이 있는 것 같아서 머리 속에는 돌고 있으면서도 좀처럼 입 밖으로 내여서 말할 수는 없었다.

그는 그곳에 선 채로 있었다. 얼골에는 기꺼움에 섞이여 풀지 못하는 표정이 있었다. 입술은 움죽이면서도 말소리는 없었다. 그의 태도는 퍽도 어색한 모양을 하고 있으면서 이윽고 뚜렷하게 말하였다.

"서방님"

나는 몸서러가 쳐졌다. 나는 곧 우리들 사이에 어느듯 헐기 어려운 슬픈 장벽이 서게 되고 마는 것을 깨달었다. 나는 아모 말도 하지 못하였다.

그는 돌아보며 말하였다. "수생(水生)아, 너, 서방님한테 인사하지 안니?" 그러고는 뒤에 숨어 있는 어린애를 끌어내였다. 이것은 아주 이십 년 전의 윤토인데 다만 조곰 얼골빛이 나뿌고 여위였으며 목에는 은목테가 없을 뿐이였다.

"이것은 다섯째 자식놈인데요, 사람 앞에 나온 일이 없기 때문에 이렇게 어색하고 어름어름한답니다……."

어머니와 굉아가 이층에서 내려왔다. 아마 우리가 하는 말소리를 듣고 내려온 것이겠지.

"노마나님, 일부러 기별해 주셔서 고맙습니다. 저는 너머 기쁘기만 해서 어쩔 줄 모릅니다. 서방님이 오셨다는 말씀을 듣고서요." 하고 윤토가 말하였다.

"얘, 무얼 그렇게 딴 남 같은 말을 하니. 네들은 이전에는 형제와 같이 말하지 않었니. 이전같이 이름을 불러 말하려므나." 어머니는 좋은 낯으로 이렇게 말하였다.

"어흠, 노마나님, 그 원 천만에 말씀을…… 어찌 그럴 수가 있겠습니까. 그때쯤은 하도 철이 나지 않어서 아무 분간도 못하였을 때였읍지요마는……." 윤토는 이렇게 말하고 수생을 불러서 나에게 인사를 하라고 가르쳤으나 그 어린 것은 부끄러워만 하고 그의 등에 꼭 붙어 있었다. "아, 수생이냐. 그 애가 다섯째랐지. 모다 낯설은 사람뿐이거든 부끄러워하는 것도 고이치는 않어. 야, 굉아야. 저 애 다리고 바깥에 나가 놀어!" 하고 어머니가 말했다.

시키는 대로 굉아는 수생을 다리고 바깥으로 나가려고 일어서고 수생도 아무 말 없이 따라나갔다. 어머니는 윤토에게 앉을 자리를 권하셨으나, 그는 황송해서 어름어름하다가 겨우 앉아서 기다란 담뱃대를 한옆에 세우고 조히에 싼 뭉치를 내놓으면서 말하기를

"겨울에는 이런 것밖에 무엇이 있어야지요. 이양대(그린피스의 일종) 말린 것은 저들이 농사 지은 겝죠. 부대서방님께."

나는 그에게 어떻게들 살아가는가 물어보았다. 그는 다만 머리를 흔들 뿐이였다.

"아주 무어 맹랑합죠. 여섯째 젖멕이까지도 일을 거들어주지만 그래도 먹고 살아갈 도리라곤 없습니다. 그나마 세상이 하도 기막히는 것…… 사방 돈만 떼이고 해도 신원할 곳도 없고 추수는 없죠. 농사라고 지어도 그것을 팔려고 나가면 몇 차례나 세금을 제키고, 그렇다고 팔지 않으면 썩힐……"

그는 또 한번 머리를 흔들었다. 얼굴에는 깊은 주름살이 이리저리 잡혀서 조금도 움적이지 않고 꼭 무슨 석상을 보는 듯했다.

그는 정녕코 괴롬을 그지없이 느끼는 듯하였으나 그래도 그것을 말로는 못하는지 한참 동안 입을 다물고 있었다. 그리고 담뱃대를 들어서 뻑뻑 피우며 연기만 뿜었다.

어머니가 묻는 말에 그는 집에 일이 많아서 내일은 돌아간다고 한다. 아즉 점심을 먹지 않았다고 해서 그에게 부엌으로 나려가 밥을 지여 먹으라고 말했다.

그가 나간 뒤 어머니와 나는 그의 생활에 대한 얘기를 하고 탄식하지 않을 수 없었다. 어린것들은 많고 흉년은 거듭지고 세금은 고되고 군인 도적놈 관리양반 서방님네 모다가 모여서 장승같이 삐쩍 마른 사내 하나를 괴롭게 한다는 것이다. 어머니는 나에게 말하기를 가지고 가기에 만만치 않은 살림부스러기는 그를 주는 것이 좋으니 그에게 마음대로 골르도록 하라고 하셨다.

오후, 그는 제 마음에 맞는 몇 가지를 골라내였다. 긴 테-불 두 개, 의자 네 개, 한 불의 향로와 촉대, 짐지는 멜채 한 개, 그는 또 재템이가 가지고 싶다고 말하였다.(우리 고향에서는 짚을 때는 까닭에 이 재템이는 모래따에 훌륭한 비료가 된다) 우리들의 출발할 때가 되면 그는 배를 타고 와서 실어간다고 말했다.

밤에 우리들은 여러 가지 애기를 했으나 그것은 별로 긴한 말은 아니였고 그 이튿날 이른 아츰에 그는 수생을 둘러업고 돌아갔다.

또 아흐레쯤 지났다. 이날이 우리들의 출발하는 날짜였다. 윤토는 아츰 일찍이 왔다. 그 대신 다섯 살쯤 되는 계집아이를 다리고 와서 배를 지키도록 하였다. 우리들은 하로종일 바뻐서 아무런 얘기도 할 여가가 없었다.

찾어오는 손도 적지 않었고 전송하는 사람도 많았으며 물건 가지러 오는 사람도 있었다. 또 물건도 찾고 전송도 하고 두 가지를 겸쳐 온 사람도 있었다. 저녁때가 되여서 우리들이 배를 타게 되면 이 옛집에 있든 모든 물건은 쓸 게나 못 쓸 게나 하나도 남김없이 깨끗이 치워질 것이였다.

우리가 탄 배는 떠나갔다. 양쪽 산들은 저녁 어둠 속에서 검푸르게 나타나서는 차차로 뒤으로 사러지고 마는 것이였다.

굉아는 나와 같이 선창에 기대서 바깥혜 아득한 풍경을 바라보다가 문득 나에게 묻는 것이였다.

"아저씨, 우리들 이데가면 언제나 또 돌아와요?"

"돌아온다고? 너 어째서 가기도 전에 돌아오는 것을 생각하니?"

"그래두, 수생이헌테 집에 와서 놀자구 했는데 무어-" 그리고 그는 커다란 검은 눈동자를 반작하면서 또 무엇을 생각하는 모양이였다.

어머니와 나는 매우 피곤해서 아무 말 없이 앉었었으나 그것을 듣고는 또 윤토의 일이 생각에 떠오르는 것이였다. 어머니의 말씀에는 그 두부집 서시 양씨 아즈머니는 우리집에서 짐을 꾸리기 시작한 뒤부터는 하로도 안 오는 날이 없었고, 그저께는 재템이 있는 데서 사발과 접시등속을 여나무 개나 끄내여 가지고 와서 말말끝에 이것은 윤토가 묻어둔 게라고, 그래서 재템이를 파갈 때 함께 집으로 가져 가려든 것이 틀림없다고 말했다. 두부집 서시는 이것을 발견한 것이 자기의 훌륭한 솜씨라고 그 대신 닭의 둥우리를 떼여 가지고 갓다. 불티같이 날러갔으나 아모리 해도 그 적은 발에 뒷굽 높은 구두를 신은 것도 생각지 않고 되는 대로 뛰여서 가는구나 글쎄.

옛집은 우리로부터 점점 멀어졌다. 고향의 산수는 차츰차츰 나의 뒤로 물러서는 것이였다. 그런데 나 자신은 그것을 그다지 안타깝게도 생각지 않는다. 나는 다만 내 주위를 둘러싼 눈에 보이지 않는 牆, 그것이 나 자신을 외롭게 하였다는 데 생각이 미칠 때 적지 않게 괴로워지는 것이였다. 그 수박 원두막에 은목테를 하고 있든 조그만흔 영웅의 얼굴은 나에게는 십분이나 분명한 게 있건마는 지금에는 급속도로 그것이 희미하여지는 것이였다.

어머니와 굉아는 벌써 잠이 들었다.

나는 누워서 뱃바닥에 찰석찰석 들이치는 물소리를 들으면서 내 혼자 내가 가야 할 길을 가고 있다는 것을 느꼈다. 나는 생각했다. 나와 윤토와는 필경 이렇게 멀리 떨어지고 말었든 것이다. 그러나 우리들의 후배들로서도 역시 우리와 같이 현재에 내 눈앞에 보이는 굉아와 수생의 일도 생각해 보는 것이지마는 나는 두 번 다시 그들이 나와 같이 또 서로 사이에 아무런 간격도 없기를 희망하는 것이다.

그렇지만 나는 또 그들이 꼭같이 된다 하드라도 결코 나와 같은 괴롬과 방랑의 생활을 하도록 되는 것을 원하지 않을 뿐 아니라, 또 결코 윤토와 같은 괴롬과 마비된 생활을 하게 되는 것을 원하지 않는다. 또 다른 사람들과 같은 괴롬과 제멋대로 하는 생활을 하면 좋다고도 바라지 않는다. 그들은 우리가 아즉 보지도 못하고 알지도 못하는 새로운 생활을 하지 않으면 안 되리라고 생각하는 것이다.

나는 생각하면서 희망에 이르렀다가는 다시 곧 무서워졌다. 윤토가 향로와 촉대를 달라고 말하였을 때에 그가 언제나 우상만을 숭배하여서 한때라도 잊어버리지 못하는 것이라고 나는 속으로 조소하였을 것이지만 지금 내가 희망이라고 말하는 것도 이것도 내멋대로 만드는 우상이 아닐까. 다만 그의 것은 비근한 것이고 나의 것은 고원하야서 걷잡을 수 없는 것일 뿐이다.

이렇게 어지러히 생각하고 있을 때에 눈앞에 보이는 것은 해변에 푸른 모래불의 한쪽이였다. 위에는 감청색의 하늘에 금빛으로 빛는 둥근 달이 떠 있었다. 생각하면 희망이라는 것은 대체 '있다'고도 말할 수 없고 또는 '없다'고도 말할 수 없는 것이다. 그것은 마치 지상에 길과 같은 것이다. 길은 본래부터 지상에 있는 것은 아니다. 왕래하는 사람이 많어지면 그때 길은 스스로 나게 되는 것이다.

『朝光』, 1936년 12월

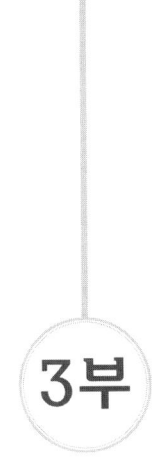

3부

수필

蒼空에 그리는 마음

 벌써 데파-트의 쇼윈드는 홍엽으로 장식되였다. 철도안내계가 금강산 소요산 등등 탐승객들에게 특별할인으로 가을의 써비쓰를 한다고들 떠드니 돌미력같이 둔감인 나에게도 어쩌면 가을인가? 싶은 생각도 난다.
 외국의 지배를 주사침 끝처럼 날카롭게 감수하는 선량한 행운아들이 紺碧의 창공을 치여다 볼 때 그들은 매연에 잠긴 도시가 싫다기보다 값싼 향락에 지친 권태의 위치를 바꾸기 위하야는 제비새끼같이 경쾌한 裝束에 제각기 시골의 순박한 처녀들을 머리 속에 그리며 항구를 떠나는 갑판우의 젊은 마도로스들과도같이 분주히들 시골로, 시골로 떠나고 만다. 그래서 도시의 창공은 나와같이 올데 갈데 없이 밤낮으로 인크칠이나 하고 있는 사람들에게 맡겨진 사유재산인 것도 같다.
 그래서 나는 이 천재일시로 얻은 기회를 놓치지 않겠다고 나의 기나긴 생활의 고뇌 속에서 실로 짧은 일순간을 비수의 섬광처럼 맑고 깨끗이 개인 창공에 나의 마음을 그리나니 일망무제! 오즉 공이며 허! 이것은 우주의 첫날인 듯도 하며 나의 생의 요람인 것도 같어라.

신은 아무 것도 없는 공과 허에서 우주만물을 창조하였다고 그리고 자기의 뜻대로 만들었다고 사람들은 말하거니, 나도 이 공과 허에서 나의 세계를 나의 의사대로 바둑이나 장기를 두는 것처럼 손쉽게 창조한들 엇덜랴. 그래서 이 지상의 모든 용납될 수 없는 존재를 그곳에 그려본다 해도 그것은 나의 자유이여라.

그러나 나는 사람이여니 일하는 사람이여니. 한 사람을 그리나 억천만 사람을 그려도 그것은 모다 일하는 사람뿐이여라. 집 속에서도 일을 하고 벌판에서도 일을 하고 산에서도 일을 하고 바다에서도 일을 하나 그것은 창공을 그리는 나의 마음에 수고로움이 없는 것처럼 그들의 하는 일은 수고로움이 없어라. 그리고 유쾌만 있나니 그것은 생활의 원리와 양식에 갈등이 없거늘 나의 현실은 어찌 이다지도 錯綜이 심한고? 마음은 창공을 그리면서 몸은 대지를 옮겨 디뎌 보지 못하는가?

가을은 반성의 계절이라고 하니 창공을 그리는 마음아 대지를 돌아가자. 그래서 토지의 견문을 창공에 그려보듯이 다시 대지에 너의 마음을 마음대로 그려보자.

『新朝鮮』, 1934년 10월

嫉妬의 叛軍城

 형! 부탁하신 원고는 이제 겨우 붓을 들게 되어 편집의 기일에 다행히 맞어질넌지는 모릅니다.
 그러나 늦게라도 이 붓을 드는 나에게는 다음과 같은 몇 가지 이유가 있는 것이며 그 이유를 말하는 데서 이 적은 글이 가져야 할 골자가 발가질까 합니다.
 그 첫째는 형의 몇 차례나 하신 간곡한 부탁에 갚어지려는 나의 微衷이며 둘째는 형의 부탁에 갚어질 만한 재료가 없다는 것을 고백합니다.
 그것은 다시 말하면 나는 生活을 갖지 못하였다는 것입니다. 적어도 '씬세리테'가 없는 곳에는 참다운 생활은 있을 수 없다고 생각하는 現今의 나에게 어찌 보고할 만한 재료가 있으리까? 만약 이 말을 믿지 못하신다면 나는 여기에 자미스런 한 가지 사실을 들어 이상의 말을 증명할까 합니다.

그것은 지나간 칠월입니다. 나는 매우 쇠약해진 몸을 나의 시골에서 그다지 멀지 않은 동해 松濤園으로 요양의 길을 떠났읍니다. 그 후 날이 거듭하는 동안 나는 그래두 서울이 그립고 서울 일이 알고 저웠습니다. 그럴 때마다 서울 있는 동무들이 보내주는 편지는 그야말로 내 건강을 도울 만치 내 맘을 유쾌하게 하였든 것입니다.

그런데 일전(그것은 형이 나에게 원고를 부탁하시든 날) 어느 친우를 방문하고 오는 길에 어느 책사에 들렸다가 때마춤 『조선문인서간집』이란 신간서가 놓였기에 그 내용을 펼쳐 보았더니 그 속에는 내가 여름동안 해수욕장에서 받은 편지 중에 가장 주의했든 편지 한 장이 전문 그대로가 발표되여 있었습니다. 그런데 그 편지의 주인공은 내가 해변으로 가기 전 꼭 나와는 일거일동을 같이한 '룬펜'(이것은 시인의 명예를 손상치 않습니다)이든 나의 친애하는 李秉珏군이였습니다. 그러므로 그는 나의 생활을 누구보다도 이해하는 정도가 있었으리란 것은 다시 말할 여지가 없는데도 불구하고 그는 다음과 같은 말을 했습니다.

"-前略 형의 말에 의하면 급한 볼 일이 있어 갔다고 하드래도 여름에 해변에 용무가 생긴다는 것부터 형은 우리 따위가 아니란 것을 새삼스리 알았습니다." 운운하고 평소부터 나에게 입버릇같이 "자네는 너무 뻐기니까" 하든 예의 독설(?)을 한참 늘어놓은 다음 그는 또 문장을 계속하였습니다. "건강이야 묻는 것이 어리석지요. 적동색 얼굴에 '포리타민' 광고에 그린 그림쪽"이 되라느니 하여놓고는, "한 채 집이 다 타도 빈대 죽는 맛은 있더라고 長霖이 지리하니 형의 해수욕 풍경이 만화의 소재밖에는 되지 않을 것을 생각하고 고소합니다."고 끝을 막은 간단한 문장이였습니다.

풍자시를 쓰는 우리 이군의 나에 대한 또는 나의 생활에 대한 견해가 그 역설에 있어서 정당했다고 하드라도 나는 이군에게 불만을 가지지 않을 수가 없다는 것은 기왕 벌인 춤이면 왜 좀더 풍자하지 못하였을까 하는 것입니다. 대저 우에도 한 말이나 '뻐겐다'는 말은 사실이 없는 것을 허장성세한다는 말일 것인데 허장성세하는 사람에게 무슨 '씬세리테'가 있겠습니까.

또 무슨 생활이 있겠습니까. 그러나 "生活이 없다"는 순간이 오래오래 연속되는 동안 그것이 생활이라면 그것은 구태여 부정하고 싶지도 않습니다. 뿐만 아니라 거기는 한걸음 나아가 남이 긍정하는 바를 내가 긍정해서 남의 위치를 침범하는 것보다는 차라리 내가 부정할 바를 부정한다는 것은 마치 남이 향락할 바를 내가 향락해서 충돌이 생기고 질투가 생기는 것보다는 다른 어떤 사람도 분배를 요구치 않는 고민을 내 혼자 무한히 고민한다는 것과 같이 적어도 오날의 나에게는 그보다 더 큰 향락이 없을는지도 모르는 것입니다.

마치 이 길은 내가 경험한 가장 짧은 한 순간과도 같을넌지 모릅니다. 태풍이 몹시 불든 날 밤 왼 시가는 창세기의 첫날밤같이 암흑에 흔들리고 폭우는 활살같이 퍼붓는 들판을 걸어 바닷가로 뛰여나 갔습니다. 가시넝쿨에 업더지락 잡버지락 문학의 길도 그릴넌지는 모르지마는 손에 들인 전등도 내 양심과 같이 겨우 내 발끝밖에는 못 비치드군요. 그러나 바닷가를 거의 다었을 때는 파도소리는 반군의 성이 무너지는 듯하고 하얀 포말에 번개가 푸르게 빈질 때만은 영롱하게 빛나는 바다의 一面! 나는 아즉도 꿈이 아닌 그날 밤의 바닷가로 태풍의 속을 가고 있는지도 모릅니다.

12월 5일 밤

『風林』, 1937년 3월

門外漢의 手帖

　R이란 사람은 나와는 매우 친한 동무였다. 그러므로 우리 두 사람 사이에는 결코 무슨 비밀이란 것은 있을 터수가 아니였다. 그러나 지금은 나의 교우록 속에 씨여져 있는 그의 '號牌'에 붉은 줄을 그은 지도 벌써 한 달이 다 되였다.

　이러한 간단한 사실이 모르는 사람으로 본다면 가렵지도 아프지도 않을지 모르겠으나 남달리 相處해오든 벗을 한 사람 잃어버린 나의 호젓한 마음은 어데도 비길 수 없이 서러운 것이다.

　그뿐만 아니라 이 글을 쓰려는 오늘 아침에 이제는 고인인 R의 동생으로부터 나에게 간단한 편지 한 장과 「門外漢의 手帖」이란 유고 한 권이 보내여 왔다.

　그 유고는 이래 10년에 쓴 고인의 일기인 모양인데 그도 逐日해서 쓴 것도 아니고 때때로 마음이 내킬 때마다 써 둔 것이며 그 맨 끝 페—지에 "○○兄에게"라는 이 세상 사람으로서의 절필인 듯한 글씨가 墨痕이 淋漓한 것은 소리 없는 내 눈물을 더욱 짜내는 것이였다. 그리고 이 글 내용은 일기는 일기면서도 대부분은 나에게 보내는 편지이였다. 그 편지 가운데서 지금이라도 흥미 있게 생각나는 부분만을 써서보기로 한다면 그도 처음에는 문학청년이였든 사실이 있었다. 그러나 그는 자기가 하고저 한 문학을 끝끝내 완성할 수 있는 행복된 사람은 아니였다. 그러나 그 사람은 죽든 날까지도 문학을 단념하지는 않었다는 것은 어느 해 겨울 그와 나는 우연히도 어느 온천에서 만났다. 그때는 바로 동경에서들 풍자문학론이 한참 대두할 때이였으므로 그도 또한 예에 빠지지 않고 이것의 조선에 있어서 가능하다는 설교를 하는 것이였다. 그때 좀더 생각해 볼 여지가 있다고 한 나의 말에 그는 말하기를 조선사람은 생활 그 자체가 풍자적으로 되어 있다고 떠들어대기에 나는 그에게 더 진지한 태도로 사물을 대할 필요가 있다는 것을 말하였고 그 다음날 우리는 서로 갈린 채 영원히 보지 못할 사람이 되였다.

이 글은 그때 나와 갈려서 며칠 동안에 쓴 것이라고 생각난다.

一九三×年 ×月 ×日

-O兄! S역에서 兄과 갈려서 나는 O동까지 50리나 되는 산길을 걸어왔소. 동리 거리에 피곤한 다리를 쉬이면서 생각하기를 아무데나 큼직한 집 초당방을 찾어 들어가면 이 밤을 뜨뜻한 아랫목에서 지낼 수도 있겠거니와 그들과 함께 살을 맞대이고 지나며 그들의 생활을 체득할 수가 있다면…… 얼마나 유쾌한 일이겠습니까?

나는 여기서 형이 일찍이 하든 말을 생각해 보았소. 상해 어데선가? 목욕을 갔을 때 불란서 사람과 서반아 사람과 같은 욕조에 들어갔을 때의 감정을 얘기한 것을 기억이나 하시는지요. 그때는 적나라한 몸뚱이들이 모두 꼭같은 온도를 느낄 수 있더라고 세계는 모름지기 목간통같이 되어야 한다고.

그러나 오늘의 나의 심경은 그와는 정반대로 어데까지나 육친애를 느껴볼 결심이었소. 그래서 세계는 차라리 초당방같이 되라고까지 생각해도 보았소. 이러한 생각을 하노라면 또 다른 한 생각이 꼬리를 물고 나오는 동안에 나는 가졌든 담배를 모조리 다 피워 바렸소. 담배라도 피우지 않으면 첫겨울의 눈우바람이 몹시도 옷깃을 새여들고 발끝이 저리기도 해서 담배도 살 겸 주막집 있는 데로 가까이 찾어갔소. 그곳에는 마침 담배 가게가 있고 젊은 농부인 듯한 사람이 있기에 오전짜리 한 푼을 던지고 '마코' 한 갑을 달라고 하였더니만 나는 여기서 뜻하지 못한 실패를 하였소. 그것은 내 행동이 몸차림과 어울리지 않는 데가 있었든지 또는 언어에 무의식적인 불손이 있었든지 그 젊은 농부는 내 얼굴을 자세히 보더니만……"문안에 들어와서 담배를 가져가오"……하며 코웃음을 픽 하며 '마코' 한 갑을 내 앞으로 툭 던지는 것이였소.

나는 처음 이 농부의 말을 듣고 한참동안 어름어름 하였소. 그것은 담배 가게라고 하는 것이 우리가 도회에서 보는 담배 가게와 같이 백색 '타일' 타로 대를 싸올리고 '네온'등을 달고 유리창을 단 것이 아니고 처마 끝에다 석유 궤로 목판을 짜서 장수연, 희연, '마코', 단풍 이런 것들을 몇 갑씩 넣어둔 것이였소. 그래 내가 들어갈 문이란 어데 있겠소.

그날은 그곳에서 멀지 않은 곳에 장날이였나 부오. 장꾼들이 들신들신하고 그 집으로 들어오기에 나는 그만 그곳을 떠나 돌아나오랴니까 바로 내 머리 뒤에서 "건방진 녀석, 눈에 유리창을 붙이고"……하면서 별러대는 것이였소. 그때 나는 모든 것을 다 알았소.

시골 산촌에선 유리라는 것은 들창에나 붙이는 것인데 네 눈에 붙인 들창을 열고 다시 말하면 문안에 들어와서 (안경을 벗고) 담배를 가져가란 말였소.

내가 안경을 쓰게 된 것은 시력이 부족한 탓이였고 그 젊은 농부가 내 안경 쓴 것을 못마땅히 여기는 것은 고루한 인습의 소치라고 하드래도 그 표현방법이 얼마나 내 뼈를 저리도록 쑤시는 풍자이였겠소. 과연 여기에 남과 나라는 투명한 장벽이 서서 있다는 것을 나는 안 듯하였소.

그리고 내 발길은 무겁게 옮겨졌소. 아주 몇 해를 두고 어느 사막이라도 걸어온 듯한 피로를 깨달았소. 하늘은 점점 어두워오고 눈조차 함박으로 퍼붓는 듯하였으나 나는 다시 옷깃을 단속지는 않았소. 될 수 있으면 차디찬 눈보라가 내 보드러운 목덜미살을 여미듯이 얼어붙으라고 하여 본 것은 일종의 자기잔학일른지도 모르겠소.

두 시간이나 지났을까. 나는 과연 어느 집 초당방에 손이 되였소. 방안에는 초말 냄새가 코를 찌를망정 모이는 사람은 대략 6, 7명이나 되였고, 연령은 최저 십팔로 최고 삼십이, 인품은 모두 순후하고 황소같이 질박한 놈도 있으며 암사슴같이 외로운 연석도 있었소. 그날 밤은 내라는 존재가 그들로 보면 낯설은 손이여서 一動一靜을 주의는 하면서도 조금도 악의는 갖지 않았든 모양이였소. 그러기에 나더러 세상의 자미 있는 얘기를 들려달라는 것이오.

이때 나는 어떠한 얘기를 들려줄까 하고 망설이는 판에 그들 중에도 연령과 지식의 정도가 있어서 삼십에 가까운 사람들은 『華容道』를 들려 달라 하고 그중 한사람은 『춘향전』을 얘기하라 하였소마는 여기도 또한 의견은 일치되지 않았소. 그 중에도 제일 얼굴이 말쑥하고 나이가 이십오 세쯤 되여 보이는 농부 한 사람 말을 들으면 보통학교를 중도퇴학은 하였어도 그들 가운데서는 식자연하고 내로라는 듯이 뽐내면서 '서양' 얘기를 무에나 들리라는 것이오. 그래서 결국은 '춘향전'파와 '서양'파가 절충한 결과 나는 이 진귀한 '서양춘향전'을 친절하게도 강좌를 擔任하게 되였으며 그는 득의만면하야 내 담배갑에서 '마코' 한 개를 빼여 물고 인조견 옥색관사 홑조끼에서 성냥을 꺼내여 담배를 피우는 것이였소. 이 방에서는 모두들 이 사람을 '하이카라상'이라고 부르는데 그 '상'자가 나에게는 조금 귀익지 못하나 아마 이것을 도시말로 번역하면 '모-던뽀이'란 말도 같소.

그러나 이 '서양춘향전'이란 진본서는 가난한 나의 문헌학 지식으로는 도저히 알어낼 자신도 없고 그렇다고 그들에게 '린드빽'이 대서양을 어떻게 횡단하였다든지 '크레오파트라'의 국적이 어느 나라냐고 설왕설래를 하여보았자 '하이카라상'이라는 이 방의 '쏘크라테쓰'도 그까지는 흥미를 느끼지 못할 것 같았소.

그래서 나는 생각다 못해 '쉑스피어'의 『로미오와 주리엣트』를 얘기하기로 하고 위선 그 주인공의 이름을 그들이 알어듣기 쉽게 '노미'이와 '준'이가 이렇게 얘기를 하니 그래도 모두 그것이 자미가 있었든지 '준'이가 추방당튼 날 새벽에 '노미'를 찾어가 이별을 하는 판인데 이곳에야 '나이팅겔'이 울 수가 있을 리도 없겠고 생각다 못해 속담에 꿩값에 닭이라니 닭을 울리고 '준'이를 떠나보냈구려! 그래도 이때는 모두들 감탄해서 흥흥 콧소리를 치며 신 삼고 가마니 치든 손을 쉬이는구려!

밤은 벌써 오전 두시나 되였는데 바깥에서는 눈보래가 쉬지 않고 나렸소. 사람들은 차차 긴 하품을 하다가는 제대로 팔을 베고 자는 이도 있고 또 그 자는 이의 다리를 베고 자는 사람도 있으며 나중에는 '하이카라상'과 나만이 남어서 나는 이 동리의 서러운 전설을 듣는 것이오. 옛날에 이 동리와 건너마을이 편을 갈러서 正初이면 '줄댕기'가 시작되였고 그때는 사람들이 수-백명씩 모여서 그중에도 젊은 사람들은 처녀나 총각이 제각기 마음 있는 사람들과 사랑을 속삭이면서 영원히 그 자손들은 변함없이 이 동리를 지켜 왔건마는, 지금은 어쩐 일인지 그 사람들은 누가 오란 말도 없고 가란 말도 없건마는 다들 어데인지 한 집씩 두 집씩 동리를 떠나고 그럴 때마다 젊은이들의 싹트기 시작한 사랑은 그 봄이 다가기도 전에 덧없이 흘러가고 만다는 말을 다 마치지도 못하야 이 사람은 창졸간에 미친 듯이 쓰러져 흑흑 느껴가며 우는 것이였소. 나는 이것을 왜 우느냐 물어볼 힘도 없고 울지 말라고 위안을 줄 수도 없었으며 다만 나 혼자 생각기를 너도 또한 불쌍한 미완성 초연의 순정자로구나 하고 동정을 살피노라니 이 사람도 그냥 잠이 들고 먼데 닭이 잦은 홰치는 소리가 들리며 눈은 끄쳤는지 바깥은 바람이 몹시 불었소.

나는 몇 시간 남지 않은 이 밤을 도저히 잘 수는 없었소. 내 머리는 海底와같이 아득하고 내 가슴은 雲母와같이 무거웠소. 돌아누울래야 돌아누울 수도 없으려니와 옆에 사람들의 코고는 소리는 검은 시체를 실은 마차의 수레바퀴를 갈고 가는 듯하오. 그럴수록 방안의 정적은 무거워져서 자꾸만 지구의 중심으로 침전되는 듯하였소. 나는 참다못하야 눈을 감고 두 손으로 얼굴을 가리웠소. 바로 그때였소. 누구인지 내 머리맡에서 말하는 사람이 있었소. 그 사람이 누구인지는 기억할 수 없으나 혹은 저녁 전에 담배 가게에서 본 농부 일른지도 모르겠소. 그가 나에게 한 말은 분명코 "문안에 들어와서……"였소. 나는 여기서 눈을 번쩍 뜨고 가만히 생각해 보았소.

'오! 그렇다. 나는 門外漢이다.' 아무리 하여도 인생의 門안에 들어서지 못할 나이라면 차라리 영원한 문외한으로 이 세상을 수박겉 핥듯이 지나갈 일이지 그 좁은 문을 들어가려고 애를 쓸 필요가 어데 있겠소. 문밖에서 살아가면 책임과 부담도 가벼우려니와 그 문안에서 우리가 지켜야 할 보물이 있다면 사람들은 그것을 모두 문안에서 지킬 때에 나 혼자만 문밖에서 그 모든 것을 파수 본다면 그것도 나의 한 가지 임무가 아니겠소. 그렇다면 나는 달게

人生의 門外漢이 되겠소.

그래서 남들이 모두 門안에서 보는 세상을 나는 門밖에서 보겠소. 남들은 깊이 보는 세상을 나는 널리 보면 또 그만한 자긍이 있을 것 같소. 오늘은 고기압이 어데 있는지 풍속은 64미리오. 이 동리를 떠나 아무도 발을 대지 않은 대설원을 걸어 가겠소. 前人未到의 원시경을 가는 느낌이오. 누가 나를 따라 이 길을 올 사람이 있을는지? 없어도 나는 이 길을 영원히 가겠소.

×

나는 이까지 보고 위선 이 유고를 덮었다. 그리고 생각해 보았다. 이것은 한 사람이 인생의 문안에 들어오지 못하고 영원히 걸어간 기록이다. 오! 그러면 나도 역시 門外漢인가?

丁丑 七. 二九

『朝鮮日報』, 1937년 8월 3~6일

剪爪記

누구나 버릇이란 쉽사리 고쳐지는 것은 아니다. 그러므로 세 살적 버릇이 여든까지 간다는 말도 있지 않는가? 그런데도 흔히 다른 사람의 한 가지 버릇을 새로이 발견했을 때는 아- 저 사람은 저런 버릇이 있구나 하고 속으로 비웃어보거나 그 버릇이 좋지 못한 종류의 것이면 대개는 업수히 여기는 수도 있는가봐! 그렇건만 나에게는 아무리 곤쳐보려도 곤쳐지지 않는 버릇이란 손톱을 깎고 줄로 으르고 수건으로 닦고 하는 것이다. 그것도 때와 곳을 가릴 것도 없이 욕조나 다방이나는 말할 것 없고 기차나 배를 타고 멀리 여행이라도 하면 심심풀이도 되고 봄날 도서관 같은 데서 서너 시간 앉아배기면 제아무리 게름뱅이는 아닐지라도 웃눈썹이 起電機처럼 아래눈썹을 끌어다닐 때도 있는 것이고 그럴 때에 손톱을 잘르고 줄로 살살 으르면 자릿자릿한 자미에 왼몸에 게름이 다 풀리는 것이다. 그야 내 나이 어릴 때는 아침 일찍이 손톱을 잘르면 어룬들은 질색을 하시며 말리기도 하였다. 그리고 말릴 때에 누구인지 지금에 기억되지는 않아도 우리집에 자주 오는 손이 말하기를 아침에 손톱 깎고 밤에 머리 빗는 것은 몸에 해롭다고 하는 것이었고 내 생각에도 그런 방문은 『동의보감』에라도 씌어 있는 줄 알았기에, 그 뒤로는 힘써 시간을 한나절 지난 뒤에 손톱을 닦곤 하였지만 나도 내대로 세상맛을 보게 된 뒤로는 쓴맛 단맛을 다 보고 시고 떫은 구석과 회추고초 같은 광경에 부다낄 때가 시작이 되고는 손톱치례를 할 만한 여가도 없었고 어느 사이에 손톱은 제대로 자라 긴놈 쩌른놈 삐뚜러진놈 꼬부러진놈 법덕 자빼진놈 앙당마스러진놈 이렇게 되야 내 손이란 그 꼴이 마치 오증어를 뒤집어 삶어논 것이 되었다.

  그럴 때에 나는 또 다시 손톱을 자를 것은 자르고 으를 놈은 으르곤 하였으며 이른 아츰이라도 가리지는 않았다. 그것은 밤으로 머리를 깎어 보아도 몸에 해로운 것도 없으니까 아츰에 손톱을 깎는 것조차 위생과는 관계 없는 것을 안 까닭이다.

  그런데 내가 이 손톱을 잘르는 버릇은 언제부터 시작되었는가를 생각해보면 그도 벌써 삼십 년이 더 지났다. 내가 난 지 백일이나 되었겠지. 이란저고리 밖에 빨간 내 손이 나와서 내 얼골을 해벼뜯고는 나는 자지러질 듯이 울었다. 어머니가 놀라서 가위로 내 손톱을 잘러주신 것이 처음이고 그것이 늘 거듭하야지는 동안에 봄철이 오면 어머니는 우리 형제를 차례로 불러 툇마루 양지쪽에 앉히고 손톱을 잘러주시고 머리도 빗기고 귀도 휘벼 주셨으며 이것도 내 나이 여섯 살때 소학을 배우고는 이런 일의 한 반은 할아버님께 이관이 되었다. 옛날 내고장 우리집에는 그다지 크지는 못해두 허무히 적지 않은 화단이 있었다. 그리고 그 화단은 이때쯤 되면 일이 바빴다. 깍지로 긁고 호미로 매고 씨가시를 뿌리고 총생이를 옮겨 심고 적당한 거름도 주었다. 요즘같이 '시크라맨'이나 '카-네손'이나 '쥬리프' 같은 것은 없어도 옥매화 분홍매화 홍도 벽도 해당화 장미화 촉규화 백일홍 등등 빛도 보고 참내도 맡고 꽃도 보고 입도 볼 만하면 1년을 다 즐길 수 있는 것이였는데, 내 할아버지 생각은 이제 헤아려보면 우리들에게 글 읽고 글씨 씨인 사이로 노력을 몸소 맛보이는 것도 되려니와 그것이 정서교육도 될 겸 당신의 노래를 화려하게 꾸밀 수도 있었든 모양이였다. 그럴 때마다 우리들은 이다지 가볍고 고운 노동이 끝나면 할아버지는 우리들에게 손을 씻을 것과 손톱에 끼인 흙을 끌어내도록 손톱을 닦으라 하셨다.

 이러든 내 손톱이기에 나는 손톱을 소중히 하고 잘르고 으르고 닦고 하는 동안에 한 가지 방편을 얻었다. 그것은 나에게 거북한 일을 말하는 사람 앞에서 손톱을 닦는 것이다. 빤히 얼굴을 맞대이고 배알에 거슬리거나 듣기 싫은 말을 듣고 억지로 참을 수도 없고 그렇다고 언짢은 표정을 할 수도 없어 손톱을 닦노라면 시굴 계신 어머니도 그려보고 돌아가신 할아버지의 모습을 우러러 뵈일 수도 있다. 내 고장의 푸른 하늘 아래 봄이 왔을 것도 같으니.

『朝鮮日報』, 1938년 3월 2일

季節의 五行

　눈물을 흘리지 않는 사람이 되라고 배워온 것이 세 살 때부터 버릇이였나이다.
　그렇다고 이 버릇을 80까지 지킨다고야 아예 말하지도 않습니다. 그야 지금 내 눈앞에 얼마나 기쁘고 훌륭하고 착한 것이 있을지도 모르면서 그대로 자꾸만 살어가는 판이니 어쩌면 눈이 아슬아슬하고 몸서리 나고 악한 일인들 없다고 하겠습니까? 차라리 그것은 그 악한 맛에 또는 빛에 매력을 느끼고 도취되여 갈는지도 모르는 것입니다. 그래서도 눈물을 흘리지 않는 사람이 된다면 그 또한 어머니의 가르침을 저바리지 않는 방편이라고 하오리까? 딴은 내 일찍이 눈물을 흘리지 않는 사람이 되려고 맘먹어본 열다섯 애기시절은 '修身齊家治國平天下'의 도를 다 배웠다고 스스로 달떠서 남의 입으로부터 '驕童'이란 譏弄까지도 면치 못하였건마는 어쩐지 이 시절이 되면 마음 한편이 허전하고 무엇이 모자라는 것만 같어 발길은 저절로 내 동리 강가로만 가는 것이었습니다. 이렇게 말하면 누구나 그곳에 무슨 약속한 사람이라도 있었구나 하고 생각을 하면 그것은 여간 잘못된 생각이 아닙니다. 본래 내 동리란 곳은 겨우 한 100여 호나 되락마락한 곳 모두가 내 집안이 대대로 지켜온 이 따에는 말도 아니고 글도 아닌 무서운 규모가 우리들을 키워주었습니다.

지금 내가 생각해보아도 우습기도 하나 그때쯤은 의례히 그런 것이라고 생각한 것은 내 동리 동편에 王母城이라고 고려 공민왕이 그 모후를 뫼시고 몽진하신 옛 성터로서 아직도 성지가 있지마는 대개 우리 동리에 해가 뜰 때는 이 성 우에서 뜨는 것이였고 해가 지는 곳은 쌍봉이라는 전혀 수정암으로 된 두 봉이 있어서 그 사이로 해가 넘어가는 것이였는데, 그렇게 해가 지면 우리가 자랄 때는 집안 어른을 뵈우러 가도 떳떳이 '등롱'에 황촉불을 켜서 용이나 분이들을 들리고 다닌 것입니다.

그러나 내가 홀로 강가에 나갔을 때는 그곳에는 漁火조차 사라진 것을 보아도 내가 만날 만한 사람이 없었다는 것은 변명할 것도 없거니와 해가 떠서 너머간 그 바로 밑에는 낙동강이 흘러가는 것이였습니다. 낙동강이라면 모두들 오- 네 고장은 그 무서운 홍수로 이름난 거기냐 하고 경멸하면 그것은 낙동강을 모르는 말이로소이다. 낙동강이라면 태백산 속에도 黃池穿泉에서 멍석말이처럼 솟아나는 그 샘물의 이상을 모른대도 고이할 바는 아니오나 김해 구포까지 700리를 흘러가는 동안에 이 골물이 졸졸 저 골물이 콸콸 열에 열두 골물이 한데로 합수쳐 천방저지방저 저 건너 병풍석 꽝꽝 마조쳐 흐르다가 그 우에 여름장마가 지면 하류에 큰물이 나나 그에 따르는 폐단쯤은 있을 법도 한 일이오매 문죄를 한다면 여름장마를 할 일이지 애꾸진 낙동강이 무삼 죄오리까? 하나 이것도 죄라면 나는 죄와 함께 자라난 게오리까? 그래서 눈물 지우지 않는 사람이 되였다면 그 또한 내 悔悟할 바 없소라. 하지만 내 고장이란 낙동강가에는 고 하이얀 조약돌들이 일면으로 깔리고, 그곳에서 나는 홀로 앉어 내일 아침 화단에 갔다 놓을 차디찬 괴석들을 주으면서 그 강물소리를 듣는 것이였습니다. 봄날 새벽에 유수를 섞어서 쩡쩡 소리를 내며 흐르는 소리가 청렬한 품품 좋고 여름 큰물이 나릴 때 왕양한 기상도 그럴 듯하지만 무엇이 어떻다 해도 하늘보다 푸른 물이 심연을 지날 때는 빙-빙 맴을 돌고 여울을 지나자면 소낙비를 모는 소리 나고 다시 경사가 낮은 곳을 지날 때는 서늘한 가을부터 내 옷깃을 날리고 저 아래로 나려가면서는 큰바위를 따려 천병만마를 달리는 형세로 자꾸만 갔습니다. 흘러흘러서……. 그때 나는 그 물소리를 따라 어데든지 가고 싶은 마음을 참을 수 없어 동해를 건넜고 어느 사이 뿌류닭-크의 영웅전도 읽고 씨-저나 나포레옹을 다 읽은 때는 모두 가을이였읍니다마는 눈물이 무엇입니까 얼마 안 있어 국화가 만발할 화단도 나는 잃었고 내 요람도 고목에 걸린 거미줄처럼 날려 보냈나이다.

  그리고 나는 蜘蛛가 되였나이다. 누가 지주를 천재라고 하였나이까? 그놈은 사람이 보지 않는 동안 고 적은 날파리나 보드라운 나비 나래를 말아올리고도 모른 척하고 창공을 쳐다보는 것은 위선자입니다. 고놈을 제법 황혼의 셰스토프라는 말은 더욱 빈말입니다. 그 주제에 사색을 통일하려는 듯한 얼굴은 멀쩡한 배덕자입니다. 두고 보시요. 고놈은 제 들어갈 구멍을 보살피는 게 아마 바람결을 끄리 겝니다. 하늘이 푸르지 않습니까.

  그래서 어느 岩穴에라도 들어가면 한겨울 동안을 두고 무엇을 생각하리라고 믿어집니까? 거미라도 방안에 사는 거미들은 아츰 일즈거니 기여나오면 그 집에서는 그날 반가운 소식을 듣는다고 기뻐한 것은 우리 고장의 풍속이였나이다. 그래서 나의 어머니께서는 우리 형제들 가운데 누가 여행을 했을 때나 객지에 있을 때면 의례히 이 아츰 거미가 기여나오기를 기다렸다고 하신 말씀을 우리가 제법 장성한 때에 알었습니다마는 지금은 우리집 안사랑에 아츰 거미가 기여나온다 해도 나의 늙으신 어머니께서는 당연히 믿지 않으셔야 옳을 것을 아시면서도 그래도 마음 한편에 행여나 어느 자식이 편지를 부칠는지? 하고 바라실 것을 아는 나는 아무 말 없이 담배를 피여 무는 버릇이 늘었나이다. 담배도 이전에는 권연을 피우는 것이 버릇이였스나 요즘은 일을 할 때 반드시 손에 빼드는 것이 성가스럽고 해서 어느 날 길가에서 사가지고 온 골통대를 피우는 것입니다. 그것을 피워물면 그놈의 연기가 아주 淺間山의 噴煙에다 비한단 말이겠습니까? 그야 나에게는 '품베이의 최후의 날'같이도 생각이 되옵나이다.

  그것은 과연 그러하오이다. 나에게는 진정코 최후를 맞이할 세계가 머리의 한편에 있는 것입니다. 그것이 타오르는 순간 나는 얼마나 기쁘고 몸이 가벼우리까? 그러나 이 웃음의 표정은 여기에 다 쓰지는 않겠나이다. 다만 나혼자 옅은 징소를 하였다고 생각을 해두지요. 그러나 이럴 때는 벌써 내 자신은 羅馬(로마-편주)에 불을 지르고 가만히 앉아서 그 타오르는 광경을 보는 폭군 네로인지도 모릅니다. 그 거미줄같이 정교한 시가! 대리석 원주 극장! 또는 벽화 이 모든 것들이 타오르는 것을 보는 네로의 마음은 얼마나 病快하오리까? 로마가 일어난 것은 하로 아츰 일이 아니라 한 말을 들으면 망하기 위하야 헐고 부릇나고 한 로마에 불을 지르고 그 찬란한 문화를 검은 오동마차에 실어 장지로 보내면서 호곡하는 인민들을 보는 네로! 초가삼간이 다 타도 그놈 빈대 죽는 맛이 좋다고 하는 사람의 마음과 같이 병쾌하지 않었을까?

지금 내 머리 속에 타고 있는 내 집은 그 속에 은촉대도 있고 훌륭한 縣額도 있기는 하나 너무도 古家이라 빈대가 많기로 유명한 집이였나이다. 이 집은 그나마 한쪽이 기울어서 어느 때 어떻게 쓰러질넌지도 모르는 것입니다. 나포레온이 우리 집을 처들어오면 나는 그것을 모스코같이 불을 지를 집이어늘, 그놈의 빈대란 흡혈귀를 전멸한다면 나는 내 집에 불을 싸지르고 로마를 태워버린 네로가 되오리라.

이렇게 생각하는 동안 그 골통대에 담배가 모다 싸늘한 재로 화하고 찬바람이 옷소매에 기여들 때 나는 거리로 나옵니다. 거리에는 사람들도 한산하여지고 차차로 가로등이 켜지는 까닭입니다. 까짓 것 가로등이라면 전기회사에서 하는 장난에 틀림이 없으나 그것은 살아 있는 거리의 비애입니다. 그 내력을 들어보시요. 그도 벌써 오년전 옛일입니다. C라는 젊은 친구와 내가 바로 이 시절에 이 등불이 켜질 때면 이 거리를 걸어다녔습니다. 그리다가 어느 날 밤에 그를 시골로 보낸 것도 이 거리에 등불 밑이 아니겠습니까? 그 후 몇

달을 지나고 나에게 온 그의 편지에서 일절을 써 보겠나이다.

　—나려와서 한 달 동안은 집안을 망친 놈이란 죄명을 쓰고 하루 한시도 지낼 수가 없었소. 우리 廏舍에 매여 있는 종모우와같이 아무리 생각해도 살 수는 없었소. 그래서 나는 선영이 있는 산중에 들어온 것이오. 이 산중에는 나무가 많아서 이것을 채벌하면 나는 지금 이곳에서 숯(목탄)을 꿉겠소. 그러나 내가 숯을 굽는다고 돈을 번다는 생각은 조금도 없소. 다만 내 홀로 이 산속에서 숯가마에 불을 싸지르고 그놈이 타오르는 것을 보기만 해도 이때까지 아무에게나 호소할 곳 없든 내 가슴속 앙앙한 울분이 한 반은 풀리는 듯하고 복수를 한 때와도 같고—

하든 친구가 마츰내 그 안해와 사이가 둥굴지 못하고 다시 서울로 와서 그 숯가마에 불을 지르고 타오를 때 통쾌하든 얘기를 몇 번이나 이 거리로 다니며 되풀이를 할 때면 해뜻없는 가을 날세에 거리의 등불이 켜지곤 하였건만 지금엔 그조차 불에 살어서 조그마한 梧同盒에 뼈만 담아 故山으로 보낸 것도 3년이 넘고 내 홀로 이 거리를 가면서 가을바람에 옷깃을 날리것마는 그래도 눈물지지 않는 건 장자의 풍토일까?

　거리의 상공에는 별이 빛나는 밤이었소. 밤이라도 캄캄한 한밤중은 별들의 낱수가 훨씬 더 많이 보이던 것이지마는 우리 서울 하늘에는 더구나 가을밤 서울 하늘에는 너무나 깨끗이 개인 하늘이라 별조차 낱수가 그다지 많지는 않어서 하이네가 본다면 황금사복(鈫)을 흐트려놓은 듯하다고 감탄을 할는지도 모르겠소. 그러나 하이네는 하이네고 나는 나이지 사람마다 제대로 한 가지의 긍지가 있는 것을 왜 우리 서울의 가을 하늘 밑에서 울거나 웃거나 슬픈 일이 있거나 기쁜 일이 있거나 우리는 모다 이 하늘만을 치여다보고 부르짖은 것이 아니겠소. 그 모든 것이 내 지나간 시절의 자랑이였으니 이제 새삼스레 뉘우칠 바도 없소.

　하기야 서울도 옛날 같으면 '아라삐아'의 전설에나 나올 듯한 도시이였기에 해외에서 다른 나라 사람들을 만나면 서울의 자랑을 무척도 하였겠지마는 오날의 서울은 아주 그 모습을 볼 수가 없는 것이오 거리를 나서면 어느 집이라도 의례히 地金을 판다거나 산다거나 금광을 어쩐다는 간판들이 죽 내려붙어서 이것은 세계를 처음 여행하는 사람에게는 우리의 서울과 아라스카의 위치를 의심쩍게 할는지도 모르겠소. 그래서 사실인즉 내 마음에 간직해온 서울의 자랑도 이제는 그 밑천을 잃어버린 셈이오. 그러나 아즉 얼마동안 저 하늘만은 잃어버릴 염려는 없는 것이오. 그러기에 나는 서울의 하늘을 사랑하고 그 밑에서 일어났다는 사러지는 일들을 모다 기억해 두었다가는 때로는 그 기억에 몬지를 덮어두는 일이었소.

　앞날을 생각는 것은 그 일이 대수롭지 않애도 어덴가 마음 한구석에 바래는 것이나 있겠지마는 무엇 사람의 마음을 쓸쓸케 하려는 것도 아니라오. 누구나 二十이란 시절엔 가을밤 깊도록 금서를 읽든 밤이 있으리다. 그러나 나는 그때에 무슨 까닭에 야금술에 관한 서적을 읽어본 일이 있었나이다.

　그때 나를 담당한 Y교수는 동경에서 문학을 공부한 사람으로 그의 작품에 「贋作」이란 것이 있었습니다. 그 내용이란 건 글씨의 贋

品을 능굴이 같은 상인들이 시골놈팡이 졸부를 붙들어놓고 능청맞게 팔어 먹는 것인데 그 독후감을 얘기했더니 그는 좋아라고 나를 붙들고 자기의 의견을 말한 뒤 고도의 가을바람이 한층 落寞한 자금성을 끼고 돌면서 고서와 골품에 대한 얘기와 역대중국의 비명에 대한 지식을 가라쳐준 것이 인연이 되여 나는 그의 연구실을 자조 드나들게 되였나이다. 그 뒤에도 나는 Y교수를 만나면 내가 잘 알어듣지도 못하고 사실은 알고 싶지도 않은 고고학에 관한 얘기까지도 들려주는 것이였습니다. 그러나 그러한 높은 지식은 내가 애써 배우려고 하지 않은 것이라 지금에 기억되지 않는 것은 죄될 바도 없지마는 그가 文學을 닦었고 文學을 가르치면서도 冶金學에 깊은 조예가 있었다는 것은 지금 생각해보아도 끔찍한 일입니다. 그러나 그가 그 야금학에 통한 얘기는 나에게 들려주지 않았으므로 일부로 묻는 것도 쑥스럽고 해서 자제하든 차에 나와 한반에 있는 B에게 물어보았더니 B는 한참 말이 없이 빙그레 웃다가 말하는 것이였습니다.

　Y교수는 야금학을 학술상으로만 연구하는 것이 아니라 정말 그 집에는 대장간보다도 더 복잡한 연장이 갖추어 있다는 것이였습니다. 그리고 그것은 해서 무엇하는 게냐고 물으면 贋金을 만든다고 말을 하고는 쓸쓸히 웃기에 안금은 만들어 무엇하느냐고 물으면 도야지목에 진주를 걸어주는 것을 네가 아느냐고 하고는 화를 버럭 내기에 무슨 말인지도 모르고 겁도 나고 해서 그만 아무 말도 못했다는 것이였읍니다. 그래서 나는 그 가을부터 여가만 있으면 턱없이 야금학에 관한 책을 읽는 버릇을 가젔든 것입니다.

그러나 애닲은 일로는 속담에 칼을 십 년을 갈면 바눌이 된다고 하지 않습니까. 그래서 그 바눌로 문구멍을 뚤러 놓았든들 그놈 코끼리란 놈이 내 방으로 끼여들오는 것을 보기나 할 게 아닙니까? 사람이 야금에 관한 책을 봐서 안금을 만들어보지 못하고 칼을 갈아서 바눌을 만들지 못한 내 생애? 시골 촌 접장을 불러 물으면 "書劍空虛四十年" 운운하고 풍자를 할지도 모르는 것입니다.

그래서 이 가을에도 저녁으로 책사에 돌아다니면서 묵은 책을 뒤져도 보곤 하였으나 언제나 그 Y교수의 애교도 없는 큰 얼굴이 앞을 가려서 종시 책도 보지 못하고 따듬이 소리만 요란한 동리 어구를 돌아오면 진주들은 먼 바다 속에서 꿈을 꾸는지 별들이 내 머리 우에서 그것을 지킬 때 나는 침실로 들어가기로 하는 것입니다.

그래서 그 별들을 치어다보고서 잠이 들면 나는 꿈을 보는 것입니다. 내가 아주 어렸을 때 그것은 어느 해 가을이였나이다. 그해 가을 우리 동리에는 무슨 큰 변이 났다고 해서 모다들 산중으로 자기 집 선영 있는 곳이나 또는 농장이 있는 곳으로 피난을 가는 것이였고 그때 나도 업혀서 피난을 갔었는데 그것이 아마 지금 생각하면 나의 평생에 처음되는 여행이였습니다. 그러나 그것이 피난가는 길이였든만큼 포스랍지는 못하였고 나의 기억에 어렴풋이 남아 있는 것이라야 우리가 간 그 집 뒤에 감나무가 있어서 감이 조롱조롱 열리고 첫서리를 기다리느라고 탐스럽게 붉었든 것입니다. 누구나 다 시골에 있어본 사람이면 한 번씩은 경험한 일이리다마는 요즘 서리가 오려고 하면 처마 끝으로 왕벌들이 날러들지 않습니까? 그러나 그 벌들 중에도 어떤 놈은 높다랗게 날러와서는 감나무 제일 높은 가지 끝에 병든 잎사귀를 그 예리한 바늘 끝으로 꼭꼭 찔러보고는 멀리 金線을 죽 그으며 날러가는 것입니다.

　그때 나는 그 벌을 잡아달라고 나를 업고 다니든 돌이를 조르고 악을 악을 쓰고 울기만 하면 그래도 악이 풀리고 속이 시원하여졌으며 어른들이 나를 달래려고 온갖 油密果가 나의 미끼로 나왔겠지마는 지금이야 울 수도 없고 악을 쓸 곳도 없고 보니 그저 꿈속에나 '소-로-'의 삼림속을 헤매는 것이였나이다.

　그러든 것이 日前 내가 집을 얻은 곳은 산 우의 조그마한, 잘 말하면 洋舘이 왼통 소나무 숲속에 싸여 있는 곳입니다. 집을 찾어오든 그 날 석양에 어데서 날러온 놈인지 굴다란 왕벌이란 놈이 어데서 날러 왔는지 잉 소리를 내면서 처마 끝에 왔다가는 바로 正門 앞에 있는 활엽수를 한번 휙 돌아서 잎사귀 하나를 애처로이 건드려 놓고는 기-ㄹ다란 줄을 그리며 날아가는 것이였습니다. 그래서 나는 다소 과분한 집인 것을 알면서도 그 집에 있기로 하였습니다. 그래 들어 놓고 보니 전후좌우가 모두 삼림이고 고요하기 짝이 없으며 바람이 불어 솔소리 파도가 이는 듯하고 그러면 집안은 더욱 고요해지는 것입니다. 그나 바람뿐이오리까?

　지난 밤에사말구 비가 오는 것이고 비소리 솔잎 사이를 새서 듣는 것이란 무슨 바늘과같이 마음속을 기여드는 것이였나이다. 꾀테가 말한 山上의 靜寂이란 이런 것이 아닐지도 모르는 것이지요. 벼개 속을 들어가면 어느듯 바람이 비조차 몰고 가고 적은 시냇물이 흐르는 소리들리고 벌레들이 제각기 딴 諧音으로 읊조리면 벌써 밤도 무던히 깊어졌는가봐? 멀리서 달려가며 나던 포-키차의 궤도를 가는 소음도 다 끊어지고 얼마 되지 않아서 다시 아침이 오고 나는 거리로 나오기를 마치 먼 길을 떠나듯 합니다. 그리고 해가 져서 다시 집으로 돌아오면 행길에서 내 집이 80 메—터의 거리밖에는 되지 않고 걸어 15분에 닿을 수 있다 셈쳐도 그동안이 그다지 가까운 것도 아니고 까마득하건마는 그래도 나에게는 그것이 머다고는 생각지 않습니다. 물론 다 같은 동안이라도 활엽수가 울창할 때는 그곳이 가깝다가도 낙엽이 다 떨어지고 앙상한 가지만 남았을 때는 훨씬 더 멀어지는 것이 보통이고 서운한 마음도 생기련만 항상 푸를 수 있는 소나무가 빽빽이 둘러선 내 집은 정말 그렇지 않다손 치드라도 별달리 나에게 가까운 것이 한 개의 방편도 되옵니다. 그야 만산홍엽이 잦아지는 것도 곱기야 하다 한들 어느 때나 푸를 수만 있는 소나무의 고집쟁이를 숭볼 리는 없으리라. 오랑수(오렌지-편주)와같은 열매가 없다는 게나 야래향 같은 꽃이 없다고 해도 기쁨도 맛볼 때가 있을지 모릅니다.

 이런 생각을 되풀이하며 걷는 15분 동안에 내 손 한쪽은 포케트 속에서 쇳대를 만작거려 봅니다. 이놈만 있으면 나는 무슨 큰 비밀을 찾아낼 듯한 믿음이 있는 까닭이였나이다. 그러나 지금은 나는 그 쇳대를 내 집에 있는 동무에게 맡겼나이다. 그것은 내 지금에 별다른 믿음을 갖지 못한다 해도 소나무가 우거진 그 속에서 가을 기운을 마셔보고 머리 속을 서늘케만 하면 내 염원을 다 채워줄 수가 있는 까닭입니다. 행여 어느 밤에 이 삼림의 요정들이 찾아와서 나에게 놀기를 청하면 나는 질겨서 그들에게 얘기를 할 것이고, 그들은 내 얘기는 슬픈 꿈같이 듣고는 새벽이 되면 별과 함께 하나씩 하나씩 사러질 것입니다.

  그리하는 동안에 사실은 나의 꿈도 깨어지고 내 사랑하는 푸른 지평선도 잃어지는 것입니다. 나의 잃어진 지평선이란 게야 무엇 '쌍글리라'와 같은 허망한 것은 아닙니다.

  그것은 바로 금년 봄 일입니다. 내가 남방의 어느 화전민 부락을 찾어 갔던 것입니다. 해발 3천피-트, 태양과 매우 가까운 곳이었나이다. 돌과 돌이 쌓여 오르고 바위와 바위가 거듭 놓여 츩과 藤이 겨우 얽어매 놓은 그 우에 이 재에도 한 집 저 등에도 한 집 건너다 보고 부르면 대답할 곳을 찾어 갈려면 그 긴 골짜구니를 나려가서 다시 10리나 올라가는 길! 그곳에서 차조 메조를 짓고 감자를 심고 멧돌과 싸워가며 살어가는 생명이 바람속에 흔들리는 등불과 같던 것을 나는 다시 回憶해 보는 것입니다.

  지구가 생겨서 몇 억만 년 사이 모진 풍상에 겨우 풍화작용으로 모래가 되고 그 우에 푸른 매태와 이끼가 덮인 이 瘠土에 '생명의 기원'의 원형 같은 그곳의 老住民들과 한데 살면서 태양과 친히 회화를 하는 것으로 심심풀이를 하고 살어가며 왼갓 고독이나 비애를 맛볼지라도 '詩 한편'만 부끄럽지 않게 쓰면 될 것을 그래 이것이 무에겠소. 날에 날마다 거리를 나가는 내 눈동자는 사람들의 얼굴을 향하야 고양이 눈깔처럼 하루에 몇 번씩 변해지는 것이요. 아무리 거슬리는 꼴을 보아도 얼굴에 드러내지는 않는다는 것이 군자의 도량이라고 해서 사랑하는 것은 아니오. 그 군자란 말 속에 얼마나 한 무책임과 무관심이 반죽이 되어 있는 것을 알고는 있는 것이오.

  그러나 시인의 감정이란 얼마나 빠르고 복잡하다는 것을 세상치

들이 모르는 것뿐이오. 내가 들개에게 길을 비켜줄 수 있는 겸양을 보는 사람이 없다고 해도 정면으로 달려드는 표범을 겁내서는 한발자욱이라도 물러서지 않으려는 내 길을 사랑할 뿐이오. 그렇소이다. 내 길을 사랑하는 마음, 그것은 내 자신에 희생을 요구하는 노력이오. 이래서 나는 내 기백을 키우고 길러서 金剛心에서 나오는 내 시를 쓸지언정 유언은 쓰지 않겠소. 그래서 쓰지 못하면 죽어 화석이 되어 내가 묻힌 척토를 향기롭게 못한다곤들 누가 말하리오. 무릇 유언이라는 것을 쓴다는 것은 팔십을 살고도 가을을 경험하지 못한 俗輩들이 하는 일이오. 그래서 나는 이 가을에도 아예 유언을 쓸려고는 하지 않소. 다만 나에게는 행동의 연속만이 있을 따름이오. 행동은 말이 아니고 나에게는 시를 생각는다는 것도 행동이 되는 까닭이오. 그런데 이 행동이란 것이 있기 위해서는 나에게 무한히 너른 공간이 필요로 되어야 하련마는 숫벼룩이 꿇앉을 만한 땅도 가지지 못한 내라 그런 화려한 팔자를 가지지 못한 덕에 나는 방 안에서 혼자 곰처럼 뒹굴어 보는 것이오. 이래서 내 가을은 다 지나가고 뒤뜰에 黃花 한포기가 피여 있으니 어느 동무가 술 한병 들고 오면 그 꽃을 따서 저 술잔에도 흩어주고 나도 한잔 마셔 보겠소.

『朝鮮日報』, 1938년 12월 24~28일

橫厄

　약속하지마는 불유쾌한 결과가 누구나 그 신변에 일어났을 때에 사람들은 이것을 횡액이라고 하여 될 수만 있으면 이것을 피하려고 무진- 애를 쓰는 것이 보통이지마는, 어떤 의미에서는 인간이란 한 사람도 예외 없이 이러한 횡액의 連續綠을 저도 모르게 방황하는 것이 사실은 한평생의 역사일는지도 모른다.
　그래서 어떤 사람은 사랑하는 사람과 함께 배를 타다가 물에 빠져서 죽었는가 하면, 소나기를 피하여 빈 집을 찾아들었다가 압사를 한 걸인도 있었다. 그러는 동안에 이 축들은 대개 사람들의 기억에서 희미해지는 것이며, 심하면 제집 사람에게까지 대수롭지 않게 여겨질 때엔 무슨 수를 꾸며서라도 그 주위의 사람들의 기억 속에 제 존재를 살리려는 노력이 시작된다.
　그러나 이러한 노력도 꼭 알맞은 정도의 결과를 가져온다면 여러 말 할 배 아니로되, 때로는 그 효과가 너무 미약하여 이렇다 할 만큼 나타나지 않을 때도 있고, 어떤 땐 너무나 중대한 결과가 실로 횡액이 되고 말 때가 많다.

그런데 여기서 가장 간편한 효용을 생각해낸 것이 연전에 작고한 중국 문호 魯迅이었다. 그가 이 세상을 떠나던 전전해 여름에 쓴 수필집에서 「病後日記」를 읽어보면, 다음과 같은 말이 쓰여있다.

-略- 나는 지금 국가나 사회로부터 그다지 중요하게 보여지지 않는 모양이다. 그뿐만 아니라, 친척 知舊들까지도 차츰차츰 사이가 멀어져가는 모양이었다. -略- 그러나 요즘 나는 병으로 해서 이 사람들의 주의를 갑자기 끌게 되었다. 이렇게 생각하면 병이란 것도 그다지 나쁜 것만은 아닌 듯도 하다. 그러나 기왕 병을 앓는다 하면 중병이나 급병은 대번에 생명에 관계가 되니, 재미가 적어도, 多病이란 것은 세상의 모든 귀골들이 하는 것이니, 나 자신도 매우 포스라운 사람들 틈에 끼일 수가 있게 되나부다. -略-

이러한 노신 씨의 말을 따른다면 병도 때로는 그 효용이 적지 않은 모양이나, 내라는 사람은 실로 천대받을 만큼 건강한 몸이라, 365일에 한 번도 누워본 기록이 없으니, 이러한 행복조차도 누릴 길이 없었다. 그러나 여기 하늘이 돌봄이었는지, 나는 마침내 뜻하지 않은 횡액에 걸려들었다는 것은, 어느 날 아침 전차를 타고 종로로 들어오는 길에 黃金町서 동대문에 다다르자, 우리가 탄 전차보다 앞에 전차가 아직 떠나지 않고 있으므로, 우리가 탄 전차도 속력을 줄이고 정차를 하려던 것이 앞의 차의 출발과 함께 새로운 속력으로 급한 카브를 도는 바람에, 차 안에 사람들은 모두 일시 안정되었던 자세를 겨눌 여지도 없이 몸을 흔들고 넘어가는 것이었고, 나도 아차 할 사이에 넘어지며 머리가 유리창에 닿으려는 순간, 바른손으로 막은 것만은 문자 그대로 敏腕이었으나 그 다음 내 팔목에는 전치 이 주일의 열상을 내었고, 유리창은 산산이 깨뜨려졌다.

내 지금도 그 사람의 職啣을 알 바 없으나, 차장감독이라고 부를 듯한 장신거구의 사십쯤 되여보이는 헬멭을 쓴 사람이 나에게 와서 친절정녕히 미안케 되었다는 인사말을 하고, 운전수와 차장의 번호를 적은 뒤에 먼저 사고의 전말을 보고한 다음, 나를 의무실이라는 데로 인도하는 것이었다. 내 마음으로는 종로로 빨리 와서 친한 의원을 찾아 신세를 질까 하였으나, 이 사람의 친절을 무시하기도 거북해서 따라가는 것이었지마는, 사람들이 오해를 할려면 혹 전차표라도 속이려다가 감독에게 發露라도 되어 붙잡혀 가는 것이나 아닌가고 하면 사태는 자못 난처한 것이었다.

그래 우선 의무실이란 곳을 들어서니, 간호 양이 황망히 피투성이 된 내 손을 '옥시풀'로 깨끗이 닦은 뒤에 딱터 씨가 매우 냉정한 태도로 핀세트를 잡고 나타났다. 그리고는 가위 소리와 내 살이 베어지는 싸각싸각 하는 소리가 위품 좋게 돌아가는 電扇 소리와 함께 분명히 내 귀에 들려왔다.

붕대를 하얗게 감았을 때, 비로소 너무도 조잡한 의무실이구나 하고 생각하며 나오려 할 때, 직업과 성명을 묻기에 그것은 알아 무엇 하느냐고 했더니 규칙이라기에 써주고 말았다.

그래도 또 전차를 타야 했다. 전차 속은 여전히 덥고 복잡하건마는 싸각싸각 하는 살 베어지는 소리는 좀처럼 귓가에 사라지지 않었다. 바로 올해 봄이었다. K란 동무가 맹장염으로 수술을 했다기에, 문병을 갔더니, 제 귀로 제 창자를 싸각싸각 끊는 소리를 들었다고 신기해서 이야기하던 생각을 하고, 자위를 해보아도 기분이 그다지 명랑해지지 않기에, 다시 붕대 감은 내 팔목을 들여다보고 아픈 정도를 헤아려보아도 중병도 급병도 다병도 될 수는 없었다. 그래서 R이란 동무와 한강 쪽에 나가서 배라도 타고 화풀이를 할까 하고 가던 도중, R군의 말이 "자네 팔목은 수술을 했으나, 낫겠지마는, 양복 소매는 어쩔텐가" 하기에 벗어보았더니, 年前보다 倍額이나 들여 만든 새옷이 영원히 고치지 못할 험집을 내고 말았다. 세상에 전화위복하는 사람도 있다고 하건마는, 나의 횡액은 무엇으로 보충할 수 있을까? 이것을 적어 D兄의 友誼에 갚을밖에 없는가 한다.

(己卯 7月 26日)

『文章』, 1939년 10월

靑蘭夢

 거리의 '마로니에'가 활짝 피기는 아즉도 한참 있어야 할 것 같다. 젖구름 사이로 길다란 한줄 빛갈이 흘러나려온 것은 마치 '빠요린'의 한줄같이 부드럽고도 날카롭게 내 심금의 어느 한 줄에라도 닿기만 하면 그만 곧 신묘한 '멜로디'가 흘러나올 것만 같다.
 정녕 봄이 온 것이다. 이 가벼운 게으름을 어째서 꼭 이겨야만 될 턱이 있느냐.
 大態星座가 보이는 내 침대는 바다 속보다도 고요할 수 있는 것이 남모르는 자랑이었다. 나는 여기서부터 표류기를 쓸 수도 있는 것이다. 날씬한 놈 몽탕한 놈 뛰는 놈 나는 놈 기는 놈 달레는 놈 수없이 많은 魚族들의 세상을 찾았는가 하면 어느 때는 불에 타는 熱砂의 나라 鐵樹花나 선인장들이 가시城같이 무성한 우에 황금사복같이 재겨붙인 적은 꽃들, 그것은 죽음에의 惑誘같이 사람의 영혼을 할퀴곤 하였다.

소낙비가 지나가고 무지개가 서는 곳은 맑은 시내물이 흘렀다. 溪流를 따라 올라가면 자운영꽃이 들로 하나 다복이 핀 두렁길로 하날에 닿을 듯한 전나무 숲사이로 들어가면 살짐맥이들은 닛풀을 뜯어먹다간 벗말을 불러 소리치곤 뛰어가는 곳, 하이얀 목책이 죽 둘린 너머로 수정궁같이 깨끗한 집들이 질비한 곳에 화강암으로 깎어박은 돌계단이 길다랗게 夏陽의 엷은 햇살을 받어 진주가루라두 휘뿌리는 듯 눈이 부시다.

마치 어느 나라의 왕궁인듯 호화스럽다. 그렇다면 왕은 수렵이라도 가고 궁전만은 비여 있는 것일까 하고 돌축을 하나하나 밟어가면 또다시 길다란 줄행랑이 있는 것이고, 그것을 바른편으로 돌아들어 왼편으로 보이는 별실은 서재인듯 조용한 목에 뜰앞에는 조롱들 속에서 빛갈 다른 새들이 시스마금 낯설은 손님을 마저 알은 체하고 재재거리고 그 알로 화단에는 제마다 다른 제 고향의 향기를 뽑아 멀리서 온 '에트랑제'는 취하면 흔흔하게 잠이 들 수도 있는 것이다.

가벼운 바람과 함께 앞창이 슬쩍이 열리고는 공주보다 교만해 보이는 젊은 여자 손에는 새파란 줄기에 羊毫筆같이 하얀 봉오리가 달린 蘭花를 한다발 안고 와서는 뒤를 돌아보며 시비를 물리치곤 내 책상 우에 은으로 만든 화병에다 한 대를 골라 꽂아두곤 무슨 말을 할듯할듯 하다가는 그만 부끄러운 듯이 아무런 말도 하지 못하고 조심조심 물러가고 만 것이었다.

달빛이 창백하게 흐르면 유리창을 넘어서 내 방안은 치워졌다. 병든 마음이었고 피곤한 몸이었다. 십 년이나 되는 긴 세월을 나는 모든 것을 내 혼자 병들어 본다. 병도 나에게는 한 개의 향락일 수 있는 때문이었다. 아무도 없는 무덤 같은 방안에서 혼자서 꿈을 꿀 수가 있지 않는가, 잠이 깨면 또 달이 밝지 않는가, 그 꿈만은 아니었다. 그 여자가 화병에 꽂아주고 간 난꽃이 그냥 남아 있는 것이 아닌가. 그 馥郁하고 淸洌한 향기가 몇천만 개의 단어보다도 더 힘차게 더 따사롭게 내 영혼에 속삭이는 말 아닌 말이 보다더 큰 더 행복된 위안이 어데 있으므로 이것을 꿈이라 헛되다고 누가 말하리요. 진정 헛된 꿈이라고 말하면 꿈 그대로 살아 보는 것도 또한 快하지 않은가.

　나는 때로 거리를 걸어보기도 하나 그 꿈속에 걸어본 거리와 그 여자의 모습은 영영 볼 수는 없는 것이었다. 때로 花廠을 들러도 보고 난꽃을 찾아도 보았으나 내 머리 속에 태워부친 그것처럼 사러질 줄 모르는 향기는 찾아볼 수 없었다. 꿈은 유쾌한 것 영원한 것이기도 하다.

『文章』, 1940년 9월

銀河水

　지나간 일을 낱낱이 생각하면 오늘 하로는 몰라도 내일부터는 내남 할 것 없이 살어갈 수가 없을 것이다. 왜 그러냐 하면 다가올 날보다는 누구나 지나간 날에 자랑이 더 많었든 까닭이다. 그것도 물질로는 바꾸지 못할 깨끗한 자랑이였다면 그럴수록 오날의 악착한 잡념이 머리속에 떠돌 때마다 저도 모르게 슬퍼지는 수도 있는 것이다.

　가령 말하자면 내 나이가 7, 8세쯤 되였을 때 여름이 되면 낮으로 어느 날이나 오전 열시쯤이나 열한시 경엔 집안소년들과 함께 모여서 글을 짓는 것이 일과이였다. 물론 글을 짓는다 해도 그것이 제법 經國文學도 아니고 五言古風이나 줌도듬을 해보는 것이였지마는 그래도 그때는 그것만 잘하면 하는 생각에 당당히 열심을 가졌든 모양이였다.

　그래서 글을 지으면 오후 세시쯤 되여서 어룬들이 모여 노시는 정자나무 밑이나 公廳에 가서 고르고 거기서 장원을 얻어 하면 요즘 시 한 편이나 소설 한 편을 써서 발표한 뒤에 비평가의 월평 등류에서 이러니저러니 하는 것과는 달러서 그곳에서 좌상에 모인 분들이 不言中모다 비평위원들이 되는 것이고, 글을 등분을 따러서 좋은 것은 上之上, 그만 못한 것은 上之中, 또 그만 못한 것은 上之下로 급수를 맥이는 것인데 거기 특출한 것이 있으면 加上之上이란 급이 있고 거기도 벌써 철이 난 사람들이 七言大古風을 지어고르는데 점수를 그다지 후하게 주는 것이 아니라 二上, 三上, 二下, 三下란 가혹한 등급을 매겨내는 것이였다.

그런데 문제는 항상 가상지상이란 것이였다. 이 등급을 얻어 한 사람은 장원을 했는만큼 壯元禮를 한턱 내는 것이였다.

장원례란 것은 내는 방법이 여러 가지인데 사람에 따러서는 술 한 동우에 북어 한 떼도 좋고 참외 한 접(百個)에 담배 한 발쯤을 사오면 담배는 어룬들이 갈러 피우고 참외는 아해들의 차지였다. 그뿐만 아니라 장원을 하면 백지 한 권(20매)의 상품을 받는 수도 있었다. 그것은 有名祖先의 유산의 일부를 장학기금으로 한 자원이 있는 것이였다. 이것이 우리네가 받은 학교교육 이전의 조선의 교육사의 일부이였기도했다.

그러나 한여름 동안 글을 짓는 데도 五言, 七言을 짓고 그것이 능하면 제법 운을 달어서 과문을 짓고 그 지경이 넘으면 논문을 짓고 하는데 이 여름 한철 동안은 經書는 읽지 않고 주장 外集을 보는 것이다. 그 중에도 『古文眞寶』나 『八大家』를 읽는 사람도 있고 '東人'이나 『詞抄』를 외이기도 했다. 그런데 글을 짓고 골이고 장원례를 내고 하면 강가에 가서 목욕을 하고 석양에는 말을 타고 달리고 해서 요즘같이 '스포–츠'란 이름이 없을 뿐이였지 체육에도 절대로 등한히 한 것은 아니였다. 그리고 저녁 먹은 뒤에는 거리로 다니며 古詩 같은 것을 고성 낭독을 해도 풍속에 괴이할 바 없었다. 그뿐만 아니라 명랑한 목소리로 잘만 외이면 큰사랑 마루에서 손들과 바독이나 두시든 할아버지께선 "저놈은 맹랑한 놈이야" 하시면서 좋아하시는 눈치였다.

그리고 밤이 으슥하고 깨끗히 개인 날이면 할아버지께서는 우리들을 불러 앉히고 별들의 이름을 가르쳐 주시는 것이였다. 저 별은 文昌星이고 저별은 南極老人星이고 또 저 별은 三台星이고 이렇게 가르치시는데 三台星이 우리 화단의 동편 옥매화 나무 우에 비칠 때는 여름밤이 뜻이 없어 첫닭이 울고 별의 전설에 대한 강의도 끝이 나는 것이였다.

그런데 한계 없이 넓은 창공에 어느 별이 어떻다 해도 처음에는 어느 별이 무슨 별인지 짐작할 수 없기에 항상 은하수를 중심으로 이편의 몇째 별은 무슨 별이고 저편의 몇째 별은 무슨 별이란 말씀을 하셨다. 그런데 그때도 신기하게 들은 것은 남북으로 가루질러 있는 은하수가 유월 유두절을 지나면 차츰차츰 머리를 돌려서 팔월 추석을 지나고 나면 완전히 동서로 위치를 바꾸는 것이였다.

이때가 되면 어느 사이에 들에는 오곡이 익고 동리집 지붕마다 고지박이 드렁드렁 굵어가는 사이로 늦게 핀 박꽃이 한결 더 희게 보이는 것이었다. 그러면 우리들은 五言古風을 짓든 것을 파접을 한다고 왼동리가 모여서 잔치를 하며 야단법석을 하는 것이였다. 그래서 칠월칠석에는 견우성과 직녀성이 일년에 한 번 만나는 날인데 은하수가 가루막혀서 만날 수가 없기에 옥황상제가 인간세상에 있는 까마귀와 까치를 불러서 다리를 놓게 하는 것이며, 그래서 만나는 견우 직녀는 서루 붙잡고 갖인 소회를 다하기도 전에 첫닭소리를 들으면 울고 잡은 소매를 놓고 갈려서야만 한다는 것, 까마귀와 까치들은 다리를 놓기 위하야 돌을 이고 은하수를 올러갔기에 칠석을 지나고 나면 모다 머리가 빨갛게 벗어진다는 것, 이러한 얘기를 듣는 것은 잊혀지지 않는 자미였다. 그래서 나는 어린 마음에도 지상에는 낙동강이 제일 좋은 강이였고 창공에는 아름다운 은하수가 있거니 하면 형상할 수 없는 한 개의 자랑을 느끼곤 했다.

그러나 숲 사이로 무수한 유성같이 흘러 다니든 그 고운 반딧불이 차츰 없어질 때에 가을벌레의 찬 소리가 뜰로 하나 가득 차고 우리의 일과도 달러지는 것이였다. 여태까지 읽든 外集을 덮어치우고 등잔불 밑에서 또다시 經書를 읽기 시작하는 것이였고 그 경서는 읽는 대로 連誦을 해야만 시월 중순부터 매월 초하루 보름으로 있는 講을 낙제치 않는 것이였다. 그런데 이 강이란 것도 벌써 경서를 읽는 처지면 中庸이나 大學이면 단권 책이니까 그다지 힘드지 않으나마 論語나 孟子나 詩傳 書傳을 읽는 선비라면 어느 권에 무슨 장이 날지 모르니까, 전질을 다 외우지 않으면 안 되므로 여간 힘드는 일이 아니였다. 그래서 십여 세 남줏 했을 때 이런 고역을 하느라고 長長秋夜에 책과 씨름을 하고, 밤이 한시나 넘게 되야 영창을 열고 보면 하늘에는 무서리가 나리고 삼태성이 은하수를 막 건너선 때 먼 데 닭 우는 소리가 어즈러이 들리곤 했다. 이렇게 나의 소년

시절에 정들인 그 은하수였마는 오늘날 내 슬픔만이 헛되이 장성하는 동안에 나는 그만 그 사랑하는 나의 은하수를 잃어바렸다. 딴이야 내 잃어바린 게 어찌 은하수뿐이리요. 東敗於楚하고 西敗於齊하고 西喪地於秦七百里를 할 처지는 본래에 아니였든 것을 오히려 다행이라고나 할까? 그러나 영원한 내 마음의 綠野! 이것만은 어데로 찾을 수가 없는 것 같고 누구에게도 말할 곳조차 없다.

 그래서 요즘은 때때로 고요해 잠 못 이루는 밤 호을로 헐은 城楪 우를 걸으면서 맑게 개인 날이면 혹 은하수를 쳐다 보기도 하고 그 은하수를 중심으로 한 성좌의 명칭이라든지 그 별 한개 한개에 대한 전설들을 童年의 기억을 더듬어가며, 지나간 날을 회상해 보나, 그다지 선명치는 못한 것이며 오늘날 내 자신 아무런 성취한 바 없으나 옛날 어룬들의 너무나 엄한 교육방법에도 천문에 대한 초보의 기초지식이라든지 그나마 별의 전설 같은 것으로서 정서 방면을 매우 소중히 여기신 것을 생각하면 나의 동년은 너무나 행복스러웠든 만큼 지금의 나의 은하수는 王勃의 滕王閣詩의 1연인 "特換星移度幾秋"오 하는 명문으로도 넉넉히는 해설되지 않는 이유가 있는 것이다. 누가 있어 나를 고이하다 하리요. (了)

                   『農業朝鮮』, 1940년 10월

玄酒 · 冷光

- 나의 代用品

　代用品을 얘기하기보다는 위선 適用品의 내력을 말해보겠소. 장신구로 말하면 양복이나 '오-바'가 모다 연전에 작만한 것이 되어서 俗所謂 '스푸'란 한 올도 섞이지 않았소. 그런데 첫여름에 鮫皮 구두를 한 켤레 신어 본 일이 있었는데 그 덕에 여름비가 그다지 많이 왔는가 싶어 그만 벗어바리고 지금은 없지오. 食用品에는 珈琲에 다분히 딴놈을 넣는 모양이나 넣을 때 보지 않는만큼 그냥 마십니다마는 그도 심하면 아츰에 三越에 가서 진짜를 한잔 합니다. '뻐터-'는 요즘 대개는 고놈 '헷드'니 '라-드'니 하는 것을 주는데 아무른 고소한 맛이 없드군요. 그래서 '쨈'이나 마-마레드는 먹고 그놈은 그냥 버려 둡니다.

　그런데 대용품이라면 요즘은 모다 시국과 불가분의 관계로 생각는 모양인데 사실은 옛날부터 이 대용품이 있었습니다. 『四禮便覽』

에 보면 大夫의 祭에는 五湯을 쓰는 법이었는데, 그 오탕 중에는 生雉湯이 한목 끼이는 법이나 제사가 여름이면 생치탕이 없으므로 鷄湯을 대용하는 것이며, 술도 옛날은 自家用을 빚을 수 있을 때는 맨 처음 노란 청주를 떠서 제주를 봉하고 난 뒤에 손을 대접하곤 했으나 自家用酒가 없어진 뒤는 술을 사온 것은 부정하다고 禮說에 있는 대로 냉수를 청주대신 '玄酒'라고 쓰는 법이 있었는데, 이것은 신을 속이기 쉽다는 것보다 그들의 신에 대한 관념이 "양양히 그 우에 계신 듯"하다는 말로 보면 나도 술대신 玄酒를 마시고 혼연히 취한 듯하다고 생각해 볼까 하오.

그리고 옛날 어떤 선비는 청빈한 집이라 등장을 켤 형세가 못 돼서 여름이면 반딧불을 잡아서 글을 읽었고 때로는 달빛을 따라 지붕 우에서 글을 읽은 이도 있었다 하니, 이도 말하자면 대용품인 것은 틀림없으나 그럴듯 풍류이기도 하지 않소. 요즘은 과학자들이 이 반딧불과 月光을 火熱, 電熱器 모든 熱光의 대용품으로 孜孜히 들 연구를 하는 모양인데 이러한 冷光이 비록 완성되지 않는다 하드래도 나는 벌써부터 애용하고 있는 터이오. 지금도 나는 휘황찬란한 電熱 밑에서보다는 무엇을 사색할 필요가 있을 때는 月光을 따라 성 밑이나 산마루턱을 혼자 거닐기도 하오. 그것도 한겨울 눈이 하얗게 쌓인 우를 밤 깊이 걸어다니면 그야말로 冷光은 질식된 내 靈魂을 불어 살리는 때도 있는 것이오.

『女性』, 1940년 12월

戀印記

옛날 글에 "仁者는 樂山하고 智者는 樂水"라 하였으나 내 일즉 仁者도 못 되고 智者도 못 되었으니 어찌 山水를 즐길 수 있는 風格을 갖추었으리요만 무릇 사람이란 제각기 분수에 따라 기호나 愛翫하는 바 다르니 내 또한 어찌 愛賞하는 바 없으리요. 그러나 年紀丈者에 이르지 못하고 덕이 古人에 및지 못함에 항상 身邊瑣事를 들어 사람에게 말하길 삼갔더니 이에 외람하게 내가 印을 사랑하는 이유를 말하면 거기엔 남과 다른 한 가지 곡절이 있는 것이다.

그것은 印이라고 해도 요즘 사람들이 관청이나 회사엘 다닐 때 아침 시간을 마쳐서 현관에 썩 들어서면 守衛長 앞에서 꼭 찍고 들어가는 목각 도장이나 그렇지 않고 그보담은 한길 행세깨나 한다는 친구들이 約束手形에나 小切手쯤에 찍어내는 상아나 수정에 새긴 도장도 아니다. 그렇다고 해서 옛날 사람들같이 제법 守令 方伯을 다녀서 통인놈을 다리고 다니던 印櫃쪽이 나에게 있을 리도 만무한 것이라 적지않게 고이하기도 하나, 그보다도 이놈 印이란 데 대한 풍속습관도 또한 여러 가지가 있었으니, 위선 먼데 사람들을 쳐보면 서양사람들은 '싸인'이란 것이 진작부터 유행이 되었는 모양인데 그것이 심하게 발달(?)된 결과는 소위 '싸인·마니어'가 생겨서 유수한 음악가 무용가 배우 운동선수까지도 거리에 나서면 완전히 한 개 우상이 되는 것이지마는, 내가 말하려는 본의가 처음부터 그런 난폭한 兒戲가 아니라 그렇다고 중국사람들처럼 국제간에 조약을 맺고 '簽字'를 한다는 과도히 정중한 것도 역시 아니다.

일찍이 이 따에는 '手結'이란 形式으로 왼편 손에 먹을 묻혀서 찍은 일도 있고 '着啣'이라는 그보다는 매우 발전된 양식으로 姓字 밑에 자기 이름자를 대개는 魚鳥의 모양으로 상형화해서 그리는 법이 있었는데 이것은 가장 보편적으로 쓰였고 장구하게 쓰였으니, 이것보다도 앞에 쓰여지고 또는 文翰하는 사람들에게만 쓰여진 것 중에 '圖書'란 것이 있었으니, 그것은 글씨나 그림이나 쓰고 그리면 그 밑에 아호를 쓰고 찍었고 친우간에 시를 지어 보낼 때도 찍는 것이며 때로는 장서표로도 찍는 것이었다.

그런데 이 도서는 刻手나 도장쟁이에게 돈을 주고 새기는 게 아니라 詩書畵를 잘하는 사람들이면 자기자신이 조각을 한 개의 여발로서 하는 것이었으며, 사람에 따라서는 매우 정교한 조탁을 하는 이도 있었고, 또 이런 것이라야 진품이라고 하는 것인데, 그 時代에는 이런 풍습이 유행하기를 마치 구주의 시인들이 한 가지 여기로서 '데쌍' 같은 것을 그리는 게나 다름이 없었다.

그런데 이런 풍습이 성행하게 되면 될수록 인재의 선택이 매우 까다로웠다. 흔히는 璞玉이라는 것이 많이 쓰였으나 상아나 수정도 좋은 것이고 아주 사치를 하려면 비취나 鷄血石이나 芬皇石 같은 것이 제일 좋은 것인데 이것들 중에도 분황석은 가장 귀한 것으로 조선에서는 잘 얻지 못하는 것이다.

그런데 우리가 시골 살던 때 우리집 사랑방 문갑 속에는 항상 몇 봉의 印材가 들어 있었다. 그래서 나와 나의 아우 水山君과 黎泉君은 그것을 제각기 제 호를 새겨서 제것을 만들 욕심을 가지고 한바탕씩 법석을 치면 할아버지께서는 웃으시며 "장래에 어느 놈이나 글 잘하고 書畵 잘하는 놈에게 준다"고 하셔서 놀고저운 마음은 불현듯 하면서도 뻔히 아는 글을 한번 더 읽고 글씨도 써보곤 했으나 나와 黎泉은 글씨를 쓰면 水山을 당치 못했고 印材는 장래에 水山에게 돌아갈 것이 뻔한 일이었다. 그래서 나는 글씨 쓰길 단념하고 화가가 되려고 장방에 있는 唐畵를 모조리 내놓고 실로 열심으로 그림을 배워본 일도 있었다. 그러나 세월은 십이 세의 소년으로 하여금 그 印材에 대한 연연한 마음을 팽개치게 하였으니 내가 배우던 중용 대학은 물리니 화학이니 하는 것으로 바꾸이고 하는 동안 그야말로 살풍경의 십 년이 지나갔었다.

그때 봄비 잘 오기로 유명한 南京의 여관살이란 쓸쓸하기 짝이 없는 것이라 나는 도서관을 가지 않으면 古册肆나 古董店에 드나드는 것으로 일을 삼았다. 그래서 그곳서 얻은 것이 비취 인장 한 개였다. 그다지 크지도 않았건만 거기다가 毛詩七月章 한 편을 새겼으니, 상당히 섬세하면서도 자획이 매우 아담스럽고 해서 일견 명장의 수법임을 알 수 있었다. 나는 얼마나 그것이 사랑스럽든지 밤에 잘 때도 그것을 손에 들고 자기도 했고 그 뒤 어느 지방을 여행할 때도 꼭 그것만은 몸에 지니고 다녔다. 대개는 여행을 다니면 그때는 간 곳마다 말썽을 지기는 게 稅關吏들인데 모든 서적과 하다못해 그림 엽서 한 장도 그냥 보지 않는 연석들이건만 이 나의 귀여운 인장만은 말썽을 부리지 않았다. 그랬기에 나는 내 고향이 그리울 때나 부모형제를 보고저울 때는 이 인장을 들고 보고 七月章을 한 번 외워도 보면 속이 시원하였다. 아마도 그 翡翠印에는 내 향수와 血脉이 통해 있으리라.

그 뒤 나는 上海를 떠나서 조선으로 돌아오게 되었고, 언제 다시 만날런지도 모르는 길이라 그곳의 몇몇 문우들과 특별히 친한 관계 있는 몇 사람이 모여 그야말로 최후의 만향을 같이하게 되었는데, 그중 S에게는 나로부터 무엇이나 기념품을 주고 와야 할 처지였다. 금품을 준다 해도 받지도 않으려니와 眞正을 고백하면 그때 나에겐 금품의 여유란 별로 없었고 꼭 목숨 이외에 사랑하는 물품이래야만 예의에 어그러지지 않을 경우이라, 나는 하는 수 없이 그 귀여운 비취인 한 면에다 "贈 S · 一九三三 · 九 · 一〇 · 陸史"라고 새겨서 내 평생에 잊지 못할 하루를 기념하고 이 따르 돌아왔다.

몇 해 전 시골을 가서 어릴 때 문갑 속에 있던 印材를 찾으니 내 숨伯께서 하시는 말씀이 "그것은 할아버지께서 일즉이 말씀하시길 너들 중에 누구나 詩書畵를 잘하는 놈에게 주라 하였으나 너들이 모두 遺囑을 저버렸기에 할 수 없이 藏書印을 새겨서 할아버지가 끼쳐주신 서적을 정리해 주었다"는 것이다. 그리고 내 아우 수산은 그동안 늘 書道에 게으르지 않아 '圖書'를 여러 봉 작만했는데 그중에는 자신이 조각한 것도 있고 印面도 '山高水長'이라고 새긴 것과 '五車書一爐香'이라고 새긴 큰 印은 거의 진품에 가까운 것이 있으나, 여천이 가졌다는 몇 개 안 되는 印은 보잘 게 없어 때로 乃兄의 것을 흠선은 해도 여간해서는 제 소유를 만들 가망은 없는 것이고, 나는 아우 것을 흠선도 않으려니와 여간한 도서 개쯤은 사실로 내 눈에 띄우지 않는 것이나 화가 H군이 가지고 있는 계혈석에 반야경을 새긴 것은 여간 탐스러운 바 아니었지마는, H군으로 보면 그것은 世傳之寶라 나에게 줄 수도 없는 것이고 나는 상해에서 S에게 주고 온 비취인을 S가 생각날 때마다 생각해 보는 것이다. 지금 S가 어디 있는지 십 년이 가깝도록 소식조차 없건마는 그래도 S는 그 나의 귀여운 印을 제 몸에 간직하고 천태산 한모퉁이를 돌아 많은 사람들 틈에 끼어서 강으로 강으로 흘러가고만 있는 것같이 생각된다. 나는 오늘밤도 이불 속에서 毛詩七月章이나 한 편 외워보리라, 나의 비취인과 S의 無恙을 빌면서.

『朝光』, 1941년 1월

年輪

C여! 그대의 글월은 받아보았다. 그리고 그 말단에 "혼자서 적막하야 못 견딜 지경" 운운한 것도 그것이 어느 의미에서든지 그 의미를 읽을 수가 있었다.

그러나 C여! "진정한 동무란 모두 고독한 사람들"이란 것을 우리는 '알벨·보나-르'의 말을 기대릴 것도 없이 몸으로써 겪은 바가 아닌가? "거대한 궁륭을 고아올리는 데 두어 개의 기둥이 있으면 족한 것과같이 우리들이 인간에 대해서 우리들의 생각하는 바를 관철하기 위해서는 두어 사람의 동무가 있으면 충분한 것이다." 그러면서도 괜히 마음의 한 옆이 헛헛하고, 더구나 나그네가 되였을 때 한층 더 절절한 바가 있는 것이지마는, 이러할 때면 나는 힘써 지나간 일들을 생각기로 하는 것이다. 그대도 아는 바와 같이 내 나이가 열 살쯤 되였을 때는 그 환경이 그대와는 달렀다는 것은 그대는 쓸쓸할 때면 할머니께서 명을 잣는 물니마루 끝 장독대를 혼자서 어슬

렁어슬렁 돌아다니다가 봉선화 송이를 되는 대로 뚝뚝 따서는 슬슬 비벼던지고, 줄 포푸라가 선 신작로로 다름질치면 위선 마차가 지나가고 소구루마가 지나가고 기차가 지나가고 봇짐장수가 지나가고 미역 뜯어가는 할머니가 지나가고 며루치 덤장이 지나가고 채전밭가에 널인 그물이 지나가고 솔밭이 지나가고 포도밭이 지나가고 산모퉁이가 지나가고 모래벌이 지나가고 소금 냄새 나는 바람이 지나가고, 그러면 너는 들숨도 날숨도 막혀서 바닷가에 매여 있는 배에 가누어서 하늘 우에 유유히 떠가는 흰구름 쪽을 바라보는 것이 아니였나? 그리다가 팔에 힘이 돌면 목숨 한정끝 배를 저어 거친 물결을 넘어가지 않았나? 그렇지마는 나는 그 풋된 시절을 너와는 아주 다른 세상에서 살고 있었던 것이였다. 마치 지금 생각하면 남양 토인들이 고도의 문명인들과 사괴는 폭도 됨즉 하리라. 물론 그때도 내 혼자 지나는 시간이 없는 것은 아니나, 그것은 대부분 독서나 습자의 시간이였고 그 외의 하로의 태반은 어른 밑에서 거처음식, 기거를 해야 하는 것이었다. 그러므로 잠자는 동안을 빼놓고는 거의는 이얘기를 듣는 데 허비되었다. 그런데 그 이얘기란 것이 채장 없이 긴 것이라 지금쯤 역역한 기억은 남지 않았으나 말씀을 해주신 어른분들의 연세에 따라서는 내용이 모도 다른 것이였다. 대개 예를 들면 노인들은 제례는 이러이러한 것이라 하셨고, 중년어른들은 접빈객하는 절차는 어떻다든지 또 그보다 매우 젊은 어른들을 청년 銳氣로써 나는 어떠한 난관을 당했을 때 어떻게 처사를 했다든지 무서운 일을 보고도 눈 한번 깜짝한 일이 없다거나 아모리 슬픈 일에도 눈물은 사내자식이 흘리는 법이 아니라는 등등이였다.

C여! 나는 그것을 처음 들을 때 그것이 무슨 말인지는 몰랐고 예사 어린 아해들은 누구나 저런 말을 듣는 것인가 보다 하고 들을 뿐이였다. 그러나 그것은 멀지 않아 내 자신이 예외 없이 당해보는 것이 아니겠나? 그 무서운 또 맵고 짜고 쓰고 졸도라도 할 수 있는 광경들을!

그래서 나는 내 누이나 조카들에게라도 될 수 있으면 내가 지나온 이얘기는 하지 않기로 하였드란다. 그랬드니만 그것이 버릇이 되여 선지 집안에 들면 말썽이 적어지고 그렇게 되니 어머니께서도 "왜 어릴 때는 자미성 있고 그렇든 애가 저다지 말이 없느냐"고 걱정을 하시는 것이며 나 자신도 다소는 말이 좀 둔해진 편인데 옛날 성현이 말하기를 敏於行而訥於言하라고 하였지마는 지금 나와 같아서는 敏於行도 못하고 訥於言만 한댔자 군자가 될 상싶지도 않고 또 군자를 원치도 않는만큼 그것은 당분간 걱정이 없으나 결국 내 몸을 둘 곳이 어데이랴. 그래서 나는 요즘 '생각한다'는 데 머물러 보기로 한다. 생각도 그야 여러 가지겠지마는 이것은 나로서 功利的이 아닐 수 없다.

왜 그러냐면 미래라는 것은 주책없이 함부로 생각하면 도대체 말썽이 많은 때문이다. 그러니 잠깐 책장을 덮어두고 현재를 생각하는 것도 너무 속되다는 것은 원래 연륜이 묵지 않은 것은 신비성이 조금도 없는 까닭이다. 이렇게 되고 보면 만만한 것이 과거인데 C여! 나는 또 어째서 그 아픈 상처를 낱낱이 호집어 내지 않으면 안 되겠느냐.

차라리 말썽 없는 山水에 뜻을 붙어 표연히 갔던 길에 뜻밖에도 만고의 명승을 얻은 내력을 들어나 보라. 가을밤 가는 빗발이 바늘 끝같이 찬 날세였다. 열한시에 서울을 떠나는 東海北部線을 탄 지 일곱 시간 만에 산양 간다는 L과 K를 安邊서 작별하고 K와 H와 나는 T읍에 있는 K의 집으로 가는 것이였다. 沿線의 새벽에 눈을 뜨는 호수! 또 호수! 쟁반에 물을 담은 듯한 內海에 아침 천렵을 마치고 돌아오는 漁帆들. 이것이 모두 지방이 달라지면 풍속도 다르게 시시각각에 형형색색으로 처음 가는 손님을 홀리는 것이 아니겠나? 때로는 산을 돌고 때로는 평원을 지나 솔밭 속을 지나는데 푸른 솔가지 사이로 보이는 洋舘들이 某某의 별장이라 하고 해수욕장이 있다 하나 너무나 대중문학적이고 그곳서 얼마 안 가면 T읍, K의 집에서 조반을 마치고 난 나는 K의 분에 넘치는 款待를 받아 자동차로 해안선을 1리 남즛 달렸다. 천연으로 된 방파제를 돌아서 바다 속으로 돌진한 육지의 마즈막이 거의는 층암절벽으로 된 데다가 동편은 석주들의 쭉 늘어선 것이 마치 아테네의 폐허를 그 海上에 옮겨 세운 듯하며 그렇게 생각하면 할사록 서편의 灣은 '이오니아'의 바다와같이 맑고 푸르고 깨끗하고 조용한 것이였다. 그러나 바람이 한번 불면 파도는 동편 석주를 마조처 부서지는 강한 음향과 서편 백사의 만을 쓸어오는 부드럽고 고운 음향들이 산 우의 솔바람과 한데 합치면 그는 내가 이때까지 들은 어떠한 대교향악도 그에 미칠 수는 없는 것이였다. 또다시 눈을 들어 멀리 眼界가 자라는 데까지 사방을 살피면 金蘭島니 무슨 島니 하는 섬들이 제마다 제 성격을 갖추어 있으면서도 이쪽을 싸주는 풍경이란 그럴 듯한 것이지만 그 많은 물새들의 깃 치는 소리도 때로는 멀리서 때로는 가까이서 그러나 끊일 새 없이 들려오는 것이었다. 그때 나는 속마음으로 K가 몇 해 전부터 이 고적한 지방에 혼자 와서 살고 있었다는 것은 남이 보기에 외면으로 고적한 것이지 정신상으로는 몇 배나 행복한 것이였을까? 고할 때 해안의 조그만 뛰집에서 연기가 나는 것을 보았다. 그만하면 나에게는 '베니스'에 궁전에도 비할 수 있는 것이며 羅馬(로마-편주)의 흥망사라도 그곳이면 조용히 볼 수가 있겠다고 생각되였다.

C여! 이곳이 바로 내가 보고 온 해금강 총석정의 꿈이였지마는 꿈은 꿈으로 두고라도 고적을 한할 바 무엇이랴? 여기에 모든 사람들을 떠날 수가 있다고 하면 나는 그대를 찾아낼 것이고 그대는 나에게 용기를 주겠지. 그러면 고독은 사랑할 수 있는 것이다.

『朝光』, 1941년 6월

山寺記

　S군! 나는 지금 그대가 일즉이 와서 본 일이 있는 S寺에 와서 있는 것이다.

　그때 이 사찰 부근의 지리라든지 경치에 대해서는 그대가 나보다 잘 알고 있겠으므로 여기에 더 쓰지는 않겠다.

　그러나 지금 내가 앉어있는 이 숙사는 근년에 새로이 된 건축이라서 아마도 그대가 보지 못한 것이리라. 하지만 그 淸洌한 시냇물을 향해서 사면의 針葉樹海 중에서 오즉 이 집만은 울창한 활엽수가 우거져 있기 때문에 문 앞에 손이 닿을 만한 곳에 꾀꼬리란 놈이 와 앉어서 한시도 쉴 새 없이 노래를 불러주는 것이다. 내 본래 저를 해칠 마음이 없는지라 저도 그런 눈치를 챘는지 아주 안심하고 아랫가지에서 웃가지로 웃가지에서 아랫가지로 오르락나리락 매끄러운 목청이란 귀엽기도 하려니와 고 노란놈이 꼬리를 까부는 것이 재롱스러워 나에게 날러오라고 손을 내밀면 머―ㄴ 가지로 날러가고 어데선가 깊은 산골에서 뾱궁새 소리가 들려오곤 하는데 돌틈을 새여 흘러가는 시냇물이 흰돌 우에 부서지는 음향이란 또한 정들일 수 있는 풍경의 하나이다.

　S군! 그대와 우리들의 친한 동무들이 이 글을 읽을 때는 아마 나도 이 산사를 떠나서 어느 해변이나 또는 아무도 일즉이 가본 일이 없는 島嶼 속에 가서 있을지도 모르고 내가 지금 붓을 들고 앉어 있는 책상 앞에는 도회로부터 새로운 선남선녀(?)들이 모여 앉어 화투를 치거나 마짱을 하는 따위의 다른 풍속이 벌어지리라.

　그러므로 이런 생각을 하면 모처럼 얻은 오날의 유쾌한 기억을 더럽힐까봐 소름이 끼칠 것만 같다.

　S군! 그러면 내가 금번 이곳에 온 이유가 어데 있는가도 생각해 보리라.

　그러나 이유란 것이 별로히 없다는 것은 내 서울을 떠날 때 그대에게 부친 엽서와같은 것이다. 다시 말하면 여행이란 이유가 필요하다면 그것은 여행이 아니고 사무인 까닭이다. 그러므로 내가 여행을 한다는 것은 여정을 느낄 수 있으면 그만이다. 그래서 날세 개이면 개였다고 흐리면 흐렸다고 바람이 불면 바람이 분다고 봄이면 봄이라고 여름은 여름이라고 가을은 가을이라고, 이렇게 나는 여정을 느껴보고 산으로 가고저 하면 산으로 바다로 가고저 하면 바다로 가는 것이다. 그도 계획을 한다거나 결의를 한다면 벌써 여정은 사라지고 마는 것이니깐 한번 척 느꼈을 때는 출발이다. 누구에게 알려야 한다든지 또 여장을 채려야 한다면 그는 벌써 뜻대로 되지 못하는 것이다.

그러나 나의 경우에 출발 시를 앞두고 그대에게 엽서 한 장을 쓴다거나 내 아우에게 전화를 걸어서 "지금 어디 가는데 언제 서울에 온다"고 하면 그것도 나에겐 일종의 여정이지 결코 의무의 수행은 아니다. 그러므로 내가 속마음으로 어딜 좀 가보았으면 하는 생각을 했을 때는 나는 벌써 여행중에 있는 것이다.

그런데 짚신도 제 짝이 있는 법이라. 나와같이 이런 사람도 뜻이 비슷한 사람이 있어 마츰 만나게 되자 그 C라는 동무가 바다로 가자는 말을 하였고 나도 그리자고 의논이 일치하자 간다는 것이 도시로도 미완성이고 항구로도 설익은 곳이라 먼데서 오신 손님을 대접하는 데는 아즉 沒風情하기 짝이 없었다. 그래서 하로밤을 지나고 표연히 차에 오르니 웬만하면 서울로 바로 오는 것이 보통이겠는데, 여기에 내라는 사람의 서울에 대한 감정이란 또한 남달리 '델리케-트'한 것이 있어 그다지 수월한 것이 아니란 것은 마치 명가 집 자식이 성격에 못 맞는 결혼을 하고 별거를 하다가 부득이한 사정이라도 있어 때때로 본가로 돌아오지 않으면 안 될 그때의 심경과 방불한 것이다.

그래서 될 수만 있으면 술집에라도 들어서 얼근하게 한잔 하고 오듯이 나 역시 서울이 가까워오면 슬쩍 옆길로 들어서서 한참 동안이라도 딴청을 떼보는 것인데, 금번 이 산사를 찾어온 것도 그 본의가 명산대천에 불공을 드리고 타관객지에서 괄시를 받지 않으련 게 아니라 한잔 들고 흥청대 보려는 수작이였는데, 웬걸 와서 보니 洞天에 들어서면서부터 낙락장송이 우거진 사이 '오좀' 냄새가 물씬 나는 山峽을 물소리 들으며 찾어 들면 천년 고찰의 태고연한 가람이 즐비하고 북소리 둥둥 나면 가사 입은 늙은 중들은 揖하고 인사하는 풍습도 오랫동안 못 보든 거라 새롭고 정중한 것이였다.

 S군! 내라는 사람이 이 순간 이곳에서 무엇을 느꼈으리라고 그대는 생각하는가? 俗談에 절에 오면 중 되고 싶다는 말이야 있지마는 설마한들 내가 세상의 모든 사물과 일시에 인연을 끊고 空山蘿月에 두견을 벗을 삼아 염불 공부로 일생을 더없이 보낼 리야 있으랴마는 그래도 생각해 볼 것은 인간의 '운명'이라는 것이다. 영원히 남에게 연민은커녕 동정 그것까지도 완전히 거부할 수 있는 비극의 '히-로'에 대해서 말이다. 그러므로 사람놈들은 결국 되는 대로 살아가는 것이 가장 풍자적이고 그러므로 최대의 비극은 최대의 풍자와 혈연을 가지는 동시에 아주 허탈한 맛이 있는 것이다.

 바로 이때이다. 나와 동행한 C는 산비탈을 나려오며 목가를 부르는 것이였다. 아마도 '치롤·알프스'를 오르나리는 양 치는 노인을 생각해낸 모양이였다. 석양도 재를 넘고 시냇물도 찬 기운이 점점 더해오면 올사록 사하촌의 뜻뜻한 산채국이 여간한 유혹이 아닌 것이다. S군! 우리가 평소 도시에 살면 생활의 태반은 관능의 지배를 받는 것이지마는 이런 산간벽지로 찾아오면 거의는 본능의 지배를 만족히 알면 그만이다.

 S군! 이런 말은 이제 새삼스리 늘어놔 보았자 그대가 그다지 흥미를 느낄 것은 아니라 그만두거니와 내가 여기 와서 진정 생각해 보는 것은 해당화다. 옛날 우리 鄕莊에는 화단에 해당화가 많이 심겨 있었는데 내가 어릴 때 그 꽃을 꺾어서 유리병에 꽂어 놓으면 내 어린 아우들이 와서 그것을 제 붕상 우에 가져다 놓는 것이고 나는 다

시 내 붕상 우으로 찾아오면 그것이 그만 싸움이 되고 했는데 지금쯤 생각하면 어릴 때 일이라 도리어 우습고 하나 오늘 이곳에서 해당화가 만발한 것을 보니 내 동년이 무척 그립고저워라.

S군! 그런데 이곳 사람들을 보아하니 산간 사람이라 어데나 할 것 없이 순박한 멋은 그리 없는 바 아니나, 기왕 해당화를 심으랴면 그 맑은 시냇물 가으로 심었으면 나중 피는 놈은 푸른 잎사이에 타는 듯한 정열을 찍어붙여서 옅은 그늘 사이로 으수이 조화되는 계절을 자랑도 하려니와 먼저 지는 놈은 흰돌 우에 부서지는 물결 우에 붉은 조수를 띠워 가면 얼마나 아람다울 風情이겠나? 하물며 花瓣이 산 밖으로 흘러가서 山外에 漁子가 알고 오면 어쩔까 하는 공구하는 마음이 이곳 사람들에게도 있을 수 있다면 아마 나까지 이 글을 써서 산외에 있는 그대에게 알리는 것을 혀의스리하리라.

그러나 S군! 역시 山氓들이라 밉기도 하려니와 사랑할 수도 있는 사람들이다. 그러면 오늘은 이만하고 뒷산 숲사이에 부엉이가 밤을 울어 새일 동안 나는 이곳에서 꿈을 맺어 볼까 한다. 그러나 다음 내 글이 그대에게 닿을 때는 벌써 나는 다른 산간이나 또는 해상에 별과 별 사이의 거리를 헤아려보면서 지금과는 다른 생각을 하고 있는 줄 알어라. (끝)

『朝光』, 1941년 8월

季節의 表情

　한여름내 모든 것이 싫었다. 말하자면 속옷을 갈아입고 넥타이를 반듯하게 잡어 매고 그 우에 양복을 말쑥하게 솔질을 해 입는 것이 귀찮을 뿐 아니라 밥을 먹어야 한다는 것도 그실 큰 짐이였다. 어쩌면 국이 덤덤하고 장맛이 소태같이 쓰고 해서 될 수 있는 대로 살았다. 그러자니 혹 전차 안에서나 다방 같은 데서 친한 동무를 만나서도 꼭 앉아서 안 될 인사말밖게 건느지 않었다. 속마음으로는 미안한 줄도 아는 것이지마는 하는 수 없었다. 대관절 사람이 모다 귀찮은 데는 하는 수 없었다. 그래서 금년 여름 동안은 아주 사무적인 이외에 겨우 몇 사람의 동무와 만나면 바둑을 두거나 때로는 '삘리야-드'를 쳐봐도 손들이 많이 오는 데보다는 될 수 있으면 한산한 곳을 찾었다. 그다지 좋아하든 맥주조차 있으면 마시고 없으면 그만이였다. 그다지 자주는 못 만나도 그리울 때면 더러는 찾어가 보고저 한 적도 있었건만 도무지 몸이 듣지 않는다. 대개는 제대로 만

들어진 기회에 길손처럼 만나서는 흩어지고 잠자리에 누워서 뉘우쳐 보는 것이어서 이제야 비로소 뉘우친다는 버릇이 생겼다.

 그래서 여름 동안은 책 한권 冊다이 읽어보지 못했다. 전과 같으면 하늘이 점점 맑고 높아오는 때면 아무런 말도 없이 내 가고저운 곳으로 여행이라도 갔으련만 어쩐지 여정조차 느껴지지 않고 몸도 마음도 착 까지는 것이었다. 그러나 짐즛 가을에 뺨을 부비며 亢奮해보고 울어라도 보고저한 내 관습이 아즉 살어 있었다는 것은 계절을 누구보다도 먼저 느낄 만한 외로움이 나에게 있었다. 그래서 나는 밤에 案頭에 쌓여 있는 시집들 중에서 가을에 읊은 시들을 한두 차례 읽어봤다. 그 중에서 대표적이고 세상의 문학인들에게 한 번씩은 으레 외워지는 것으로 폴·베르렌의 「가을의 노래」를 비롯하야 로미이·드·꾸르몽의 「낙엽시」와 「가을의 노래」는 너무도 유명한 것이지마는, 이 불란서의 시단을 잠깐 떠나서 도버 해협을 건느면 존·키이츠의 「가을에 부치는 시」도 좋거니와, 윌리암·버트라·예에츠의 「낙엽시」도 읽으면 어덴가 전설의 도취와 청춘의 범람과 영원에의 사모에서 출발한 이 시인의 심핵해 가는 심경을 볼 수 있어 좋으려니와, 다시 대륙으로 건너오면 레나우의 「秋思」 「晚秋」는 읊으면 읊을수록 너무나 암담하고 비창해서 눈이 감겨지는 것이나, 다시 리리엔·크론의 「가을」 같은 것은 인상적이고 눈부신 즉흥을 느낄 수 있는 가을이언마는, 철인 니-체의 「가을」은 愛妹의 능변으로도 수정할 수 없을 만큼 가슴을 찢어논 「가을」이다.

 여기서 다시 북구로 눈을 돌리면 이곳은 지리적인 까닭일까? 가을이 원체 짜른 까닭일가? 가을에 읊은 시가 다른 지역보다 매우 적은 것만은 틀림이 없다. 그러나 로서아의 몇 날 안 되는 전원의 가을을 읊은 셀게이·에세-닌의 「나는 아끼지 않는다」라든지 「잎 떨어진 단풍」과 「겨울의 예감」 등등은 농민들의 시인으로서 그가 얼마나 망해가는 농촌의 舊穀을 애상해 한데 천부의 재질을 경주했는가 엿볼 수 있어 거듭거듭 외여 보거니와 여기서 나의 가을시의 순례는 마침내 아세아로 돌아오고 마는 것이다.

  그 중에도 시문학의 세계적 고전이며 그 광휘가 황황한 삼천년 전의 가을을 읊은 詩傳 「國風兼葭章」을 찾어보고는 곧 번역해 보고저운 충동을 느끼지 않을 수는 없었다. 제게나 남의 것을 가릴 것 없이 고전을 번역해 본다는 데는 망녕되이 붓을 댈 것이 아니라 신중한 태도를 가질 것은 두말 할 바 아니나, 그것이 막상 문학인데야 번역 안 될 문학이 어데 있겠느냐는 철없는 생각에 나는 그만 그 1장을 번역해 보고는 말었다.

「國風兼葭章」에서

兼葭蒼蒼	갈대 우거진 가을 물가에
白露爲霜	찬이슬 맺어 무서리치도다.
所謂伊人	알뜰히 못 잊을 그님이시고
在水一方	이 江 한 가 번연히 게시련만.
遡廻從之	물따라 찾어 오르려 하면
道阻且長	길은 아득해 멀기도 멀세라.
遡游從之	물따라 찾어 나리자 하면
宛在水中央	그 얼굴 그냥 물 속에 보여라.

이렇게 겨우 3장에서 1장만을 역했을 때다. 홀연히 사지가 뒤틀리는 듯하고 오슬오슬 치우면서 입술이 메마르곤 하였다. 목 안이 갈하고 눈치가 틀리기도 하였지마는 그냥 쓰러진 채 어떻게 되었는지도 모른다. 그 다음날 아침에 자리에 일어났을 때는 머리가 무거운 것이 지난 밤 일이 마치 몇천 년 전에도 꿈속에서나 지난 듯 기억에 어렴풋할 뿐이였다.

그때야 비로소 나는 병이란 것을 깨달았다. 다만 가을에 대한 감상만 같으면 심경에 나오지 육체에 올 것이 아니라고 생각했다. 그러나 딴은 때가 늦었다. 웬체 내란 사람이 황소같이 튼튼하든 못해도 20년 내에 물에 씻은 듯 감기 고뿔 한번 시다이 못해 보고 병 없이 지나온 터이라 병에 대한 두려워하는 마음이 없고 때로 혹 으스스하면 좋은 良方이(加味淸酒鷄卵湯이란 것이 있어 주당들은 국적을 물을 것도 없이 대개 짐작들 한다) 있어 요번도 그것이면 無慮할 줄 알았다. 하지만 내가 병이라고 생각한 때는 병이 벌써 뿌리를 단단히 박은 때요, 사실 병이 시작된 때는 첫여름이였든 모양이다.

그래서 모든 것이 귀찮고 거북하고 말조차 여러 번 하기 싫었든 모양인데, 미련한 게 인생이고 그 미련한 덕분에 멋모르고 가을까지 살아 왔다는 것은 아무런 기적이 아니라 고열에 시달리면 賣藥店에 들어가 해열제를 한 봉 사고 아무데나 다방에 들어가면 더운 珈琲와 함께 마시면 등골에 땀이 촉촉하게 젖으며 그날 볼 잡무를 다 볼 수 있는 게 신통한 일이기도 했다. 그러나 권태만은 어찌할 도리가 없었다.

여기서 나는 또 한 가지 묘책을 얻었다는 것은 요놈 쉴새 없이 나를 습격해 오는 권태를 피할려고 하지 않고 권태를 될 수 있는 대로 친절하게 달래서 향락할려고 했다. 그래서 흥보지 않을 만하면 사무실 응접실 사롱 할 것 없이 귀가 묻힐 만큼 의자에 반은 누은 듯 지나왔다. 담배를 피우면 입술을 조븟하게 오무리고 연기를 천정으로 곱게 불어 올리는 것이었다. 거기에 나는 개인 날의 무지개를 그리는 것이었다. 그뿐만 아니라 나와 마주 앉인 벗들에게 무료를 느끼지 않도록 체면을 차리자면 S는 希臘이나 羅馬의 신화를 이야기하는 것이고, 나도 열이 나린 틈을 타서 서반아의 종교재판이나 『아라비안 · 나이트』의 어느 대문을 되풀이하면 그 자리는 가벼운 흥분이 스쳐갔다.

그때는 벌써 처마 끝에 제법 굵은 왕벌들이 날러들었다간 다시 먼 곳으로 날러가고 들길 가에 보라빛 들국화가 멀지 못한 서릿발에 다토아 고운 날을 자랑하는 것이었다. 나는 또 들길을 걷기에 자미를 붙여 보려고도 했다. 혼자 아침 이슬이 아직 마르기도 전에 시외의 나만 가는 (나는 3, 4년 동안 나 혼자 거닐어 보는 숲이 있다) 그 숲속으로 갔다. 거기도 들국화는 피여 햇살을 기울게 받어들일 때란 숲속에서만 볼 수 있는 雲霞와 어울려 마치 보랫빛 연기가 피여 오르는 듯 그윽해지는 것이었다.

그러나 나는 이곳을 오래 방황할 수는 없다는 것은 으슬으슬 치워지는 까닭이며 따라 내 몸이 앓고 있다는 표적이라 짜증이 나고, 그래서 짚고 간 짝지로 무자비하게도 꽃송이를 톡톡 치면 퉁겨진 꽃송이들은 낙화처럼 공중을 날러 내 머리와 어깨 우에 지는 것이고, 나는 그만 지쳐서 가쁜 숨을 돌리려고 미친 사람처럼 길을 찾어 나오곤 했다. 길옆 잔디밭에 앉아 숨을 돌리며 생각해 본다. 아무리 해도 올곳은 마음은 아니였다. 하지마는 길 가는 놈은 어째서 나를 비웃고 지나는 거냐? 대체 제 놈이 무엇인데 내가 보기엔 제가 미친 놈이 아니냐? 그 꼴에 양복이 무슨 양복이냐? 괘씸한 녀석 하고 붙잡어 쌈이라도 한판 하지 않으면 내 화는 풀릴 것 같지 않어서 보면 벌써 그 녀석은 어데이고 가고 없다. 이 분을 어데다 푸느냐? 곰곰이 생각하면 그놈 한 놈뿐만 아니라 人間놈이란 모두가 괘씸하다. 어째서 나를 비웃고 업수이 여기는 거냐, 내가 누군 줄 알고. 나는 아즉 이 세상에 네까짓 놈들하고 나서 있지 않다. 또 언제 이 세상에 태여날는지도 모르는 玄玄한 존재들이다. 아니꼬운 놈들이로군 하고 별러대일 때는 책상에 엎더진 채로 열이 40도를 오르락나리락 할 때였다.

　벗들이 나를 달랬다. 전지 요양을 하란 것이다. 솔곳한 말이라 시골로 떠나기는 결정을 했지만 막상 떠나려고 하니 갈 곳이 어데냐? 한번 더 생각해 보지 않을 수 없었다. 조건을 들면 공기란 건 문제 밖이다. 어느 시골이 공기 나쁜 데야 있을라구. 얼마를 있어도 실증이 안 날 데라야 한다. 그러면 경주로 간다고 해서 떠난 것은 박물관을 한 달쯤 봐도 금관 옥적 봉덕종 사사자를 아모리 보아도 실증이 날 까닭은 원체 없다. 그뿐인가. 어데 一草一木과 一士一石을 버릴 배 없지마는 임해전 지초돌만 남은 옛 궁터에 서서 가을 석양에 머리칼을 날리며 동남으로 첨성대를 굽어보면 아테네의 원주보다도 羅馬의 圓形劇場보다도 東洋的인 朱欄畵閣에 金帶玉佩의 琤琤한 옛날소리가 들리지 않는가? 거기서 나의 정신에 끼쳐온 자랑이 시작되지 않았느냐? 그곳에서 고열로 하야 죽는다고 하자 그래서 내 자랑 속에서 죽는 것이 무엇이 부끄러운 일이냐? 이렇게 단단히 먹고 간 마음이지만 내가 나의 아테네를 버리고 서울로 다시 온 이유는 시골 계신 의사 선생이 약이 없다고 서울을 짐즛 가란 것이다. 서울을 오니 할 수 없어 이곳에 떼를 쓰고 올밖에 없었다.

『朝光』, 1942년 1월

皐蘭

　　벌써 4년 전 가을 일이다. 그때도 가을 날세이고 여행하기 좋은 계절이였다.

　　석초 형이 시골서 오라고 하였고 가면 백제 고도인 부여 구경을 시켜준다는 것이였다. 그래서 먼저 舒川으로 가서 석초 집에서 2, 3일을 지난 후 부여로 가게 되였다.

　　첫날 박물관을 보고 숙사로 돌아와서 그 집의 명물인 鯉魚料理를 시키고 술을 덥혔으니 석초가 黃菊을 따다가 술잔에 띄워주며 남쪽으로 있는 창문을 열고 달빛을 맞어들이는 것이 아닌가? 어느 사이 술잔이 오거니 가거니 하는 판에 두 사람이 모다 거나하게 취하게 되자 거리로 나와 무엇인가 하는 요정을 찾어서 밤 깊이 돌아올 때는 술이 짙게 취하였든 것이다.

　　그 다음날 백마강을 따라 올라 낙화암을 보고 皐蘭寺를 왔을 때 샘물을 마시게 되였고 그 절 중은 皐蘭 이파리를 따서 물잔에 띄워

주며 고란에 대하야 전설을 얘기하는 것이였다.

 의자왕이 고란사 샘물을 궁녀들에게 떠오라 명령하면 궁녀들은 왕에게 보담더 총애를 받기 위하야 1분 동안이라도 빨리 떠오는 것이고 시간이 거리에 비하야 너무 빠르면 왕은 궁녀들을 의심하는 것이였다. 그래서 반드시 고란사의 석벽 속에서 새여 나오는 물을 떠오게 하고는 그 물에 고란 이파리를 띄워오라 명령하셨다는 것이다.

 그때 나는 그 고란과 왕과 궁녀와 사이에 얼크린 로-만스를 생각하느라고 그만 고란의 식물학적 지식을 考究할 겨를도 없이 부여를 떠나고 말었으나, 그 뒤에도 항상 나의 회상 속에는 낙화암보다도 自溫臺보다도 平濟塔보다도 삼천 궁녀보다도 이러한 모든 흥망성쇠를 떠나서 바위틈에 한 이파리씩 솟아나서는 아름다운 궁녀들의 고운 손에 잎사히 뜯겨지고 남은 고란의 조으는 듯 꿈꾸는 듯한 푸른 이파리는 좀처럼 내 머리에서 사라지지 않었든 것이다.

 금년 여름 경주 옥룡암에서 돌아와서는 그만 절로 가지 않고 우이동 가는 중로에 小踰理라고 하는 동리가 있는데 그곳에 나의 渭宅이 우거하게 되야 새로 지은 집도 깨끗하려니와 공기가 맑고 靜養하기 알맞다고 외숙모가 간절히 권하심에 감사도 하지만 때로는 외숙께 한시에 대한 경위도 듣고 하면 요양에도 정신적인 양식이 되리라고 생각하면 마음이 솔곳하였다.

 처음 이 마을에 나와 있을 때는 다소 肅條한 느낌이 없는 바도 아니였으나 年來에는 생활이 건강의 관계로 될 수 있으면 술과 계집과 회합을 피하고 보매 자연 생활이 전과 같이 화려하고 淋漓하지는 못하여도 그 반면에 枯淡하고 청정하야 전날의 생활을 極彩畵라고 한다면 오날의 생활은 水墨畵라고나 할까?

 생활이 이렇게 정적으로 되고 보니 자연에 깃드는 마음이 자라고 저절로 泉石을 지나보지 않게 되매 기화요초가 모다 헛되이 바랄 것이 없으나 그래도 '나-르'와 같이 山中日記를 쓸 바 없고 '소-로-'처름 삼림의 철학을 설파하지도 못함은 나의 관찰이 그들에 비하야 거리가 다른 것을 모르는 바도 아니언만 아즉도 자연에 뺨을 비빌 정도로 친하여지지 못함은 역사의 관계가 더 큰 것도 같다. 다시 말하면 공간적인 것보다는 시간적인 것이 보담더 나에게 중요한 것만 같다.

 그러나 내가 있는 집 동편에는 석벽 속에서 새여 나는 샘물이 있고 그 물맛이 또 淸洌하지 않은가? 그뿐만 아니라 그 물을 마시면 소화가 잘 되는 것은 또 무슨 까닭인지 과학적으로 그 성분을 분석하지 않으면 모를 것이나, 나의 생각 같애서는 분석이니 무엇이니 할 것 없이 그대로 또 몇천 년이고 두고 신비롭게 지났으면 하여보기도 하지마는 그보다도 나로 하여금 이곳에 마음을 붙이게 하는 것은 이 샘물 우에 석벽 사이에 고란이 난다는 사실이다.

 백제 의자왕이 고란사에만 난다는 이 고란을 한 입씩 물항아리에 따 넣어 오게 한 것은 다른 곳 물을 마시지 않겠다는 의도 외에도 다른 한가지 사실을 알 수가 있다. 의자왕이 위병이 있었다는 것도 헛된 추측만은 아니라는 것은 한약방의 唐材라는 것은 중국서 조선에 올 때에 백제에 먼저 왔다는 사실이 『圖書樊合』에 記錄되여 있는데 고란이 중국서 한약의 당재로 백제에 이식되여 온 것인지는 알 수 없으나 어찌 되였든지 이곳에 고란이 난다는 것은 식물분포학적인 흥미를 떠나서 고란이 위장병에 좋다는 사실을 나는 또 한 번 들었다.

그것은 내가 이곳에 와서 아즉 몇 날이 되지 못한 여름날 오후이였다. 이곳은 말하자면 시내와같이 인가가 연결하야 사는 것도 아니고 그 우에 新開地가 되여서 찾어오는 빈객도 별로 드물고 나 자신을 찾어오는 사람은 없을 뿐만 아니라 편지도 보내는 사람이 드문 형편인지라 대하는 사람도 일정한 것인데, 내 외숙을 방문하는 노시인 몇 분이 있어 그 샘물가 반석 우에 자리를 펴고 詩會를 열거나 詩談에 해를 보내는 때도 있었는데, 그때 昌慶宮典籍인 洪翠岩 선생이 이곳의 고란을 보고 이것은 속명이 一葉草인데 위장병에 특효가 있는 것이라고 한 말을 종합해 본다면, 내 아즉 『本草綱目』을 상고해 볼 기회는 없었으나 고란은 일엽초이고 일엽초가 고란인 바에야 백제 의자왕의 궁중 생활이 酒池肉林이였는지는 몰라도 적어도 일국의 왕자로서 화사한 생활에 때때로 調馬運動이나 수렵 이외에는 구중궁궐 안에 가만히 앉으신 귀한 몸이시라 소화가 불량하실 때도 있을 것이라, 우연인지 필연인지 고란 이파리를 물 항아리에 따 넣어 오게 하신 것은 다만 궁녀들과 심심파적을 하기 위한 가여운 장난만으로 해석할 수는 없는 듯하다.

그래서 나는 이 샘물에 몇 차례나 고란 이파리를 따 넣어서 마셔도 보고 백제 마즈막 임금님의 심경! 그 당일의 비극의 왕자로서의 데리케-트한 운명의 왕자를 대신하야 몇 번이나 비분도 하여 보았으나 나 자신은 위만은 너무 건강하고 강철도 녹을 만하야 심리적인 것보다는 차라리 생리적으로 불가능하다는 것을 알 때 연극이란 진실로 어려운 것이려니와 참다운 사실은 얼마나 어려운 것인가?

그러므로 나는 요즈음 의자왕이기를 그만두고 그 샘물을 떠다가 차를 달여먹어도 보려니 하였으나 이런 시절이라 차인들 전일같이 맛나는 것을 얻을 수 있어야 말이지. 그런데 얼마전 정말 중국산의 茉莉香 차가 조금 생겨서 달여서 맛을 보았더니 그것은 20년 전 북경 생활에서 맛보든 그 맛이 그냥 남아 있지 않은가? 우리가 다 같은 감각기관이면서도 눈이나 귀나 피부는 어릴 때에 감각하든 그것보다 年齒가 차차 老成하여지면 그에 따라 변천이 생기건만 미각만이 변함 없음은 무슨 까닭일까? 그것은 江南의 생활에서 얻은 잊지 못할 기억이 일시에 이 채리화의 향내를 통하야 그 時에 재생되는 것이 아닐런지. 나는 지금 가을에도 단풍 들지 않은 고란 이파리를 바라보며 채리화 차를 마시면서 강남의 봄을 그려본다.

『每日新報寫眞旬報』, 1942년 12월 1일, 제305호

문예 · 문화 비평

魯迅 追悼文

魯迅略傳 -附著作目錄-

魯迅의 본명은 周樹人이며, 字는 豫才다. 1881년 중국 浙江省 紹興府에서 탄생. 남경에서 광산학교에 입학하여 洋學에 흥미를 가지고 자연과학에 몰두하얏으며, 그 후 동경에 건너가서 弘文學院을 마치고 仙臺醫學專門學校와 東京 獨逸協會學校에서 배운 일이 있다.

1917년에 귀국하야 절강성 내의 사범학교와 소흥중학교 등에서 理化學 교사로 있으면서 작가로서의 명성이 높아졌다. 그리하야 五四文學 운동 후 중국문학사조가 최고조에 달하였을 시대에 북경에서 周作人·耿濟之·沈雁氷 등과 함께 '문학 연구회'를 조직하고 郭沫若 등의 '로맨티시즘' 문학에 대하야 자연주의 문학운동에 종사하고 잡지 『語絲』를 주재하는 한편 북경정부 교육부 문서과장 및 국립북경대학, 국립북경사범대학, 북경여자사범대학 등의 강사로 있었으나 학생운동에 관계되어 북경을 탈출하얏다.

1926년도 厦門大學 교수로서 남하, 그 후 廣州 中山大學 문과주임교수의 직에 있다가 1928년 이것을 사직하고 상해에서 저작에 종사하는 한편 『萌芽日刊』이란 잡지를 주재하였다.

이로부터 그의 문학 태도는 점점 좌익으로 전향하야 1930년 '중국좌익작가연맹'이 결성되자 여기 가맹하야 활동하던 중 국민 정부의 탄압을 받어서 1931년 상해에서 체포되였다. 그 뒤 끊임없이 국민정부의 간섭과 藍衣社의 박해 중에서 꾸준히 문학적 활동을 하고 국민정부의 어용단체인 '중국작가협회'를 반대하던 중 지난 10월 19일 오전 5시 25분 상해 施高塔 자택에서 서거하였다. 향년 56세.

주요한 작품으로는 『阿Q正傳』, 『吶喊』, 『彷徨』, 『華蓋集』, 『中國小說史略』, 『藥』, 『孔乙己』 등이다.

1932년 6월 초 어느 토요일 아침이였다. 食館에서 나온 나와 M은 네거리의 담배가가에서 조간신문을 사서 들고 근육신경이 떨리도록 굵은 활자를 한숨에 나려 읽은 것은 당시 중국과학원 부주석이요, 民國혁명의 원로이든 楊杏佛이 藍衣社員에게 암살을 당하였다는 기사이였다.

우리들은 거리마다 삼엄하게 늘어선 불란서 工務局 순경들의 예리한 눈초리를 등으로 하나 가득 느끼면서 侶伴路의 書局까지 올 동안은 침묵이 계속되였다.

문 안에 들어서자마자 편집원 R씨는 우리들에게 다음과 같은 말을 들려주었다.

중국 좌익 작가 연맹의 發案에 의하야 전세계의 진보적인 학자와 작가들이 상해에 모여서 중국의 문화를 옹호할 대회를 그 해 8월에 갖게 된다는 것과 이에 불안을 느끼는 국민당 통치자들이 먼저 진보적 작가 진영의 중요 분자인 潘梓年(現在南京幽廢)와 인제는 고인이 된 여류작가 丁玲을 체포하여 행방을 불명케 한 것이며, 여기 동정을 가지는 宋慶齡 여사를 중심으로 한 일련의 자유주의자들과 작가연맹이 맹렬한 구명운동을 한 사실이며, 그것이 국민당 통치자들의 눈깔에 거슬려서 楊杏佛이 희생된 것과, 그 외에도 宋慶齡, 蔡元培, 魯迅 등등 상해 안에서만 30여 명에 가까운 지명지사들이 藍衣社의 '블랙리스트'에 올라 있다는 것이었다.

그리고 그 뒤 3일이 지난 후, R씨와 내가 탄 자동차는 萬國殯儀社 앞에 닿었다. 간단한 燒香의 예가 끝나고 돌아설 때, 젊은 두 여자의 隨員과 함께 들어오는 宋慶齡 여사의 일행과 같이 연회색 두루막에 검은 '馬掛兒'를 입은 중년 늙은이, 생화에 쌓인 棺을 붙들고 통곡을 하든 그를 나는 문득 노신인 것을 알었으며, 옆에 섰든 R씨도 그가 노신이란 것을 말하고 난 10분쯤 뒤에 R씨는 나를 노신에게 소개하여 주었다.

그때 노신은 R씨로부터 내가 조선 청년이란 것과 늘 한번 대면의 기회를 가지려고 했드란 말을 듣고, 외국의 선배 앞이며 처소가 처소인만치 다만 근신과 공손할 뿐인 나의 손을 다시 한번 잡아 줄 때는 그는 매우 익숙하고 친절한 친구이였다.

아! 그가 벌써 56세를 일기로 상해 施高塔 9호에서 永逝하였다는

訃報를 받을 때에 암연 한 줄기 눈물을 지우느니 어찌 조선의 한 사람 후배로서 이 붓을 잡는 나뿐이랴.

　중국 문학사상에 남긴 그의 위치, 『阿Q의 正傳』을 다 읽고 났을 때 나는 "아직까지 阿Q의 운명이 걱정되어 못 견디겠다"고 한 '로망·롤랑'의 말과 같이 현대 중국문학의 아버지인 노신을 이해하기 위해서는 우리는 먼저 阿Q의 正傳을 이해하지 않으면 안 된다. 그러나 지금의 중국의 阿Q들은 벌써 '로망·롤랑'으로 하야금 그 운명을 걱정할 필요는 없이 되었다. 실로 수많은 阿Q들은 벌써 자신들의 운명을 열어갈 길을 魯迅에게서 배웠다. 그래서 중국의 모든 노동층들은 南京路의 '아스팔트'가 자신들의 발밑에 흔들리는 것을 느끼며 施高塔路 新邨의 9호로 그들이 가졌든 위대한 문호의 최후를 애도하는 마음들은 黃浦灘의 붉은 파도와같이 밀려가고 있는 것이다.

　그러므로 阿Q시대를 고찰하여 보는 데 따라서 노신 정신의 3단적 변천과 아울러 현대 중국문학의 발전과정을 알아보는 것도 그를 추억하는 의미에서 그다지 허무한 일은 아닐 것이다.

　중국에는 고래로 소설이라는 오늘날 우리가 보는 것과 같은 완전한 예술적 형태는 존재하지 못했다. 『三國志演義』나 『水滸誌』가 아니면 『紅樓夢』쯤이 있었고 다소의 傳記가 있었을 뿐으로서, 일반 교양 있는 집 자제들은 과거제도에 禍를 받어 문어체의 古文만 숭상하고 白話小說 같은 것은 속인의 할 일이라 하야 낳지 않는 한편, 소위 문단은 唐宋八家와 八股의 혼합체인 桐城派와 思綺堂과 袁隨園의 유파를 따라가는 4·6 騈體文과 黃山谷을 본존으로 하는 江西

派 등등이 당시 정통파의 문학으로서 과장과 허위와 阿諛로써 고전문학을 모방한 데 지나지 못하였으며, 새로운 사회를 創生할 하등의 힘도 가지지 못한 것은 미루어 알기도 어렵지 않은 분위기 속에 중국 문학사상에 찬연한 봉화가 일어난 것은 1915년 잡지 『新靑年』의 창간이 그것이다.

이것이 처음 발간되자 당시 '아메리카'에 있던 胡適 博士는 「文學改良蒭議」라는 '문학혁명론'을 1917년 신년호에 게재하야 陳獨秀가 이에 찬의를 표하고 북경대학을 중심으로 한 진보적인 교수들이 합류하게 되자, 종래의 고문가들은 이 운동을 방해코저 갖은 야비한 정치적 수단을 써도 보았으나, 1918년 4월호에 노신의 「狂人日記」란 백화소설이 발표되었을 때는 문학혁명 운동은 실천의 巨大步武를 옮기게 되고 벌써 고문가들은 그 추악한 꼬리를 감추지 않으면 안 되었다는 것은, 그 후 얼마 뒤에 노신이 광동에 갔을 때에 어떤 흥분한 청년은 그를 맞이하는 문장 속에 「광인일기」를 처음 읽었을 때 문학이란 것이 무엇인지 몰랐든 나는 차차 읽어 나려가면서 이상한 흥분을 느꼈다. 그래서 동무를 만나기만 하면 곧 붓을 들고 말하기를, 중국의 문학은 이제 바야흐로 한 시대를 짓고 있다. 그대는 「광인일기」를 읽어보았는가. 또 거리를 걸어가면 길가는 사람이라도 붙들고 내 의견을 발표하리라고 생각한 적도 있었다.……(魯迅在廣東)

이 문제의 소설 「광인일기」의 내용은 한 개 妄想狂의 일기체의 소설로서 이 주인공은 실로 대담하게 또 명확하게 봉건적인 중국 구사회의 악폐를 痛罵한다. 자기의 이웃사람은 물론 말할 것도 없고 특히 자기 가정을 격렬히 공격하는 것이다. 가정-가족제도라는 것이 중국 봉건사회의 사회적 단위로서 일반에 얼마나한 해독을 끼쳐 왔는가. 봉건적 가족제도는 固型化한 儒敎流의 宗法 사회 관념하에 당연히 붕괴되여야 할 것이면서 붕괴되지 못하고 근대적 사회의 성장에 가장 근본적인 장애로 되여 있는 낡은 도덕과 인습을 여지없이 통매했다. 이에 「광인일기」 중에 한 절을 抄하면

   나는 역사를 뒤적거려 보았다. 역사란 건 어느 시대에나 仁義道德이란 몇 줄로 치덕치덕 쓰여져 있었다. 나는 밤잠도 안 자고 뒹굴뒹굴 굴러가며 생각하여 보았으나 겨우 글자와 글자 사이에서 '사람을 먹는다'는 몇 자가 쓰여 있었을 뿐이였다.

이같이 추악한 사회면을 폭로한 다음, 오는 시대의 건설은 젊은 사람들의 손에 맡겨져야 한다는 것을 암시하면서 이 소설의 1편은 "어린이를 구하자"는 말로써 끝을 막었다. 실로 이 한 말은 당시의 '어린이'인 중국 청년들에게는 사상적으로는 '폭탄선언' 이상으로 충격을 주었으며, 이러한 작품이 白話로 쓰여지는 데 따라 문학혁명이 완전히 승리의 개가를 부르게 된 공적도 태반은 노신에 돌려야 하는 것이다.

「광인일기」의 다음 연속해 나온 작품으로 「孔乙己」, 「藥」, 「明日」, 「一個 小事件」, 「頭髮的故事」, 「風波」, 「故鄕」 등은 모두 『新靑年』을 통해서 세상에 물의를 일으켰으나, 그 후 1921년 『北京新報』 文學副刊에 그 유명한 「阿Q正傳」이 연재되면서부터는 노신은 자타

가 공인하는 문단 제일인적 작가였다.

그리고 이러한 대작은 모두 辛亥革命 전후의 봉건사회의 생활을 그린 것으로, 어떻게 필연적으로 붕괴하지 않으면 안 될 특징을 가졌는가를 묘사하고, 어떻게 새로운 사회를 살어갈까를 암시하고 있다. 뿐만 아니라 당시의 혁명과 혁명적인 사조가 민중의 심리와 생활의 '디테일스'에 어떻게 표현되는가를 가장 '레알'하게 묘사한 것이다. 더구나 그는 농민작가라고 할만치 농민생활을 그리는 데 교묘하다는 것도 한 가지 조건이 되겠지마는, 그의 소설에는 주장이 개념에 흐른다거나 조금도 무리가 없는 것은 그의 작가적 수완이 탁월하다는 것을 말하지 않을 수 없다.

그리고 그의 작품은 늘 농민을 주인공으로 하는 것과 때로는 '인테리'일지라도, 예를 들면 「孔乙己」의 공을기나 「아Q정전」의 아Q가 모다 일맥이 상통하는 성격을 가지는 것이니, 공을기는 구시대의 지식인으로 시대에 떨어져서 무슨 일에도 쓰여지지 못하고 기품만은 높았으나 생활력은 없고 걸인이 되야 선술집 술상臺에 일금 19吊 酒債가 어느 때까지 쓰여져 있는 대로 언제인지 행방이 불명된 채로 나중에 죽어졌든 것이라든지, '룸펜' 농민인 일용노동자 아Q가 또한 쑥스러운 년석으로 "혁명, 혁명" 떠들어 놓고 그것이 몹시 유쾌해서 반취한 기분이 폭동대의 일군에 참가는 하려고 하였으나 결국 허풍만 치고 아무것도 못하다가 때마츰 일어난 폭도의 약탈사건에 도당으로 오해되어(彼의 평소 삼가지 못한 언동에 의하야) 피살되는 아Q의 성격은 그때 중국의 누구라도가 전부 혹은 일부분씩은 소유하고 있었든 것이다. 다시 말하면, 아Q가 공을기가 모다 사고와 행동이 루-즈하고 確乎한 한 개의 정신도 없으며, 愚弱하면서도 몹시 건방지고 남에게 한 개 쥐여질리면 아무런 반항도 못하면서, 남이 자신을 연민하면 제 도량이 커서 남이 못 덤비는 것이라고 제대로 도취하야 남을 되는 대로 해치는, 무지하고 우스우면서도 가엾고 괴팩스러운 것을 노신은 그 '레알리스틱'한 문장으로 폭로한 것이 특징이였으니, 당시 「아Q정전」이 발표될 때 평소 노신과 교분이 좋지 못한 사람들은 모다 자기를 모-델로 고의로 쓴 것이라고들 떠드는 자가 있은 것을 보아도 알 수가 있는 것이다.

그래서 당시 중국은 시대적으로 '아Q시대'이였으며, 노신의 「아Q정전」이 발표될 때는, 비평계를 비롯하여 일반 지식군들은 '아Q相'이라거나 '아Q시대'라는 말을 평상 대화에 사용하기를 항다반으로 하게 된 것은 중국 문학사상에 남겨 놓은 노신의 위치를 짐작하기에 좋은 한 개의 재료이거니와, 그의 작가로서의 태도를 통하야 일관하여 있는 노신 정신을 다시 한번 음미해 보는 데 적지 않은 흥미를 갖게 된다는 것은, 오늘날 우리의 조선 문단에는 누구나 할 것 없이 예술과 정치의 혼동이니 분립이니 하야 문제가 어찌 보면 결말이 난 듯도 하고 어찌 보면 미해결 그대로 있는 듯도 한 현상인데, 노신같이 자기 신념이 굳은 사람은 이 예술과 정치란 것을 어떻게 해결하였는가? 이 문제는 그의 작가로서의 출발점부터 구명해야 한다.

노신은 본래 의사가 되려고 하였다. 그것은 자기의 '할 일'이 무엇이라는 것을 알았기 때문이었다. 물론 그때의 자기의 '할 일'이란 것은 민족 개량이라는 신념이었든 모양이다. 그래서 그는 후년 『吶喊』 서문에 다음과 같이 썼다.

나의 學籍은 일본 어느 지방의 의학 전문학교에 두었다. 나의 꿈은 이것으로 매우 아름답고 만족했다. 졸업만 하고 고국에 돌아오면 아버지와 같이 치료 못하는 병인을 살리고 전쟁이 나면 출정도 하려니와 國人의 維新에 대한 신앙에까지 나아갈 것……

이라고. 이것은 물론 소년다운 노신의 로맨틱한 인도주의적 흥분이였겠지마는 이 꿈도 결국에는 깨여지고 말았다.

　　―의학은 결코 긴요하지 않다. 愚弱한 국민은 체격이 아모리 좋다고 해도, 또 아모리 強壯해도 무의미한 구경거리나 또는 구경꾼이 되는밖에는 아무것도 아니다. ―중략― 그러므로 긴요한 것은 그들을 정신적으로 잘 개조할 것은 무엇일까. 나는 그때 당연히 문예라고 생각했다. 그리고 문예 운동을 제창하기로 했다.(『吶喊』 서문)

　　이리하야 그가 당시 동경에 망명해 있는 중국 사람들의 기관지인 『浙江潮』, 『河南』 등에 쓰는 과학사나 진화론의 해설을 집어치우고 문학 서적을 번역한 것은 희랍의 독립운동을 원조한 '빠이론'과 波蘭의 復讐詩人 '아담·미케빗치', '항가리'의 애국시인 '베트피 산더-', '필립핀'의 문인으로 서반아 정부에 사형 받은 '리샬' 등의 작품이였다.
　　그리고 이것은 노신의 문학 行程에 있어서 가장 초기에 속하는 것이지마는 이러한 번역까지라도 그의 일정한 목적, 즉 정치적 목적 밑에 수행된 것을 엿볼 수 있는 것이며, 우에 말한 「광인일기」의

"어린이를 구하자"는 말도 순결한 청년들에 의하야 새로운 중국을 건설하자는 그의 이상을 단적으로 고백한 것으로서 이 말은 당시 일반 청년들에게 무거운 책임감을 깨닫게 한 것은 물론 이래 기천 년 동안의 봉건사회로부터 청년을 해방하랴는 슬로-간으로 널리 쓰여졌고 사실 그 뒤의 중국 청년학생들은 모든 대중적 사회운동의 최전선에서 활발과감한 지도와 조직을 하였으며, 그 유명한 5·4 운동이나 五洲운동이나 국민혁명까지도 늘 최전선에 서서 대중을 지도한 것은 이들 청년학생이었다.

그러므로 노신에 있어서는 예술은 정치의 노예가 아닐 뿐 아니라 적어도 예술이 정치의 선구자인 동시에 혼동도 분립도 아닌, 즉 우수한 작품, 진보적인 작품을 산출하는 데만 문호 노신의 위치는 높어갔고, 아Q도 여기서 비로소 탄생하였으며, 일세의 비평가들도 감히 그에게는 함부로 머리를 들지 못하였다.

그러나 여기에 한 가지 좋은 예가 있다. 1928년경 武漢을 쫓겨와서 상해에서 太陽社를 조직한 청년 비평가 錢杏村이 때마츰 푸로문학론이 드셀 때인만큼 노신을 대담하게 공격을 시작해 보았다. 그 所論에 의하면, 노신의 작품은 비계급적이다, 아Q에게 어데 계급성이 있느냐는 것이다.

물론 그것은 정당한 말이다. 노신의 작품에서 우리는 눈 닦고 보아도 푸로레타리아적 특성은 조금도 볼 수가 없는 것은 사실이다.

그러나 우리가 한 사람의 작품을 비평할 때는 그 시대적 배경을 고려하지 않을 수 없는 것이니, 노신이 작가로 활동을 하고 있을 때는 중국에는 오늘날 우리가 정의를 나릴 수 있는 푸로레타리아는 없을 뿐 아니라, 그때쯤은 뿌르조아 민주주의적인 정치사조조차도 아즉 界線이 분명하지 못하였다는 것은 뿌르조아 혁명이라는 소위 국민혁명도 정직하게 말하자면 5・4 운동을 전초전으로 한 것인만큼 여기서 역시 중국의 비평가인 丙申은 자미있는 말을 하고 있다.

    그가 현재 중국 좌익 작가 연맹을 지지하고 있다 해서 그의 '五四' 전후의 작품을 푸로 문학이라고 지목할 것은 아니다. 그러나 그를 우수한 농민작가라고 하는 것은 타당타고―

그렇다. 이 말은 어느 정도까지 정당에 가까운 말로써 그를 푸로 작가가 아니고 농민작가라고 해서 작가 노신의 명예를 더럽힐 조건은 되지 못하는 것이다. 다만 문제는 그가 얼마나 창작에 있어서 진실하게 명확하게 묘사하는 태도를 가지는가 그의 한 말을 써 보기로 하자.

    ―현재 좌익 작가는 훌륭한 자신들의 문학을 쓸 수 있을까? 생각컨대 이것은 매우 곤란하다. 현재의 이런 부류의 작가들은 모다 '인텔리'다. 그들은 현실의 진실한 情形은 쓰려고 해도 용이치 않다. 어떤 사람이 일즉 이런 문제를 제출한 적이 있었다. "작가가 묘사하는 것은 반드시 자기가 경험한 것이라야만 될 것인가?" 그러나 그는 스스로 답하기를 "반드시 안 그래도 좋다. 왜 그러냐 하면 그들은 잘 推察할 수가 있으므로 절도하는 장면을 묘사하랴면 작가는 반드시 자신이 절도질 할 필요도 없고, 간통하는 장면을 묘사할 필요를 느낄 때 작가 자신이 간통할 필요도

없다"고. 그러나 나는 생각한다. 그것은 작가가 구사회 속에서 생장해서 사회의 모든 일을 잘 알고 그 사회의 인간들에게 익숙해져서 있는 때문에 推察이 되는 것이다. 그러나 종래 아무런 관계도 없는 새 사회의 정형과 인물에 대해서는 작가가 무능하다면 아마 그릇된 묘사를 할 것이다. 그러므로 푸로 문학가는 반드시 참된 현실과 생명을 같이하고 혹은 보다 깊이 현실의 맥박을 감수하지 않으면 안 된다고 하면서 또다시 말을 계속하는 것이다.

그러나 구사회를 조그만치 공격하는 작품일지라도 만약 그 결점을 분명히 모르고 그 病根을 투철히 파악치 못하면 그것은 유해할 뿐이다. 애석한 일이나마 현대의 푸로 작가들은 비평가까지도 왕왕 그것을 못한다. 혹 사회를 正視해서 그 진상을 알려고도 않고, 그 중에는 상대자라고 생각하는 편의 실정도 알려고 하지 않는다.

비근한 예로는 얼마 전 모 지상에 중국 문학계를 비평한 문장을 한 편 보았는데, 중국 문학계를 3파로 나눠서 먼저 창조파를 들어 푸로派라 하야 매우 상세하게 논급하고, 다음 語絲社를 小뿌르派라고 조그만치 말한 후 新月社를 뿌로문학파라 해서 겨우 붓을 대다가 만 젊은 비평가가 있었다. 이것은 젊은 기질의 상대자라고 생각는 파에 대해서는 무엇 세밀하게 考究할 필요가 없다는 뜻을 표명한 것이다. 물론 우리는 서적을 볼 때 상대자의 것을 보는 것은 同派의 것을 보는 안심과 유쾌와 유익한 데 미치지 못하는 것은 사실이다. 그러나 만약 일개 전투자라면, 나는 생각건대 현실과 상대자를 이해하는 편의상 보다 많은 당면의 상대자에 대한 해부를 필요로 하지 않으면 안 될 것이다. 옛것을 분명히 알고 새로운 것에 看到하고 과거를 了解하야 장래를 추단하는 데서만 우리들의 문학적 발전은 희망이 있다. 생각건대 이것만은 현재와 같은 환경에 있는 작가들은 부단히 노력할 것이고, 그래야만 참된 작품이 나오는 것이다.

라고. 이 간단한 몇 마디 말이 문호 노신의 창작에 대한 '모랄'인 것이다. 얼마나 우리의 뼈에 사무치고도 남을 만한 시사인고! 이러해서 현대 중국문단의 父이며 비평가의 비평으로서 자타가 그 지위를 함께 긍정하든 그의 작가로서의 생애는 너무나 짧은 것이었으니, 1926년 3월 「離婚」이란 작품을 최후로 남긴 그는 교수로서 작가로서의 화려한 생애는 종언을 고하지 않으면 안 될 때가 왔다. 그는 지금부터 "손으로 쓰기보다는 발로 달아나기가 더 바빴다."

1926년 北洋군벌을 배경으로 한 安福派의 수령 段祺瑞의 정부는 급진적인 좌파의 교수와 우수한 지식분자 50여 명 체포령을 나렸다. 우리 노신은 이 50명 중의 한 사람이었다. 그것은 1924년 국민당의 聯俄容共策이 결정되야 그 익년 가을 '뽀로딘' 등이 고문으로 광동에 오고, '전국민적 공동전선'이었던 국민혁명의 제1단계인 광동 시기에는 푸로레타리아의 동맹자는 농민·도시 빈민·小뿌로 지식계급·국민적 뿌르조아지였다.

그래서 급진 교수들은 교육부 총장·군벌 정부를 육박하였으며 이러한 신흥세력에게 낭패와 공포를 느낀 군벌 정부는 이러한 교수들과 학생들에게 체포령을 나리고 학생들의 행렬은 정부 위병들의 발포로 인하야 남녀 수백여 명의 사상자가 났다. 그때 노신은 북경 東交民巷의 공사관 구역의 외국인 병원이나 공장 안으로 돌아다니며 찬물로 기아를 참아 가면서도 신문과 잡지에 기고를 하야 군벌

정부를 맹렬히 공격하였다. 그 중에도 「國民以來 最暗黑日에 誌」하였다는 명문은 段祺瑞로 하여금 의자에 나려앉게 되었다.

 붓으로 쓴 헛소리는 피로 쓴 사실을 瞞着하지 못한다. -중략- 붓으로 쓴 것이 무슨 힘이 있으랴. 실탄을 쏘는 것은 오직 청년의 피다.

(續華蓋集)

 오늘날까지 중국문단의 '막심 고리키'이든 그는 지금부터는 문화의 전사로서 '앙리 발뷰스'보다 비장한 생애가 시작되는 것이였다.
 그의 말과같이 최암흑한 50일이 지나고 그는 북경을 탈출했다. 夏門大學에 초청을 받아 갔으나 대학 기업가의 음흉 수단인 것을 안 그는 광동 中山大學으로 갔다. 그러나 1926년 4월 15일 蔣介石의 쿠-데타는 광동 一省만 노동자·농민·급진 지식분자 3천여 명을 검거하였으며, 한때는 '혁명의 전사'라고 간판을 지닌 노신도 상해로 달아나야만 되었다. 여기서 우리가 다시 한번 그에게 흥미보다는 최대의 경의를 갖게 되는 것은 다음의 일문이다.

 나의 일종 망상은 깨어졌다. 나는 지금까지 때때로 낙관을 가졌었다. 청년을 압박하고—하는 것은 대개 노인이다. 이들 老物들이 다 죽어지면 중국은 보담더 생기 있는 것이 되리라고. 그러나 지금의 나는 그렇지 않은 것을 알았다. 청년을—하는 것은 대개는 청년인 듯하다. 또 달리 再造할 수 없는 생명과 청춘에 대해서 한층 더 애낌이 없이… …(「而己集」)

이 글은 그가 침묵하고 있는 것을 '공포' 때문이라고 조소한 사람에게 답한 통신문의 일절로서, 이때까지 진화론자이든 그 자신의 사상적 입장을 揚棄하고 새로운 성장의 일단계로 보인 것이라고 해석해도 틀리지 않을 것이다.

그가 상해에 왔을 때는 국민당의 쿠데타로 혁명군에게 쫓겨 온 젊은 푸로 문학자가 많았다. '혁명 문학론'이 囂囂히 불러지고 실제 정치 행동의 전선을 떠난 그들은 총칼 대신에 펜을 잡았다. 원기왕성하게 실제 工作의 경험에서 매우 견실한 것도 있었으나, 때로는 자부적인 영웅주의가 화를 끼치고——에 실패한 憤瞞과 극좌적인 기회주의자들은 노신을 공격했다. 그러나 그는 푸로 문학이란 어떤 것인가, 또는 어찌 해야 될 것인가를 알리기 위하야 아버지 같은 애무로써 '푸레하노프' '루나찰스키—'들의 문학론과 '싸벳트'의 문예정책을 번역 소개하야 중국 푸로 문학을 건설하고 있는 동안에 "노신을 타도치 않으면 중국에 푸로 문학은 생기지 못한다"든 문학 소아병자들은 그 자신들이 먼저 넘어지고, 이제 그가 마자 가고 말었다.

이 위대한 중국 문학가의 靈 앞에 고요히 머리를 숙이면서 나의 개인적으로 곤란한 惰形에 의하야 문호 노신의 윤곽을 뚜렷이 그리지 못함을 慚愧히 알며 붓을 놓기로 한다.—了—

『조선일보』, 1936년 10월 23 · 24 · 25 · 27일

自己深化의 길
– 崑崗의 『輓歌』를 읽고 –

영원한 슬픔! 이것은 모든 사람에게 부여된 과제이었다. 세대가 바꾸이면 바꾸일수록 모든 인간성은 서러운 祭響의 奠物로 바쳤었다. 우리의 온갖 자랑과 동경과 미지의 나라가 새로운 세대의 폭풍 속에 쓰러지기를 마치 한 개의 별빛도 비쳐보지 못하고 떨어진 들국화에 맺힌 이슬과도 같앴다. 그것이 아무리 애처로운 사실이라고 해도 이것이 정영한 참일 때는 누구나 반항할 수는 없었다.

그러나 여기에 우리 시인 崑崗은 값싼 눈물을 흘리고만 있을 수는 없었다. 그래서 그는 '대지'를 노래했다. 봄을 불러도 보고 꽃을 피워도 보고, 때로는 "바다여 젊은이의 의지여!"라고 아우성도 쳐보았다. 그 뒤 1년이 지나고 그의 제2의 시집으로 『輓歌』를 세상에 내놓은 작자가 그 覺書 속에 "시집 『만가』는 나의 詩的 路程에 있어 제2기에 속하고 旣刊 『대지』 이후의 작품이라고 말하고 또 나의 생활호흡의 기록이라고" 말하고 있다. 고운 책이라 첫 장을 제쳐 보면 "산노래를 읆게 해 준 그의 가슴 속에 병든 이 노래의 꽃씨를 심그노라" 이 두 연의 序詞가 내 눈을 全篇으로 끌고 간다.

    코끼리처름 느린 거름으로
    무거운 게으름에 업눌리어
    삶의 벌판을 엉금엉금 기어가다가
    氷點의 정수배기우에
    얼어부튼 몸둥아리다!
    봄바람은 어대로 갓느냐?
    꿈만흔 내넉두리를 불어일으킬
    새벽녘 건들바람이 잠자는 배를 먼
    하늘밋 바다우로 몰아치듯―

    오!
    쓰면서도 달고
    달면서도 쓴
    삶의 술잔아!

    얼어부튼 地域의
    야윈 形骸우에
    마지막으로 부어줄 毒酒는업느니?

이런 노래를 불러놓고 그는 지금 "올 사람도 없고 기다릴 사람도 없는 바다 속 같은 방 안 테 없는 거울 그 속에 비친 얼골을 뚫어지라 쏘아보고" 있다. 그러므로 이 시는 사상 그것이 아니라도 죄 될 것이 없고 기교가 모자란다면 차차로 배울 수가 있지 않은가. 崑崗은 '대지'의 아들로서도 '대지'의 아버지가 되였을 때보다는 '만가'를 부르는 데서 밑천이 좀 늘었을 뿐 아니라 테 없는 거울에 비친 제 얼굴을 뚫어지라고 쏘아보며 자기 자신에 잔혹해 가는 거둥이 내 눈에 비치면 눈물조차 날 듯하다. 더구나 밥도 되지 않는 이 詩를 쓴다고 '하루' 동안 "얽매여 쪼들인 육체가 또 한번 팽이처럼 빙빙- 돌다가 톡- 쓰러지는" 이 사람을 누가 진정으로 달래줄 사람은 없나? 이 주제넘지 못한 사람을!

(頒價 2圓 판매소 京城府齊洞町 東光堂書店 振替京城 1622)

『朝鮮日報』, 1938년 8월 23일

映畵에 대한 文化的 囑望

오늘날 우리가 말하고 있는 문화란 것은 역사적으로는 우리의 선대로부터 계승하야 온 것이며 지리적으로는 지구의 表裏를 물론하고 선진사회로부터 흡수하여 온 것이다.

그런데 이것을 계승 또는 흡수하는 데는 우리는 그 수단으로써 활자의 힘만을 전적으로 신뢰하여 왔다. 그래서 현재의 우리의 지식이란 건 실로 이 활자의 문화적 위치와 正比例의 것이였다. 하지마는 금후로는 文化的 重任을 이 활자에 獨擔을 요구하지는 못할 것이란 것은 벌써 우리가 알고 있는 정도에서도 '필림 라이브러리' 같은 것이 얼마나 생겼다든지 이런 것은 말하지 않는다 해도 오늘날의 영화라는 것은 대중오락의 왕좌를 차지하였을 뿐만 아니라 그중에는 幾多의 예술이 나왔으며 보는 그대로가 우리의 지식이였다는 사실만은 누구나 부정하진 못하리라.

×   ×   ×

　이러한 기운이 장성하는 餘蔭으로 조선에서도 이 방면에 선각한 인사들이 혹은 영화 제작소나 또 회사같은 기관을 만들어 연내에 많은 공력을 들여 온 것은 실로 감사도 하려니와 앞으로도 더욱 정진이 있기를 바라는 바이지마는, 우리가 여기에 한 가지 더 요구하고자 하는 바는 그들의 영화에 대한 문화적 임무의 수행이다.
　우리들이 말로는 쉽게 문화 문화 하지마는 영화를 제작한다는 사실이 곧 문화란 것은 아니다. 훨씬 고급의 문화란 것은 보담더 '문화적'인 작품을 창조하는 데 있는 것이다. 그런데 여기 있어서는 저 각기 보는 바에 따라 이론이 분분하다. 어떤 자는 푸로주-써의 제도를 완성하라고 하고 어떤 자는 씨나리오·라이터의 출현을 대망하고 있는 것이 작년 1년간의 대표적인 이론의 주조인 동시에 다소는 실천에 들어선 경향도 없지는 않는 것이나 이것도 한번 새로운 검토가 있어야 할 것이라는 것은 이 푸로주-써의 제도를 확립키 위해서는 영화 자본의 고도한 조직이 필요한 것이며, 고도의 영화 자본을 필요로 하는 데는 배급 시장을 확대 강화하지 못하고는 가망할 수 없는 것이니, 이렇게 되자면 외국 시장에의 수출이란 것도 고려하지 않으면 안 될 것이나, 문제가 너무 浩瀚해지므로 훨씬 그 초점을 줄여 말하자면 조선에서 영화 자본을 그나마 조직화한 곳은 위선 朝鮮映畵株式會社가 있고 그 회사에서 작품으로 두 개째 제작 중이라고 하나 유감으로는 이 원고를 쓰는 때까지는 개봉이 되지 않았으니 말할 만한 재료도 되지 않으므로 다음 기회에 미루거니와, 다음 씨나리오 작가는 아니라도 天一映畫에서 극작가 柳씨의 「圖生錄」을 영화화한 것은 그 결과의 成不成은 고사하고 영화가 문단과 교섭을 가져 보려 한 첫 단계인 줄로 보아서 한 가지 의의가 있었다고 치드래도 그 의의란 마츰내 의의대로만 마쳤다.

    ×   ×   ×

 그러면 또 各社의 제작 태도는 어떠한가. 朝映에서는 앞에 말한 바와 같이 한 개도 개봉을 않았으니 미지수에 속하기는 하지마는 「無情」을 영화로 만드는 데는 기획자로는 영리상 관계에서 한 개의 긍지일지 모르나 화면은 보증할 만한 것을 지금 갖지 못했으며 고려영화사에서 〈福地萬里〉를 촬영중이라 완성은 시일이 남았으니 다음에 보아야 알겠지마는 滿映과 공동기획이란 말이 있는데 그렇다면 이 영화는 무엇을 말하여 줄 것인가를 전연 모를 바는 아니다. 그렇드래도 영화가 영화로서 성공을 한다면 그 기획과 그 연출을 촉망해 두어도 조선영화를 키우자는 마음으로 후일을 기다려 볼 것이며, 天一은 말한 바와 같이 「圖生錄」은 그러했고 「國境」을 문예작품이라고 선전을 하는데 그도 성과는 알 수가 없다. 다음으로 極光이 〈漁火〉를 내인 후로 그 조직을 주식회사로 변경을 한다고 활동중인 모양인데, 제2회 작품이 어떤 게 나올지 모르나 〈漢江〉 그것은 同 映畫社를 사랑하는 마음으로라도 상승이라고는 할 수가 없었다. 그 외 반도·한양 등 각사가 모두 제작에 있으므로 다 말하지 못함은 유감이나 다음 몇 작품이라도 내놓은 후에라야 알 것이다.

×　　　　　×　　　　　×

　한말로 말하자면 조선영화란 아즉 나이가 어리다고 하겠지마는 그래도 벌써 十餘星霜을 두고 그 길에 일한 분들이 정신적으로나 물질적으로나 희생을 거듭해 온 결과라, 현상보다는 좀더 진전이 있어야 할 것이언만 현재의 범위를 猝然히 벗어나지 못함은 자본의 빈곤이나 기술의 未練이나보다도 두뇌의 편협에 기인하는 바도 적지 않으리라. 물론 무대 우에서나 캬메라 앞에서 십 년 가까운 세월들을 보낸 분들도 있으니까 개인으로는 한 가지 자랑도 되겠지마는, 한 개의 위대한 예술품을 창조하는 데는 그까짓 건 아무것도 아니란 것은 10년 동안 무대에 자라난 우리의 「로파-드·도-낱」을 아즉 한 사람도 찾어내지 못한 것이다. 그것은 제 자신을 아는 데서만, 다시 말하면 제 전통을 아는 데서만 기술가는 기술가대로, 연출가는 연출가대로, 출연가는 출연가대로 제각기 무게 있고 값비싼 스타일을 화면에 나타낼 수 있을 것이다. 騎士와 사무라이와 선비들은 걸음걸이조차 제 모습이 다 달랐다. 돈은 돈이고 기술은 기술이지 만 가지 돈에 천 가지 기술을 가해도 결국 예술은 산출되지 않는 것이다. 문화를 사랑하는 양심적인 企劃家와 숙련한 기술자, 斯道에 정진한 분들이라도 좀더 널리 안목을 들어 문화 전반에 亘하야 良知의 人士들을 구해서 그 지식 전체를 종합하고 처리할 만한 창조적 정신과 수법을 가져야 비로소 조선영화가 영화로서 완성될 것이며 문화로서의 사명도 수행할 것이다. 물론 이 외에도 영화 이론의 전반에 亘해서 또는 씨나리오는 씨나리오대로 감독론·배우론 등등 될 수만 있으면 졸렬하나마 한번 언급코저 했으나 지정된 지면도 다하였기에 다음 기회에 미루고 끄치기로 한다.

『批判』, 1939년 2월

藝術形式의 變遷과 映畵의 集團性
– '씨나리오' 문학의 특징

'씨나리오'를 우리들이 남다른 관심을 가지고 생각해 온 것은 하루이틀에 시작된 것이 아니다. 물론 씨나리오라면 '스크린'에 映寫될 영화의 대본이므로('컨틔뉴의틔'와는 다르다) 영화를 촬영한다는 현실적 조건의 제약을 받아 왔든 조선에서 '씨나리오'를 연구한다는 것은, 마치 건축을 할 힘이 없는 설계도를 꾸미는 것과 같으므로 모다 자중하여 외부에 발표하지 않었을 뿐이나, 요즘같이 영화 회사나 혹은 개인의 제작소가 자꾸 생겨지는 현상에는 이 문제도 당연히 토의되여야 할 것이며, 그렇지 않어도 '씨나리오'가 연극에서의 희극이나 음악에서의 악보의 위치를 차지한다는 데는 위선 이론이 없으려니와, 남은 문제는 예술적 짠르로서 형식을 운운하는 사람이 있다고 하드래도 그것은 무엇보다 먼저 우수한 작품을 생산하면 스사로 해결될 문제이며, 일부 인사들이 백안시하는 경향이 있다고 하드래도 역사란 항상 앞서가는 자만이 짓는 것이며, 이것은 예술사회에 있어서도 또한 같은 것이다.

그러면 여기에서 '씨나리오'의 문학적 특징을 말하기 위하야 영화에 대한 형식의 변천과정을 먼저 말할 필요가 있다. 영화에 있어서도 표현형식은 소설과같이 처음은 설화체로부터 시작되었다. 그래서 점차 推移해 온 것은 특히 최근의 예술 '짠르' 전체를 통해서 표현되어 있다. 즉 다시 말하면 모든 예술부문이 기록적 형식을 취하고 있다는 데 주의하지 않으면 안 된다. 19세기의 尨大한 소설문학의 가치도 결국 一言으로 말한다면 그것이 인간생활의 진실한 기록이였든 때문이 아니든가.

처음부터 소설은 '픽손'에서 발달해 왔고 또 장래에도 소설은 설화형식을 아주 저버리지는 못할 것이다. 그러나 근대 소설문학의 역사는 차라리 이 설화체에 대한 반항일는지도 모른다는 것은 오늘날 우리가 한 말로 근대소설이라고 하드래도 그 중에서 두 개의 방법을 看取할 수 있었으니, 그 한 개의 방법은 '性格'에, 또 한 개의 방법은 '行動'에 이렇게 제각기 다른 길을 걸어갔다. 그렇게 하야 후자의 '악손' 소설은 필연적으로 소설 본래의 영토인 설화형식에서 현재의 대중소설로 발전하는 一方에 '캬락타' 소설은 인간의 개성을 내면으로 관찰하면서 심리소설로 향해 갔으니, 불란서에 있어서 '룻소-'의 『참회록』이 근세문학에 개인주의 문학의 기초인 자아란 것을 발전시키면서 소설은 점점 자서전적 고백으로 접근했다. 그러나 또 다른 한 개의 중요한 사실은 자연주의 '레알리즘'의 발생이다. 이것이 이때까지의 모든 '로-맨스'를 파괴하면서 현실에 충실한 기록으로 소설을 변모시키고 말었다.

　이때에 소설문학이 기록적 경향을 취하면서 특정한 개인의 생애를 기록한 것은 무리가 아니였다. 개인주의 사상의 발달에 따라서 부인의 해방운동이 이 시기에 절규되든 때인만큼 여성의 운명이 주요한 '테-마'로 된 것은 주의할 사실인 동시에 『보바리 부인』이나 『여자의 일생』이 창작되였고 사회소설의 선구자인 '조라'까지도 생물학적 진화론의 영향을 받아 一家의 몇 대에 亘한 운명을 '테-마'로 취급한 것은 말할 필요도 없이, 우리는 문학이 시간적인 역사가 취급된다는 것을 알 수가 있다. 그러면 영화에서는 어떠한가? 영화는 그 자신의 시간적 제약 때문에 불가능한 것이다. 그러면 영화는 어떠한 점에서 '휴맨 또규멘트'일 수 있느냐.

　그것은 두말 할 것이 없이 영화에 있어서는 개인의 운명보다는 집단의 운명이 주요한 '테마'인 것이다. 수직적으로 역사를 말하는 대신 水平線的으로 지리를 말하고 개인을 묘사하는 대신에 집단을 묘사하는 것이다. 그리하여 그 집단의 심리와 성격과 운명이 描出되어야 한다. 그 한 개의 적절한 예로서 영화 〈아랑〉을 본 사람이면 종래의 극이나 소설에서 보지 못하든 새로운 문학을 느끼지는 않었을까? '아랑'島를 휩쓸어 오는 豪壯한 파도! 바위 사이에 씨를 뿌리는 주민들! 이것을 단순한 '엑소틔슴'으로만 볼 수는 없는 것이다. 그것은 인간생활의 '레알리틔'를 조그만한 과장도 없이 보여준 것밖에 무엇이였든가!

　그러면 문학 하는 사람이 片時라도 잃지 못할 인간생활의 '레알리틔'를 '발작크'에서 다시 한번 검토하여 보자.

'발작크'의 그 유명한 '쌰뮤엘' 지방의 풍물묘사를 생각만 하여도 넉넉하다. 한 사람의 얼골을 그려내기 위하야 수십 행을 써나리고 '싸롱'의 내부 하나를 그리기 위해서 3, 4 '페-지'를 허비한 것은 완전히 기록인 것이다. 그래서 붓끝은 차차로 對物 '렌스'가 할 일까지 다하였고, 자연주의의 묘사란 것은 붓끝에 의한 사진이 되었다. 그래기 때문에는 책상 우에 떨어진 머리칼 한 개나 사람의 콧등에 솟은 사마구의 빛까지 그리려고 고심을 한 것이다. 지금 와서 본다면 그것은 보고기록이 사무적으로 요구하는 정확에의 노력이였을지도 모른다. 그리고 그 노력은 설화의 흥미와는 별개로 생겨진 것인 때문에 설화의 전개보다도 상상이 사실과같이 정확하게 기록된다는 데 목적이 옮겨졌다.

이럴 때에 우리가 보고 있는 것은 문필이란 수공업적 형식에 의한 사진인 것이다. 내계와 외계를 그냥 그대로 묘사하여 내려는 표현수법은 그것이 넉넉히 존재할 수 있든 그 사회의 생산과학의 방법에 의해서만 가능하였든 것이다. 그리고 그 표현의 원리가 사진을 목표로 했을 때 그 원리를 규정한 과학은 사진을 부여하였고 따라서 사진은 자연주의의 원리의 가장 간단한 구체화이였다.

사진의 발명에 따라 외계의 묘사에 관한 한 문필적인 수단에 의한 그 수공업적인 기록의 단계를 관통할 수가 있었고, 사진은 자연주의의 소설이 그 설화 속에서 가지고 나온 표현원리를 경공업적으로까지 해결하였다.

이렇게 과학적 기술이 자연주의의(혹은 회화까지도) 노력을 간단히 해결한 다음에 소설과 회화는 벌써 외계의 정밀한 모사만으로는 안 되게 되었다. 그래서 어느 점에서는 사진에서 영화에의 그 과학기술적인 자연주의의 원리에 반대까지도 해보았다. 이런 반대의식이 '조라'나 '세잔느'의 뒤에까지 성장해 갔을 때는 마츰 19세기의 화려하든 자유주의가 종언을 고하든 때였다. 과학은 융융한 발달을 하였으나 그것은 외계를 옛날과같이 지배하지는 못하였다. 그래서 大戰이 일어났을 때는 과학은 아주 딴 의미에서 존재하였다. 한때는 19세기 구라파의 생산력을 그만치 팽창시켰건만 다음은 20세기 구라파를 완전히 황무지로 만들었다. 이런 크다란 변화 우에서 자연주의는 一方에서 사진이나 영화에 의한 너무나 간단한 외계모사의 발달로 말미암아 자신의 영지를 빼앗기고, 他方에서는 외계의 관찰기록이라는 과학적 자신까지 상실하기 시작했다. 과학적 자신을 잃은 자연주의는 戰前戰後에 亘하야 가장 혼란한 예술운동을 통해서 고찰해 보는 것도 자미로운 것이다. 초현실주의나 표현주의의 앞에는 외계는 옛날 그대로의 매력을 잃었을 뿐 아니라 점점 灰色의 세계로 몰락하고 말았다. 그럴 때 대물 '렌스'는 세계의 곳곳마다, 그 촉수를 뻗치면서 인간을 질식케 하는 砲煙彈雨中에도 극히 냉정하게 관찰과 모사를 계속하면서 그 발밑에서 자연주의의 소설과 회화와 무대극 등이 전면적으로 해체하는 것을 보았다. 이것은 과연 자연주의만의 해체이였을까. 지금에 그때를 회고하면 그것은 예술의 수공업적 표현형식의 해체이였든 것은 틀림없는 사실이였다.

  영화가 단시간에 이만큼 대중화한 배후에는 다른 모든 예술수단도 변천하고 있든 것이다. 전부터 고도로 발달되여 있든 생산과학의 영향을 받아서 예술의 표현형식도 차츰차츰 기술공학적으로 되여졌다. 문학에 있어서도 이러한 변화는 벌써 현저한 것이니 현실적으로는 역시 大戰의 영향으로 지금까지의 예술형식 우에 변화가 온 것이다. 이렇게 하야 소설에 미치는 형식상의 변화와 전후의 영화예술의 급격한 발달과는 밀접한 관계를 가지고 있는 것이다. 문학이 전쟁 속에서 상상적인 설화형식을 버렸을 때 영화 속에서는 전쟁의 묘사에 반한 일종의 '메로 뜨라마'가 늘 성장하고 있었으니 이곳에서 처음 '씨나리오' 문학은 다양한 첫길을 떠났다.

大戰은 모든 지식을 기술가적이고 조직적인 것으로 만들었다. 전쟁에 의한 지식층의 理工的 訓練이 곧 예술의 형식에까지 반영한 것은 고이할 게 없거니와, 이러한 세례를 받고 난 자유주의의 소설은 그 수공업적 난관이 부정되였다는 것은 과학정신에서 출발한 자연주의가 바라고 있든 극점에 온 것이다. 新卽物主義에 통한 보고 기록의 형식은 자연주의의 揚棄라고 생각하는 까닭이다. 벌써 상상에서 설화형식을 끌어내는 케케묵은 작법은 완전히 매력을 잃었다. 전쟁은 이 점에서도 강력이였다는 것은, 사실이란 것은 항상 인간의 상상을 초월해서 殺到함으로써다. 다시 말하면 전쟁과 같은 强度의 현실은 어떠한 공상적인 서술보다도 차라리 설화체일 수가 있는 까닭이다.

이때에 있어서같이 현재란 것이 귀중할 때는 없었다. '레맑크'나 '렌' 등의 소설 가운데는 이 때문에 묘사가 不知中 현재의 연속으로 돼 있지 않는가? 그 가장 '현실'적인 장면에 사실의 쇄도를 감당하지 못할 만큼 현재의 쇄도하는 연속이 있을 뿐이다. 이렇게 하야 전쟁소설에서 뜻밖에도 보고기록의 형식이 생겼다는 것은 어데로 보든지 필연적이였으며, 그곳에는 개성의 성격보다 집단의 운명이 그려지고 한 사람의 심리보다는 군중의 相貌가 표현되어서 그것은 완전히 서사시를 방불케 한 신경지는 '씨나리오'의 장래를 암시한 것이지마는, 소설이 문학을 사실의 시간적인 기복에 종속시키려 할 때 여기서 나온 것은 영화와 흡사한 新卽物的인 행위이였다. 그것은 극히 시각적이며 청각적이였다. 오늘의 영화에서 심리적 묘사를 결했다고 하는 문화인의 대다수는 문학 속에서 벌써 개성의 서술적 형식이 여하히 변천되어 가는가를 자각하지 못한 것뿐이다. 그나마 영화의 심리묘사를 19세기의 자연주의 소설의 예에 비하는 것은 시대 착오도 심한 것이다.

여기서 우리는 영국시인 'C. D. 루이스'의 자미로운 말을 들어 보자.

위대한 문학이란 것은 항상 '레알리틔'를 서사시의 '핏취'에까지 끌어 올리는 것입니다.(중략) 장래에 있어서 서사시는 아마도 인간과 자연과의 사이에 일어나는 투쟁을 보담더 명확하게 묘사해 낼 것이겠지요. 말하자면 〈地上〉이나 〈털키십〉같은 위대한 영화를 보신 분들은 영화는 이 이상의 아무것도 손을 대일 데가 없으리라고도 생각하겠지요. 그렇게 되면 소설이 앞으로 백 년이나 혹은 그 이상 생명을 보장하리라고는 조금 더 생각해 볼 문제입니다.

이것은 결국 자서전 내지는 성격소설에서 출발한 근대문학이 도달한 결과는 현대문명의 모든 錯雜相이 일개인의 내부에 철저적으로 침투되야 분석되고 비판된 결과 개성적인 아무것도 남김이 없이 전인간성적 문제, 다시 말하면 서사시에까지 발전되여 온 것이란 견해는 정당한 것이다.

그러면 서사시와 소설에는 어떠한 구별이 있어야 하느냐 하면, 그것은 물론 후자가 얻은 특정한 개인을 추구하고 개성을 묘사하는 데 반해서 전자는 집단적인 제재를 취급하는 데 특징이 있는 것이다. 이에 문예대사전의 기록을 잠깐 빌어보면

> 서사문학은 무엇보다도 먼저 비개성적 문학인 것이다. 그것은 서정시나 성격소설이나 성격극같이 개성을 중심으로 하는 일 없이 집단·민족·국민·계급을 중심으로 하고, 개인의 의식이 아니고 집단의 의식에 따라서 관통된다. 서사문학은 그 때문에 그 내용은 보담 위대한 문학이고 個物이 아니고 전체에 속하며, 고립이나 분열이 아니고 종합에 향한다. 그래서 서사문학의 동기 혹은 흥미는 개인의 슬픔이나 기쁨이 아니고 집단의 운명이며, 이것을 지배하는 것은 개인의식이 아니고 집단의식인 때문에 서사문학은 개성 속에 몰입하거나 탐닉하는 일이 없이 가장 건전한 嗜慾으로써 외계의 집단생활에로 나아간다. 즉 그것은 내면적인 혹은 내향적인 문학이 아니고 외면적 혹은 외향적인 문학인 것이다 운운.

이 설명은 그 자체가 최근의 우수한 영화에 적용되지 않는가. 이러한 집단 전체가 힘을 합하야 건설적인 목적을 향해서 투쟁하는 서사시적 '테-마'가 영화에서 발전하였다는 것은 당연한 일인 동시에 이러한 영화의 기록적 성질이나 서사시적인 표현기술은 최근 각

국의 영화에서 현저하게 볼 수가 있게 되었다. 바로 얼마 전에 우리가 본 영화 〈大地〉 같은 것은 가장 적절한 예의 한 개다.

'팔·박크'의 소설 『대지』는 말할 것도 없이 '阿蘭'이란 一女性이 주요한 '테-마'로 되여 있는 것이고 영화 〈대지〉는 그것을 각색 촬영한 것이지마는 '아란'의 운명을 그려내는 데 있어서는 소설 같은 것은 이 영화에 멀리 미치지도 못하는 것이다. 王龍의 일가가 부침하는 그 운명은 소설에 있어서는 결국 소설적 내용인 것이었고, 영화에와같이 울어지지는 않는 것이였다. 나 자신이 다년간 중국에 있으면서 흉년도 보았고 약탈도 보았지마는 울지는 않었다. 물론 중국에는 4억만의 민중 속에 그 반수가 왕룡이라면 나머지 반수가 아란이다. 그리고 모다 그 동양적, 아니 중국적인 忍從의 운명에 얼매여 어쩔 수 없이 살어 있는 것이다. 그리고 '스크린'을 통하야 내 머리에 들어온 '아란'의 기억은 내 終生에 사러지지 않을 것만 같다.

그런데 영화 〈대지〉에 있어서 가장 생생한 '레알리틔'를 느끼게 한 장면은 무엇보다도 기근의 大群이 기차를 향하야 쇄도하는 장면과 약탈 때문에 군대가 內動하는 곳과 蝗虫의 대군이 글자 그대로 운하같이 襲來하는 곳이였다. 그런 장면에는 왕룡 일가의 운명보다도 중국 민중 전체의 운명이 놀랄 만한 '레알리틔'를 가지고 보는 사람들을 육박하는 것이다. 그 중에도 황충의 대군과 필사적으로 싸우고 있는 민중의 雄姿, 이러한 자연의 暴威와 싸우는 때에 개인 간의 사소한 감정적 쟁투 같은 것은 전체를 위하야 소멸되고 사람들은 모다 일치단합하야 당면의 적을 퇴치하는 것이다. 여기에 인간과 자연과 투쟁하는 장대한 서사시가 있고 영화예술의 기록적 우월성이 있는 것이다.

　그러면 여기서 다같이 중국을 '테-마'로 하야 『征服者』를 세상에 보내준 불란서의 작가 '앙드레 말로'의 말을 들어보는 것도 좋다.

　　소설가는 인간의 '심리적 숙명'을 창조했으나, 보고문학은 인간의 頭上에 더욱 무겁게 덮여쓰인 숙명을 폭로하고 정리하고 파악하지 않으면 안 된다.

고. 그는 「보고문학의 필요」에 이렇게 말했다. 그러나 이것은 말로 자신의 문학이 벌써 수행한 것이 아닌가. 영화예술에 있어서는 이 숙명과 死에 직면하야 투쟁하는 의지와 힘의 표현이 필요한 것이다. 그러기에 영화 〈아랑〉이나 〈대지〉 같은 것은 가장 대담하게 우리들을 힘찬 흥분으로 끄을고 가는 것은 자연과 생사의 일선에서 투쟁하는 인간의 생존 본능의 강렬한 표현 외에 다름이 없다.

　여기에 서사시가 가지는 건설적인 명랑성과 悠悠한 '꾀-테'의 「山上의 靜寂」보다도 '뜨라마틱'하고 긴장한 의지와 행동의 '리슴'이 표현된다. 그것은 한편으로는 현대와 같은 苛烈한 현상이 필연적으로 요구하는 것일지도 모르나, 여하간 영화의 본질이 여기에 가루놓여 있는 것은 틀림이 없다. 따라서 이러한 모든 점은 이상에 소개한 영화를 산출한 '씨나리오'가 문학적으로 수행한 것임을 알어두는 것은 한갓 斯道를 담당한 자만의 광영은 아니다.

　그러면 다시 여기 한번 언급해 둘 필요가 있는 것은 소설에 있어서의 작중의 인물과 독자와의 친밀관계는 이상에서 일단 자명되였다 하드래도 영화에 있어서는 어떠하냐. 이것은 말할 것도 없이 소설 이상으로 보는 사람들을 畵中의 인물과 접근시킨다. 이것은 내가 말하기 전에 '짠 에프스타'는 이렇게 말한다.

"고뇌는 손이 닿는 곳에 있다. 만약 내가 손을 버리면 內心이여 너는 나에게 만져질 수 있다. 나는 이 고뇌의 속눈썹을 헤아려보마. 그러면 나는 너의 눈물을 맛볼 수도 있다. 한때에 사람의 얼골이 내 얼골에 이다지도 가까이 와 본 적은 없었다."

고. 이때부터 화중의 인물과 객관과의 친밀관계는 시작되였다. 아무리 값싼 작품이라고 해도 우리가 일순간이라도 도취한 적이 있었다면 영화의 독특한 비밀은 뜻밖에도 이곳에 있는 것이다. 그리고 영화의 '레알리즘'의 魔兵도 여기에 잠복하고 있는 것이니 우리들의 이성과 판단을 마비시키는 감각적 표상이며 육체적인 압필도 된다. 그뿐 아니라 소설에서는 작중인물은 일종 상징적인 작용을 가지지 않은 영화에서는 특정한 이름을 가진 개인은 소멸되고 만다. 다만 그림 속에 사람과 접근하면 접근할수록 그것은 인간 일반에 환원되는 것이다. 그래서 우리들은 화중의 인물과 공간지각을 공유하게 되는 것이다. 미개인들에게 영화를 보이면 정면으로 돌진해 오는 물체를 피해서 달아난다고 한다. 그야 우리들 문화인도 기차가 정면으로 驀進해오면 그다지 좋은 기분을 갖지는 않는 것이다. 비행기의 날개에 '캬메라'를 장치하고 곡예비행을 하면 우리들은 비행사와 함께 현혹을 느끼기도 한다.

그러면 극과는 어떤 관계에 있느냐 하는 것도 생각해 볼 수가 있다. "극은 항상 인간의 의지의 투쟁을 주제로서 취급해 왔다"고 말한 '뿌륜체-르'의 이론은 너무도 유명하지마는 극에 있어서는 인간의 상극의 '모-멘트'가 어느 정도까지 높여가면 거기서는 그만 막이 나려지고 관객들은 모다 '스모킹 룸'으로 들어간다. 그러나 영화에서는 연극보다도 투쟁은 격렬하고 일층 심각하다. 그러한 예로는 '쟉크 페테'의 〈미모자館〉을 보자. 그곳에는 어머니가 아들을 때리는 장면이 있다. 매우 연극적이면서도 거기에 막은 나리지 안는다. 이뿐 아니라 '깽' 영화나 개인과 개인의 쟁투뿐 아니고 집단과 집단의 투쟁하는 장면, 장렬한 '스펙타-클'이 전개된다. 이러한 수없는 영화의 특성에 관한 기술은 무엇을 의미하는 것인가. 그것은 매우 본능적인 표현에 영화가 우수하면서도 소설보다 개인 개인에 접근하기 용이하고, 연극보다 집단적인 강력을 가지고 있는 영화의 형식적 특징을 말하려는 데 지나지 않는다. 그리고 이 형식적 특징은 인간 본능적인 '센세쇼낼리즘'에의 도취나 '파나치시즘'에로 구사할 가능성은 없는 것일까?

개인주의가 붕괴하고 집단이해가 대립 격화해 오면 이 영화적 특징은 흔히는 선전 매개체로서 유력하게 쓰여지는 때가 있으므로 교양 있는 사람의 일부에서는 영화의 예술성까지를 부정하는 경향도 있으나 그것은 아즉 외국의 얘기이고, 인간과 자연의 사이에 투쟁을 묘출하는 한 진실로 위대한 예술영화, 양심적인 영화를 제작하려는 데는 이런 것은 기우에 지나지 않는 것이며, 자연의 폭력 앞에서 전인류의 생존본능은 강력한 의지로 전화하야 '히로이슴'은 곧

'휴맨이슴'으로 승화하고 마는 것이다. 그리고 이 일은 가장 양심 있는 이 따의 젊은 '씨나리오' 작가의 출현을 기다려 완성될 것이며, 기성문예의 각색이나 '오리지낼 씨나리오'거나 무엇이나 관계없고 적어도 '씨나리오' 문학을 건설하는 데는 '씨나리오'라는 영화예술의 문학에의 접근이 아니고 문학의 '씨나리오'에의 접근이래야 하며 '씨나리오' 문학은 아무런 데로 구애될 것 없이 예술적으로 독립해야 할 것이다. 그리고 개개의 문제는 기회 있는 대로 논의되어야 할 것이다.

『靑色紙』, 1939년 5월

尹崑崗詩集『氷華』기타

「쀽레뷰」를 쓰는 풍습이 어느 때 어느 곳에서 시작되였는지는 몰라도 대관절 써야 한다는 의무를 느낄 때는 여간 거북스러운 것이 아니라는 것은 그 간행된 책자가 詩일 때 더욱 그러하다. 그 시가 한 편씩 잡지 기타 定期刊物에 揚載되였을 때, 벌써 한 개의 작품으로써 현명한 비평가들에 의하야 제대로 금새를 따져서 공문서처름 처리가 된 것이 대부분인 까닭이다.

그리고 보면 이제 내가 써야 할 부분은 결국 책의 장정은 어떻고 체제는 어떻다는 출판문화, 그것에 관해서 내 비위에 알맞고 예의에 어긋나지 않는 몇 마디 말을 나열하면 족할 것 같으나, 막상 쓰려고 붓을 들고 보면 역시 내용을 보살피는 게 무난한 모양 같다.

그런데 기왕 나에게 이런 평을 쓰라고 하면 한말 꼭 해야 할 것은 여름에 李燦씨로부터 그의 제3시집 『茫洋』이 간행된 月餘에 시집과 私信을 정중히 보내고 잡지에 신간평을 쓰라는 것이였으나 그때 벌써 누가 어느 신문에 쓴 것을 본 듯이 생각되였고, 또 그때는 잡지가 시인에 그런 봉사를 하는 곳도 별로 없을 뿐 아니라, 내가 쓴댓자 벌써 신간평이 아니라서 마츰내 침묵했다는 것이다.

이에 尹崑崗兄의 제4시집인 『氷華』가 출판된 뒤에 만나는 친우마다 한갈같이 말하는 감상을 들어보면 詩體가 몹시 변해졌다는 것이다. 그러나 나 자신은 그 말에는 별로이 경탄하지 않었을 뿐 아니라 도리어 당연한 결과로써 3년전 그의 제2시집 『輓歌』의 신간평을 쓰면서 『大地』의 작자로 알려진 그의 『만가』의 半半分의 시풍은 그의 제3, 제4시집이 나온 오날의 詩體를 약속하는 것이라고 예언한 바 있었다. 그렇다고 내 예언이 적중한 것을 신기하게 여기는 게 아니라 이 시인의 시경지가 詩體의 凝結되여 감과 한가지로 더욱 원숙해간 자최를 더듬어 볼 때 한층 더 감격을 느끼여지는 것이다. 왜 그러냐면 『대지』나 『만가』 上半分에서는 시인 자신의 영혼이 도처에서 직접으로 넛두리하고 있든 반면에, 이 『빙화』는 처음 책장을 펼치면 MEMOIRE-『黃昏』에

구름은 감자밭 고랑에
그림자를 놓고 가는 것이였다
가마귀는 숲넘어로
울며 울며 잠기는 것이였다
마슬은 노을빛을 덤고
저녁자리에 눕는것이였다
나는 슬픈 생각에 젖어

어둠이 무든 풀섶을 지나는 것이였다

고 '것이였다'를 연발하면서 시와 자신과의 일정한 거리를 두면서 '生覺'하는 여유를 갖고 고요히 읊어본 것이다.「호수」나「마을」에서도 같은 수법으로 되였고,「언덕」은 그와는 달리도 애송하고저운 한 편이며「廢園」의 끝 절에

외로운 사람만이 안다
외로운 사람만이 알어……
슬픔의 빈터를 찾어
쪽제비처름 숨이는 마음

이렇게 절절히 호소하는 마음을 충분히 이해해주지 않을 수 없는 것이다. 그러나「빙하」의 끝 연 한 줄에 "용이 솟어 난단다"는 것이 있는데, 이런 것은 이 시인뿐 아니라 우리 시인의 대부분을 정복하는 '이메―지'로서 나의 뜻 같어서는 용은커녕 미꼬리 한 마리도 안 나와도 無可奈何이고, 실은 이 경지를 깨끗이 떠나는 데 朝鮮詩의 한 계단이 更新되는 것이다.

이 외에 金嵐人 金海剛 공저로『靑色馬』가 나오고 李基烈 著의『落書』가 있다 하나 필자의 案頭에 없으며『靑色馬』는 '앙드레 말로'의 예술적 조건의 분류에 따르면 그의 운운한 제1단계에 속하는 것같다. 大方家의 곡진한 評에 사양해 둔다. (한성도서주식회사발행 정가 1원 30전)

『人文評論』, 1940년 11월

中國文學 五十年史

一

中國文學史上에서 이 50년이란 세월이란 매우 중요한 시기이었으니 이 50년 동안의 몇 가지 중요한 사건을 종합해 보건대

(ㄱ) 이 50년 전은 『新報』가 창간되던 해이며(1872) 또한 曾國藩이 죽은 것도 바로 이 해이었으니, 曾國藩은 桐城派의 古文을 중흥시킨 第一猛將이었다. 그러나 그의 중흥사업은 비록 광영찬란한 바 있었다 해도 可惜한 것은, 전연 穩固한 기초를 갖지 못하였으므로 한 가지도 장구한 수명이 없었다는 것은 清朝의 운명이 태평천국의 동란으로 말미암아 일체의 病狀과 일체의 약점을 노출했을 때 曾國藩 등 일련의 사람들이 태평천국을 타도하여 각지의 匪亂을 평정하고 그들의 중흥사업을 달성하였다. 그것은 다만 曾派의 중흥사업이 5, 60년간의 滿清國運을 연장한 것은 될지라도 마츰내 滿清帝國의

부패를 구하지 못하고 滿淸帝室의 멸망을 구하지 못한 것같이 그들의 문학의 중흥사업도 또한 이 같은 것이었다. 古文이 '道光' '咸豊' 시대에 이르러 空疏한 方姚派와 怪僻한 龔自珍派 등이 일시에 세상에 나와서 曾國藩 등 일련의 桐城古文派에게는 隱然한 一部隊의 主力軍으로 홀연히 중흥적 지위를 차지했으나 다만 '桐城' '湘鄕派' 중흥도 역시 잠시적이었고 결코 지구적이지는 못했으며 曾國藩의 정신과 경험만은 확실히 桐城派 古文을 재건한 중심인물이라고 할 수 있었다. 그러나 曾國藩이 죽은 뒤 고문의 운명도 점점 미약해 갔으니 曾派의 문인 郭嵩燾, 薛福成, 黎庶昌, 俞樾, 吳汝綸 등이 한 사람도 그 중흥 사업을 계속해 가지 못했을 뿐 아니라 다시 한 代를 나려가면 실로 '强弩末之'밖에 아무것도 아니었다. 그때의 고문의 중흥이란 겨우 병들어 죽는 사람에게 '回光返照'는 되었을지언정 如舊히 고문의 쇠망을 구치 못했으며 이 고문의 衰亡史의 일단이 50년 동안의 아주 明顯한 추세였었다.

(ㄴ) 古文學의 말기는 시대의 핍박을 받으면서도 한 번도 그 양식을 번복하지 못하였다는 것이다. 50년간의 下半이 무릇 고문학의 逐漸變化한 역사인데 이 계단의 고문학의 변화사를 다음 몇 개의 소단락으로 나노아 본다면

一. 嚴復, 林紓의 번역문장
二. 譚嗣同, 梁啓超의 議論문장
三. 章炳麟의 述學문장
四. 章士釗 일파의 政綸문장

이 네 가지 운동이 20여 년의 문학사상에서 모다 한 개의 중요한 위치를 점령하는 것이다. 그들의 연원이나 주장은 비록 매우 다른 곳이 많다고 하더라도, 다만 우리가 역사상 안목으로 관찰해 볼 때는 이 4派는 모다 응용방면의 古文이었다. 이러한 위급한 과도시기에 있어서 여러 가지 수요가 언어와 문자로 하여금 부득불 '應用'이란 방면으로 변해가지 않으면 안 되게 되었으므로 이 4파를 지목해서 '古文範圍以內의 혁신운동'이라고 할 수는 있었다. 그러나 그들이 모다 자발적으로 근본적 개혁을 할 여가도 없었고 고문이란 것이 단순한 일종의 사치품이고 일종의 장식품이었기에 도리어 응용할 工具가 되지 못한다는 것을 그들의 한 사람도 인식치 못했었다. 그래서 章炳麟의 고문이 이 파 중에서 가장 古雅하면서도 겨우 자기 한 代에서 끝을 막고 다시 전하는 사람이 없었으며 嚴復, 林紓의 번역문학이 당시에는 겨우 일시적이나마 수요에 공급할 수가 있었으되 마츰내 길게 가지 못했고 周作人 형제의 『域外小說集』이 이 일파의 최고작품이었으나 그것도 다만 일방면에만 사용되었기 때문에 그들이 모다 실패는 하였으나 실패한 뒤에 그들은 다시 白話文學의 健將이 되었다.

　譚嗣同, 梁啓超 일파의 문장이 응용한다는 정도에서는 비교적 나은 편이었고 사회적으로 미치는 영향도 적지 않았으나, 그것도 그 일파의 末流에 와서는 천박한 敷衍과 無用의 퇴적을 면치 못해서 한갓 사람으로 하여금 壓症이 나게 하였을 뿐이였다. 章士釗 일파는 본래 嚴復과 章煉麟 兩等派에서 변화해 나온 것으로 그들은 논리와 문법을 중시해 왔기에 매우 근엄하고 또 委婉한 데가 있어 양파의 결점을 다소 보충을 했으나 甲寅派의 政論文章이 민국 초년에는 거의 한 개 중요한 문파를 형성했던 것이다. 다만 이 일파의 문자가 저술에 용이치 못하고 통속적이 아니어서 실재에 있어서는 역시 실패에 돌아가지 않을 수 없었다. 그래서 이 일파의 健將 중에도 高一涵, 李大釗, 李劍農 같은 이는 뒤에 모다 白話散文의 작자가 되었다.

이렇게 古文이 겨우 응용이라는 길을 따라간 일단의 역사는 역시 신구문학이 교체하는 과도시대에 면치 못할 한 개의 계단이었고 그러면서도 고문학이 이 시기에 있어서 2, 30년의 운명으로 지지해 간 것은, 또한 사실이었다.

(ㄷ) 이 50년 동안에 가장 세력이 컸고 가장 유행이 광범하게 된 것은 이상하게도 梁啓超의 문장도 아니었고 林紓의 소설도 역시 아니었으며 그것은 정히 허다한 백화소설이었다. 『七俠五義』『兒女英雄傳』 등은 모다 이 시대의 작품이었으며, 『七俠五義』 뒤에 『小五義』 등의 속편이 나온 것도 모다 이 30년래의 작품이니, 이러한 소설이 진실로 대표적인 북방의 평민문학이었다. 그리고 前淸 晩年에 와서는 남방의 문인들도 역시 허다한 소설을 산출하였으니 劉鶚의 『老殘遊記』, 李伯元의 『官場現形記』『文明小史』, 吳沃堯의 『二十年間目睹之怪現狀』『恨悔』『九命奇冤』 등등인데 모다 의의 있는 작품으로서 구상과 견해에 있어서도 한갓 북방의 순수한 민간오락에만 공급되는 작품들과는 달라서 이 남방의 백화소설은 50년 중국문학의 최고작품인 것이고 가장 문학적으로 가치 있는 작품인만큼, 이 일단의 소설발달사는 즉 중국의 '산 문학'의 한 개 자연스러운 추세

이였다. 그러므로 그 중요함이란 전면에 재차 말한 고문학사보다도 한층 더한 바 있는 것이다.

(ㄹ) 50년래 백화소설사는 의연히 일년래의 백화문학과 다름이 한 개 큰 결점도 가졌다는 것은 백화 채용이 다시 말하면 무자각했다는 것, 즉 되는 대로 해서 아무런 비판적이 아니었다. 그러나 민국 6년 이래의 문학혁신은 그야말로 일종 의의 있는 주장으로서, 무의의한 演進이 너무나 오랬고 또한 불경제적이었다.

근 50년래의 혁신운동으로만 보드라도 의식적인 주장이 있고 계획적인 혁신인 때문에 가장 쩌른 기간 중에서도 능히 최후의 승리를 얻을 수 있었든 것이다. 문자상의 혁신도 또한 이러한 것이다. 1천년래에 백화문학이 一線相傳하여 한 번도 단절되여 본 일이 없으면서도 그 중 어떠한, 그야 무론 唐詩거나 宋詞거나 元曲이거나, 또는 明淸의 소설이거나 한 가지도 의의 있는 鼓吹를 하여 본 일이 없었다. 한 번도 명백하게 고문을 공격한 적도 없었고 한 번도 명백하게 백화문학을 주장한 일도 없었다. 그러나 근 5년의 문학혁신이란 그와는 다른 것이니 그들은 解明하게도 고문은 벌써 '죽은 문학'이란 것을 선언했었고, 또 그들은 '죽은 문자'는 '新文學'을 産生치 못한다고 선언한 다음 현재와 장래의 문학은 백화가 아니면 안 된다고 완강히 주장하였다. 이러한 의의 있는 주장이 그야말로 문학혁신의 특점이며 그야말로 50년래에 이러한 운동이 능히 성공할 수 있는 최대의 원인이었다.

이상의 4항은 말하자면 50년간 중국문학이 변천해 온 대세이었는만큼 다음은 이러한 몇 개의 추세를 보담더 상세하게 설명해 보기로 하는 것이다.

二

曾國藩이 한번 죽은 뒤의 '桐城 湘鄕派'는 사실상 한 번도 精彩動人할 그런 문장이 없었다. 王先謙이 편집한 『續古文類纂』(光緒 8년 · 1882)에 보면 龍啓瑞, 魯一同, 吳敏樹 등의 문장을 실어서 겨우 이 일파의 노장들을 대표한 것인데, 王先謙의 自序를 보건대

> 惜抱(姚鼐)가 絕學을 진흥하니 海內가 靡然히 따라 배우더니 그 후 모든 사람들이 제각기 師承하기에만 자랑으로 여겨서 謬附가 없지 않았다. …… 梅氏(梅曾亮)는 古風에 浸淫해서 짓는 것이 심원하기는 하나. …… 曾文正公(國藩)만은 雄直한 기풍과 宏通한 식견으로써 문장에 발로함이 고금에 冠絕한 것이라. …… 배우는 사람들이 기로에서 나갈 바를 모를 때 궤도를 바르켜 따르게 하였으니 姚氏를 내놓고는 그 법을 梅氏와 曾氏에 취하면 족하니라.

"姚氏를 내놓고는 그 법을 梅氏와 曾氏에 취하면 족하니라"한 이것이 曾國藩 사후의 古文家들의 傳法하는 첩경이니만치 우리들이 이 이상 그들의 문장을 끌어다가 篇幅을 채울 것이 없이 이에 曾國藩의 歐陽生文集序를 들면 이 서문이야말로 桐城派의 淵源傳播가 쓰여지겠만큼 문학사적으로도 매우 가치가 있는 것이다.

乾隆 말년에 桐城에 姚姬傳(鼐) 선생이 古文辭를 가장 잘하였는데, 그 鄕中 선배인 方望溪 侍郎(시랑은 職啣-역자)의 하든 바를 뽄받고 劉君大槐와 그의 伯父 編修(편수는 職啣-역자) 君範에게 법을 나렸는데, 이 三者가 모다 新道에 명망이 높였으되 姚선생이 가장 수법이 精禦하였으므로 歷城의 周永年(書昌)이 말하기를 "천하의 문장이 그 桐城에 있을진저"라고 해서 이로부터 학자들이 동성에 귀향하는 자 많었으니 동성파라고 부르기는 마치 前世에 江西詩派라고 일컬은 것과 같으니라.

姚先生이 만년 鍾山書院에서 講席을 주재하실새 그 문하 저명한 자로 上元의 管同(異之)과 梅曾亮(伯言)과 桐城의 方東樹(植之) 姚瑩(石甫) 등 네 사람이 가장 高第弟子로서 제각기 그 능한 바를 교우간에 전수해서 끄치지 않었고 동성에는 戴鈞衡存莊이 있어 植之를 師事하기 오래 하였었고 매우 精力이 絶人하여 스스로 그 고을 선배의 규모를 지켰을 뿐 아니라 후진을 계발해서 그 의기가 비길 데 없었으며 직접 그 제자의 열에 서지는 않어도 그 기풍에 감복한 이로는 新城의 魯仕驥(絜非)와 宣興의 吳德旋(仲倫)과 絜非의 甥侄 陳用光(碩士) 등이 있었는데 석사만은 그 외숙을 사사하였고 또 직접 姚선생의 문하에 수업을 해서 향인이 모다 감화되었을 뿐 아니라 문장도 매우 빛나니라. 석사의 群從兄弟 중에는 陳學受(藝叔)와 陣溥(廣敷)가 있었고 南豊에는 吳嘉賓(子序)이 있어 모다 絜非의 풍을 받고 姚선생을 私淑하였기에 이때부터 江西永昌에도 桐城學이란 게 생겼는데 仲倫이 永福의 呂璜(月滄)과 더불어 교우이었고 月滄이 臨桂의 朱琦(伯韓)와 龍啓瑞(翰臣)와 馬平의 王拯(定甫)과 함께 吳氏와 呂氏를 가까이하면서 더욱 그 기법을 梅伯言에게 추구하였으므로 이때에는 桐城宗派가 廣西에도 流衍되었다.

일찍이 國藩이 고이히 여긴 것은 姚선생이 湖南에 試官이 되었을 때 吾鄕의 그 문하에 나온 이들이 학문으로 업을 삼는 자 있다는 것을 못 들었더니 巴陵의 吳敏樹(南屛)가 있어서 그 기술하는바 篤好하여 싫지 않고 武陵의 楊彝珍(性農)과 善化의 孫鼎臣(芝芳)과 湘陰의 郭嵩燾(伯琛) 와 淑浦의 舒燾(伯魯)가 모다 姚씨의 文家正軌로서 이 사람들을 두고는 누구를 찾을고? 하면, 최후로는 湘潭의 歐陽生(勳)을 들 수 있나니 巴陵의 吳君과 湘陰의 郭군에게서 법을 나려오고 新城의 두 陳씨를 사사하니 만치 그 색채 농후하여 志趣와 기호가 天下美를 모았다고는 하겠으나 桐城 姚氏로써 바꿀 수는 없나니라.

洪楊(洪秀全, 楊秀淸-역자주)의 倡亂으로 동남지방이 도탄에 빠지니 鍾山, 石城 등지는 옛날 姚선생의 강학하시던 곳이나 지금은 犬羊의 소굴이 되어 다시 만회할 수가 없을 뿐 아니라, 桐城이 倫落해서 異城이 됨이 또한 극도에 달하였으니 戴鈞衡은 全家가 殉難하고 자신도 피를 토하고 죽었나니라.

내 建昌에 와서 들으니 新城, 南豊은 兵燹으로 인하여 百家가 탕진하고 田荒이 불치하여 蓬蒿가 무성하며 一二文士가 轉徙할 곳조차 없다고 하며 廣西는 9년간이나 용병을 했는데도 群盜가 더욱 도도하여 수습할 바 없을 뿐 아니라 龍君翰臣이 또한 작고하였고, 겨우 우리 고을이 조금 안온하여 二三君子가 오히려 문학에 優遊할 수 있어 간신히 동성의 전철에 영합은 한다 해도 舒燾가 이미 죽고 歐陽生이 또한 죽은지라, 老者는 人事에 얽매이거나 혹은 난을 만나 마츰내 그 학문을 끝까지 하지 못하고, 少者는 혹 중도에 요절하거나 백방으로 지장이 많으니 만약 姚선생과 같은 聰明早達한 이가 있어 太平高壽를 하면 넉넉히 옛날 작자들과 어깨를 같이할 수 있건마는 마츰내 얻을 수 없고.……

이 一篇으로 말하면 비단 동성파의 전통을 말한 것뿐만 아니라 우리들로써 이 일파의 최고목표가 "간신히 桐城의 전철에 영합한다"는 것과 "천하의 미를 모았다고는 하겠으나 桐城 姚氏로써 바꿀 수는 없나니라"고 하는 데 있는 것을 알 수 있는 것이다.

曾國藩이 당시에 있어 속으로는 동성파의 중흥공신인 것을 자처하였으며 남들도 그렇게 推崇한 것이 사실인데 (王先謙 自序 참조) 그가 『聖哲畵像記』를 쓸 때 32인의 聖哲 중에 姚鼐를 32인의 수위로 한 것만으로도 넉넉히 그의 심리를 상상할 수 있는 것이며, 원래에 그의 幕府 속에는 무수한 인재를 나열하여 두었으니 우리가 薛福成이 쓴 曾文正公幕府賓僚(庸菴文編四) 일 편을 읽어 보면 가히 알 수 있는 것은 당시 학자에도 錢泰吉, 劉毓崧, 劉壽曾, 李善蘭, (算學家)華蘅芳, (算學家)孫衣言, 劉樾, 莫友芝, 戴望, 成蓉鏡, 李元度 같은 이라든지 문인으로는 吳敏樹, 張裕釗, 陳學受, 方鍾誠, 吾汝綸, 黎庶昌, 汪士鐸, 王闓運 같은 이가 모다 그의 막부 속에 있었는만큼 曾國藩의 세력이 몇십 년 동안 중국에 영향한 것도 그다지 고이할 바는 아니나, 그러나 이 일련의 사람들의 문학사상에 있어서는 한 사람도 예외 없이 아무런 공헌도 없었던 것이다. 그저 연도가 최고하고 명예가 최대하기로는 劉樾, 王闓運, 吳汝綸 등 세 사람만한 이가 없었으나, 劉樾의 詩나 文은 아무런 가치도 없는 것이고 王闓運은 말로는 一代의 大師라고 했으나, 그의 고문이란 薛福成만도 못한 것이며 (詩는 논외) 吳汝綸만이 사상이 조금 새로운 데가 있었으므로 그의 영향은 비교적 크다고는 하겠으나, 그도 그 자신의 문장에 있는 것이 아니고 그가 조성해 온 후진 인재에 있었으니, 嚴復이나 林紓가 모다 그의 문하에서 나와서 그들의 영향이 그 자신보다 훨씬 더 큰 것이었다.

  이에 平心叙氣하고 말하면 古文學 중에는 자연 '古文'이란 것이 (韓愈로부터 曾國藩 以下에 이르기까지의 고문) 가장 정당하고 가장 유용한 문체인데 聯麗文의 병폐는 말할 것도 없거니와 되지 못한 唐宋八家 이하의 고문 하는 사람들은 周秦漢魏로 돌아가기를 妄想하여 만들면 만들수록 통하지 못하고 古體를 뜨면 뜰수록 用處가 없이 되어 다만 문학계에서 '似通非通'의 가짜 골동품을 보태놓았을 뿐이었다. 당송팔가의 고문과 동성파의 고문의 장점은 그들이 통할 수 있는 청담한 문장을 지어내는 데 있고, 假골동품을 만들려고 망상치 않았는데, 동성파를 배운 고문하는 사람들은 대다수가 그래도 '통'한다는 데까지는 되었고 한발 더 나가면 '응용'할 수 있는 문자를 만들었다. 그러므로 동성파의 중흥이 비록 아무런 공헌은 없었다고 하드래도, 또한 아무런 해로운 곳도 없었는 것이다. 그러나 그들이 때로는 '衛道'의 성현으로 자처하여 方東樹 같은 이는 漢學을 공격하고 林紓 같은 이는 신사조를 공격했으되 그런 것쯤은 소위 '載道文學'이란 데 중독이 되어서 분수도 모르고 떠든 것이고, 동성파의 영향이 고문으로 하여금 '통'한다는 데 힘쓴 것과 그 후 2, 30년 동안 겨우 '응용'한다는 데 예비한 그 한 가지 공로만은 埋沒할 수 없는 것이었다.

三

　태평천국의 동란이란 것이 明末 流寇의 난 후에는 最大의 慘怛이니만치 응당히 조곰 더 비애강개한 문학이 나와야 할 것이다. 그런데 당시 貴州에 鄭珍(字는 子尹이고 遵義人인데 1806~1846)이란 대시인이 있었는데 咸豊 4년 貴州亂에 국부적이나마 영향을 받어서 그의 만년의 시 즉 『巢經巢詩鈔後集』에 무수한 비통한 詩料를 볼 수 있으나, 鄭氏의 死가 58년 전의 일인만큼 이것은 이 小史의 범위에 속하지 않는 것이다. 그러나 고이한 것은 東南各省이 가장 그 해독을 받은 바 크건마는 마츰내 아무런 위대심후한 시가 나오지 못한 것이다. 王闓運으로 말하면 일대의 시인이라고 하고 이 시대에 살어 있었지마는, 그의 『湘綺樓詩集』 1권으로부터 6권까지는 바로 태평천국시대(1849~1864)에 나왔느니만치 우리가 끝까지 읽어 보아야 겨우 鮑明遠을 본뜬 것이나 傳玄麻를 숭내내는 것이 아니면, 王元長, 曺子建을 핥아보는 等類의 가짜 골동품이고, 우연히 한두 구씩 눈에 띠이는 게라야 「歲月猶多難, 干戈罷遠遊」라는 아푸지도 가렵지도 않는 시일 뿐 결국 아무런 이 시대를 기념할 만한 비통한 시가 나오지 못한 것이다.

　그러면 이것이 무슨 까닭이냐 하면 내가 생각하건대 이 시인들의 대다수는 모다 모방시를 쓰기에 급급했다는 것은 그들이 사는 세계, 더구나 鮑明遠, 曺子建의 세계가 전연 洪秀全, 楊秀淸의 세계가 아니란 것이다. 하물며 鮑明遠, 曺子建의 詩體가 이렇다는 해방을 경과치도 못하고 洪秀全, 楊秀淸의 시대적 참겁을 묘사한다는 것은 결코 불가능한 것이다. 王闓運 시집 중 1872년 작에 속하는 獨行謠 30장(권9)이 있는데 그 중에 20년간의 時事를 묘사한 것이 있고, 때때로 대담한 譏評이 있기도 하나 대관절 문장이 통하지 않고 서술이 명백치 않는 데가 있어서, 말하자면 粗拙한 30편의 가요라고는 하겠으나 시라고는 할 수 없어서 생각다 못해 겨우 찾아낸 것이 그의 「銅官行, 寄章壽麟題舊感圖」란 일 편을 들어 이 大名鼎鼎한 대시인을 대표하렸더니 그도 문장이 태반은 불통하므로 이에 略하는 것이다.

그러나 이 시대에도 당연코 한 사람의 시인만은 이 시대를 대표할 수 있는 시인이 있었다. 그는 바로 上元의 金和로서 자를 亞匏라 하고(1818~1885) 『秋蟪吟館詩鈔』라는 7권의 저작이 있는데, 1853년 南京城이 함락당할 때 金和가 그때 城 중에 있어서 長髮賊의 軍中 사람들과 왕래해 가며 점점 많은 사람들과 결합해 가지고 官兵들과 내응할 계획을 하였든 것이다. 그때 向榮의 대본영이 성 밖에 있었으므로 金和가 가만히 성 밖으로 벗어져 나와서 내응할 계획을 관병에게 고하였으나, 向榮이 처음에 믿지 않으므로 그 자신이 스사로 인질이 되어 대본영에 있기로 보증한 뒤 城內의 同黨과 官兵이 약정한 기일에 성을 쳤으나, 관병이 오지 않으므로 다시 기일을 정했는데도 관병은 오지 않고 성 내의 同黨에 희생당한 이만 많았든 것이다. 그래서 金和가 친히 圍城中의 생활을 경험하고, 또 당시 관군의 부패무능함을 통한하였으므로 그의 紀事詩는 사람을 감동케 할 뿐만 아니라 또한 역사적으로도 매우 가치 있는 것이며, 그의 『痛定篇』(卷 2, 20~21頁)은 일기체로 쓴 시인데, 南京의 落城하는

상황과 성 중의 情形을 그린 것으로 그 일절을 예를 들면

二月도 二十三日 대군이 처온다 한번 들이자
도적은 황황해서 왼종일 세네번 북을 울리는데
南方백성 서로들 같은 마음에 또다시 재생의 빛이 불타고
늠늠한 向將軍의 위엄, 하늘처럼 거룩히 우러를제
도적의 角소리 또 한번 불이면 장군의 말굽소리 들릴세라
맛난 안주도 향그런 술도 장군이 오실세라 받들어 두고
끄니마다 장군의 식사랑 밤이면 잠자리 걱정이 올때
일곱난 어린애 뜰아래 놀다 무심코 길사람에 장군이 오신다니
큰누의 놀라서 잿빛얼굴 부즈럽다 말말나 빰을 치는데
이제야 행차 마저 얼굴은 열흘에 아흐레 수척함도 애무쉐라
그중도 젊은 연석들은 한밤중에 충의를 맹서하고
원컨대 장군님 명대로 물샐틈도 없는 일을 꾀하올때
도적의 麾下 한놈을 잡어도 저도 모르게 하옵자 하니
심상한 드나드리 가는곳도 허리우 단검은 날카롭더니
하루는 입성한단 그날에 제각기 병정들은 횃불을 들어
이제뵙는 장군얼굴, 불상타 모다들 놓아주라 일읍시데
뉘라서 장군님 바뿌신줄 알었으리 손에 넘는 공사도 있으리

그의 6월 초2일 紀事詩 百首에는 전면에 向榮의 刻日 출병한다는 상황을 묘사하는데, 먼저 士卒에게 대향연을 베풀고 장군이 직접으로 술을 쳐주고 선서를 한 뒤에, 명일 새벽에는 단연코 출전을 준비

한다는 90여 구를 쓴 뒤에 篇末에 와서 겨우 말하기를

> 북치고 가볍게 뛰면 旗빨은 흰깃들이 나부끼는데
> 이제야 오랜 陰雨도 끝나고 찬란한 무지개 보이네
> 밤조차 수선수선 잠못일고 아츰햇발 눈에 부시드니
> 한낮은 벌서되고 성난 말들이 코부는 소리도 들리네
> 그러나 하루종일 둥둥 떠가던 해오래비 보이면
> 칼엔 피안묻고 몸에 흙칠도 못한 全軍은 돌아서 오네.

이것이 벌써 단순한 풍자만이 아니고 일종 독설인 것이다. 그런데 이러한 嘲諷的인 詼諧가 역시 金和의 특별한 長處인데, 여기서 우리가 더욱 흥미를 느끼는 것은 그가 全椒 吳氏家의 외손이라는 것과 『儒林外史』와 및 『유림외사』의 저자라든지, 『유림외사』중에 나타나는 몇 개 중요한 인물들과 모다 조금씩은 관계가 있는 것이며 그 자신이 『유림외사』에 나오는 한 사람인만큼 그의 시가 『유림외사』의 嘲諷的 본령에서 得力을 한 것도 사실일 것이다.

그러므로 뜻 있는 사람의 풍자는 그냥 罵倒하는 것만이 아니고 통곡인 것이며, 경박이 아니라 至恨極痛이 어쩔 수 없이 터져 나오는 것이다. 그러므로 이 사람의 이런 기술에는 확실히 杜甫나 白居易보다 별다른 일면에서 문제시를 쓴 것이 수없이 많으나, 여기서 일일이 예를 들 수 없으되 金和의 시에 혁신적 정신이 풍부하다는 것은 그가 자기의 『椒雨集』에 쓴 것을 보면,

이 한 권 책자는 시라고는 말하지 않는다. 만약 시라고 할 것 같으면 軍中에서 쓴 모든 작품이 말은 비록 통쾌한 것이나 벌써 옛사람들의 돈후한 風格을 버렸고, 더욱 요즘 선배들의 排調하는 법이 아니라. 그러므로 오늘날 諸公들이 이러니저러니 하든 바요, 또 이러한 吾輩에 翰墨이 있다는 것이 휴지와 맞잽이나, 그러나 그도 또한 氣數가 그렇게 만드는 데야 어찌하리요.

이러한 의미에서 50년의 시단 이면에서 그를 한 개 중요한 지위에 둔다는 것은 절대로 고이할 바 없는 것이다.
그러면 이 50년 간의 詞는 어떠한 것이냐 하면 모다 夢窓(吳文英)派에 중독되어서 아무런 가치도 없는 것이므로 여기서 토론하지 않기로 하는 것이다.

四

1840년 아편전쟁 이래로 중간에 1860년의 영·불 연합군이 천진을 돌파하고 북경에 들어와 圓明園을 불태워 버린 戰事를 경과한 뒤, 중흥의 전쟁에는 서양인의 조력을 얻은 바 많았으므로 사리에 현명한 사람들은 차차 서양 각국이라는 것을 중요시하게 되었으니 1861년 淸廷은 '總理各國事務衙門'이란 것을 설치하였고 다시 1867년에는 '同文舘'을 설치하였으며 학생을 외국에 파견하여서 그들의 정책들을 배워오게 하였는데, 당시의 완고한 사회에서는 此種

정책에 극력으로 반대했으므로 동문관은 좋은 학생을 얻지도 못하고 외국에 파견한 학생들 중에는 더욱 사람을 얻지 못하였으나, 그러나 19세기 말년부터 번역사업이 점점 발달하게 되었으니, 傳敎士들 중에도 '李提摩太' 같은 이는 중국문사들의 조력을 얻어서 不少한 서적을 번역하였고, 태평천국의 문사 王韜 같은 이도 이 사업에는 중요한 한 사람의 선봉이 되었었다.

그러나 당시의 번역사업이란 그 범위가 그다지 광범하지는 못하였으니 제1종은 종교서적으로서 그 중에도 가장 중요한 것은 신구약 全書의 각종 번역본이었고, 제2종은 과학서적이나 또는 응용과학서적으로 당시에는 '格致'의 서적이라고 말하든 것이며, 제3종은 역사, 정치, 법제 등류의 서적인데『泰西新史要攬』이나『萬國公法』등 서적이 번역되어 나온 것은 매우 자연스러운 일이었다. 종교서적은 전교사들의 자동적 사업이었고 과학서적으로 말하면 당시에 모다 鎗鉋兵船의 기초적 학문이란 것을 알기 때문이었으며 역사·법제 등 서적은 당시 중국인으로써 서양사정을 이해하도록 하기 위한 것이었으나, 이 밖에 서적 즉 문학서적이나 철학서적 같은 것은 당시 어떠한 사람들에게도 주의를 끌지 못하였으니, 그 역시 필연의 事勢였다는 것은 그때의 중국의 학자라는 사람들의 거의 전부가 생각키를 서양의 鎗鉋라는 것은 무섭지 않은 바 아니나 文藝, 哲理에 있어서는 저들이 아무리 해도 오천년 文明古國인 우리들에게 멀리 미치지 못하리라고 생각하고 있든 것이다.

그런데 嚴復과 林紓의 큰 공로는 이러한 양대 결함을 補救한 데 있는 것이니 嚴復으로 말하면 '서양근세사상'을 소개한 제일인이었고 林紓로 말하면 '서양근세문학'을 소개한 제일인이었다.

嚴復이 번역한 '헉수레'의 『天演論』(진화론 - 역자주)은 光緒丙申(1896)이었는만큼 일청전쟁의 직후이고 戊戌變法의 직전인데, 그의 『天演論』이 출판된 이후(1898) 중국의 학자들도 서양에 鎗鉋兵船 이외에 精到한 철학사상이 우리들의 채용하기에 넉넉한 바 있다는 것을 점차로 깨닫게 되었다. 그러나 이것은 思想史上의 것인만큼 여기는 말하지 않는 것이다.

우리들이 여기서 응당히 한번 토론해 볼 것은 嚴復의 번역하는 문체일 것이다. 『天演論』의 「例言」에서 그 자신이 말한 바도 있기는 하지마는 당시로 보면 자연히 백화를 사용하기는 곤란하였고 그렇다고 八股式的 문장을 쓰기에는 더욱 불편하였으므로 그의 번역하는 문체는 당시로 보면 부득이한 방법이라 실로 前淸官僚가 '紅帽子'를 쓰고 연설하는 격이나마 그의 역서의 가치는 매우 높은 것이므로, 당시의 고문대가로 자타가 공인하는 吳汝綸 같은 이도 『天演論』의 서문에 "駸駸與晚周諸子相上下"하고까지 격찬케 한 것이다.

嚴復 자신 역시 그의 譯書 방법을 말하기를 "什法師有云·'學我者病'來有方多·幸勿以是書爲口實也"(天演論 例言)라고 한 것은 고이치 않은 것이니 嚴復으로 말하면 英文이나 古中文의 정도가 매우 높은데도 불구하고 그가 항상 주의하고 구차로이 하지 않았으므로 비록 일종의 '死文字'를 사용해서도 완전히 '達'한다는 데까지 성공을 하였든 것이다. 그의 역서할 때의 정중한 用意라든지 태도에는 정히 感佩할 바 있어 우리들의 모범이 되기에 넉넉한 바 있으려니와, 그 자신이 일찍이 말하기를 '導言'이란 일개 명사를 쓰기 위해

서는 그는 처음 '扈言'이라고 번역을 하였든바 夏會佑가 '懸言'이라고 고친 일이 있었는데, 吳汝綸이 또 찬성치 않아서 최후에 자기가 '導言'이라고 고쳤다고 또 말하기를 "一名之立, 旬月踟躕, 我罪我知, 是存明哲"이란 嚴復의 번역이 능히 성공하는 까닭의 대부분은 "一名之立, 旬月踟躕"라는 이 정신 때문이다. 이 정신이 있고서야 '古文이나 白話'를 물론하고 거의 성공하는 법인데, 후인들은 그와 같은 공력도 없고 그와 같은 정신도 없이 半通不通의 고문을 사용해서 一知半解의 양서를 번역한다는 무리들이야 자연히 실패하지 않은 예가 없었다.

그리고 嚴復이 번역한 서적의 종류도 여러 가지가 있는데 『天演論』 『群己權界論』 『群學肄言』 같은 것은 원문에 자못 문학적 가치가 있는 것이지마는 그의 역문 그것도 고문학사에 역시 중요한 지위를 차지하는 것이며 그래서 그의 書風이 20년 동안이나 성행한 것이다.

林紓의 번역한 小 '뜌마'의 『茶花女』(『椿姬』-역자주)도 역시 고문으로 연애소설을 번역한 것인만큼 한 개 시험으로서 의의가 있을 뿐만 아니라 자고이래로 고문이 생긴 뒤에 이러한 장편 연애소설을 쓴 문장이 없었느니만큼 『차화녀』의 성과는 그로 하여금 古文開闢에 한 개 새로운 식민지를 만들게 한 것이다. 임서가 초년에 번역한 『차화녀』『黑奴籲天錄』『滑鐵盧及』『利俾琴戰血餘醒記』等書가 마츰 손에 없어서 일일이 예를 들지는 못하나, 능히 원서를 읽는 사람에게는 다소 譯法에 있어서나 문장에 있어서나 완전한 만족을 느낄 수는 없다 하드래도 平心하고 볼 것 같으면 임서의 소설에는 그 자신의 風格이 왕왕히 나타나나니 그가 원서의 심각한 詼諧趣味를 이해하는 경지가 높음으로써 그러한 곳에 다다르면 한층 더 힘을 쓰므로 더욱 더 精彩가 나는 것이다.

그저 그의 결점을 말하자면 원서를 능독치 못했다는 것이겠으나 그래도 그가 문학적으로는 천재이었든만큼 만약 그에게 총명한 조수가 있어 그로서 원문을 죽죽 읽는 사람들보다는 좀더 높은 경지에서 그 일을 하였으리란 것은 지금에 원서를 읽는다는 사람들이 완전히 원문을 了解하는 이가 없고, 또 그들의 백화를 쓴다는 정가 임서가 백화를 사용하는 능력에 멀리 및지 못하면서 함부로 林紓의 번역소설을 비평한다는 것은 임서로 하여금 너무나 冤枉케 하는 것이다. 그러므로 공평한 말로 하면 임서가 고문을 써서 소설을 번역했다는 시험은 말하자면 큰 성과를 얻었다는 것은 고문으로는 일즉이 한 번도 장편소설을 쓴 일이 없는데 임서는 남이 못한 고문을 써서 백여 편의 장편소설을 번역해 냈고, 그를 배우는 수많은 사람들이 역시 고문을 써서 허다한 장편소설을 번역했으며 고문에는 滑稽性이 부족한데 불구하고 임서는 고문으로 '띡켄스'의 『二都哀話』를 번역했으며, 고문으로는 연애소설을 쓰기에는 부적당하다는 데도 임서는 고문으로 『차화녀』와 『迦茵小傳』을 번역하야 고문의 응용에 있어서는 司馬遷 이래로 어떤 사람도 이러한 성과를 거둔 이는 없을 것이다.

그러나 이러한 성과도 마침내 실패에 돌아갔다는 것은 그 이유가 임서 자신에 있는 것이 아니고 古文 그 자체에 탈이 있는 것이다. "고문도 소설을 번역할 수 있다"고 우리의 많은 소설을 번역한 사람들은 감히 말하리라. 그러나 古文이란 구경 '죽은 문자'라. 어떠한 형식으로 만든다 하드래도 그것은 결국은 소수인의 '賞玩'에 제공할 뿐이지 이 이상 더 생명이 있는 것도 아니고 이 이상 더 보급이 될 것도 아닌 것은 여기 한 개 明顯한 예를 들면, 周作人이 그 형 魯迅과 초기에 古文으로서 소설을 번역했는데 그들의 고문 공부가 매우 높은 경지에 있었고, 또 모다 직접으로 원문을 요해한만큼 그들이 번역한『域外小說集』은 임서가 번역한 소설에 비하면 그 내용이 훨씬 높은 작품인데도 불구하고 周氏 형제가 辛辛苦苦해서 번역한 이 소설이 십년간에 겨우 21책이 팔렸다는 이 옛 얘기로도 우리가 한 개 각오할 것은 주씨 형제가 고문으로 써서 얻은 바가 잃은 바만 못하고 결국은 실패했다는 것이다.(이하 중단)

  本稿는 胡適의 원문을 필자가 抄譯한 것인데 신년호 편집시에 이 뜻이 누락되었음.(편집부)

『文章』, 1941년 1월·4월

中國 現代詩의 一斷面

 이런 문제를 우리가 생각해 볼 때 무엇보다도 먼저 머리 우에 떠오르는 것은 중국의 현대문학이란 전면적 문제를 위선 염두에 두고서 고찰해 보지 않으면 안 된다는 것은 '文學革命'에서 '革命文學'에란 중국 현대문학의 일대전환이였던 때문이다. 다시 말하면 民國 40년의 '五洲事件'이 일어나기까지는 소위 '문학건설'의 시기였으므로 자연히 기교방면만을 중시하게 되였지만 이때부터는 문학이란 그 자체의 내용이 요구되지 않을 수 없었다. 그래서 이때까지는 로-만티즘의 단꿈을 그리며 상아탑 속에 들어앉어 閒日月을 노내던 문학인들도 이 시대적 격류에 휩쓸려서 十字街頭로 걸어나오지 않을 수 없었다. 그러면 여기서 다시 신문학 건설의 시대로 올라가서 현대시의 발전과정을 더듬어 보는 것이 현대 중국시단을 이해하는 첩경일 듯하다.
 그러면 현대 중국시는 그 발전과정에 있어 어떠한 길을 밟어 왔느냐 하면 먼저 詩體를 파괴하는 데 중요한 의의가 있었다. 그것은 일체의 산문이 四六騈體를 무시한 것과 같이 현대시는 이때까지의 중국시가 가지고 온 생명이며 전통인 五言七律의 형식을 완전히 말살하는 데 있었다. 따라서 詩體의 해방이란 중국의 신문학 건설의 초기에 있어서 주요한 문제의 한 개이였던만큼 신문단에서 그 생장도 소설이나 희곡에 비하여 훨씬 더 빨랐다. 그러나 그 당시의 新詩 즉 白話詩는 한 개 작품으로 볼 때는 어느 것이나 유치한 것이였으니, 그 예를 백화시의 首唱者인 胡適 박사의 『嘗試集』에서 보거나 그 뒤에 나온 胡懷琛의 『大江集』이나 劉大白, 劉復 등의 작품에 이르기까지 모다 어찌 어색한 것이 마치 청조관리가 대례복을 입고 여송연을 피우듯 어울리지 않는 것이였다. 그러나 이 空前無後한 태동기를 지나서 오면 康白情, 愈平伯, 汪靜之, 郭沫若 등의 無韻詩라거나 謝婉瑩, 宗白華, 梁宗岱 등의 小說形式이 이 시대의 대표적 작품이였고, 또 詩體 해방 후의 가장 성공한 작품들인데도 불구하고 비록 五言七律의 詩體는 파괴했다고는 할망정 옛날부터 나려오던 詞에 대한 취미를 완전히 脫脚하지 못한 혐의는 사람마다 지적한 것이었다.

  그러나 胡氏의 『嘗試集』은 백화로 써진 최초의 시집인만큼 현대 중국시의 藍本인 것이고, 이와 거의 동시에 시단에 등장한 것이 胡懷琛의 『大江集』이였는데, 이것은 백화로 써진 舊體詩라 문제가 되지 않으며, 劉大白은 『舊夢』이란 처녀시집이 있고 그 뒤 『風雲』『花間』『紅色』을 써서 4부작으로 되였으며 그 외에도 『中國文學史』가 있고 그 후 復旦大學 문과 주임을 거쳐 국민정부 교육차장이 되고는 시와는 인연이 멀어졌으며, 劉復은 「楊鞭集」 「瓦釜集」 등의 작품이 있으나 원래가 巴里大學의 문학박사인만큼 국립 북경대학 中法大學의 교수, 주임, 원장 등에 영달하였고 본시 그 작품보다도 그는 음성학의 전문가인만큼 그 방면의 공헌이 더 큰 것이다.

그러면 지금부터 보다더 현대시를 진보시킨 無韻派를 찾아보면 대표적인 사람들로는 康白情, 愈平伯으로 康은 「艸兒」를, 愈는 「冬夜」를 내놓은 것이 이 派의 최초의 刊物이고 또 시단에서 상당히 중시되었다.

그리고 이들 중에도 汪靜之와 郭沫若은 서정시로서 유명했는데, 이 두 시인은 어느 점으로나 대차적인 처지에서 볼 때 흥미를 느낄 수 있는 것은 郭沫若의 「女神」이 전체의 운명을 위하여 모든 정열을 기울이는 데 비해서 汪靜之의 「蕙的風」은 대담하게도 한 개인의 청춘에 情火를 분출하는 것이었는데, 이 두 사람의 성공 불성공은 차치하고 여하간에 당면한 시대의 폭로자였다는 점에서 볼 때 어느 때나 공통된 '하-트'의 소유자였다는 것은 부인하지 못하는 것이다.

기왕 無韻詩라는 말이 났으니 한말 더하여 둘 것은 沈尹默(1882)의 존재인 것이다. 그는 浙江省 吳興縣 사람으로 나종 北大 교수로 平大學校長까지 지냈지마는 그의 작품이 민국 6년에 「月夜」로 출판되었을 때 新體詩로서 상당히 평가될 조건이 구비된 것이였으며 실로 무운시의 최초의 출판물이었다. 그리고 지금이야 유명한 周作人도 그 시대는 시를 써서 「小河」라는 당대의 명작을 발표하였고, 시집으로 「過去的生命」이 있는 것은 기억해 둘 바이나, 그는 역시 유-모러스한 小品文에 長處가 있는 것이며 일본문학 연구가로서 생명이 더 긴 것이다.

　그 당시에 小詩를 쓰던 사람으로는 누구보다도 규수시인 謝冰心을 찾아야 한다. 그는 1903년에 福建省 閩候에 나서 燕京大學을 마치고 아메리카의 웰즈레-대학인가 다닐 때 『晨報副刊』에 「寄小讀者」라는 아동 통신문을 써서 유명해졌고, 시집 『春水』 『繁星』이 있으며 때로는 소설도 쓴다고 하나 본 일이 없고, 그의 고백에 들으면 자신도 인도 詩聖 타-골의 영향을 받은 바 크다는 것이다. 시인으로 다른 시인의 영향을 받는 것이 옳고 그른 것은 그 자신이 아닌 이상에 말할 바 아니나 기왕 영향의 이야기가 났으니 말이지 바로 이 파에 속하는 宗白華야말로 그 자신의 고백과 같이 그 시집 『流雲』에도 꾀-테의 냄새가 적지 않게 발산하는 것이다. 그런만큼 詩境의 청신함을 높이 헤아리는 수 있으나 격조가 왕왕히 진부함은 이 시인이 얻는 것도 적지 않은 대신 잃은 것도 컸었다. 그 다음 『毁滅』과 『踪跡』을 세상에 보내서 알려진 朱自淸이 있다는 것을 잊어서는 안 될 것이다.…(이 시인을 위해서는 후일 구체적인 것을 써볼까 한다.)

　이 시기에 누가 중요하니 어떠니 해도 중국의 현대시를 시로서 완벽에 가깝도록 쓴 사람은 徐志摩라고 한다. 이때에 新詩를 쓴 사람은 모다들 신인인데 비해서 선배작가로서의 徐志摩는(1899~1931) 浙江省 海寧縣에 낳고 일찍 영국 劍橋大學을 마치고 국립중앙대학과 북경대학에서 교수를 역임했고, 작품으로는 「志摩的詩翡」 「翠冷的一夜」 「猛虎集」 「雲遊集」 외에 산문집으로 『落落』 『自部』 『巴里的麟爪』가 있으며 幾部 戲曲과 번역이 있고 민국 20년 가을 상해서 북경으로 오는 도중 濟南서 비행기의 고장으로 떨어져 죽자 전국 문단으로부터 비상히 애석해 마지 않았다. 뿐만 아니라 그의 생전에 있어 남들이 지목하기를 志摩는 한손으로 중국 新詩壇을 奠定한 '詩哲'이라고 했고, 현대시의 棟樑이라고 한 것은 비록 과분한 평가일는지는 모르나, 그의 현대 중국시단에의 위치는 누구나 부인치 못할 것이다. 따라서 그가 중국의 현대시단에 남긴 것도 그 내용방면보다는 또한 형식과 기교방면에 있는 것이니 用韻이나 排列에 있어 신규율을 창조한 獻만이라도 중국시단 전체로 볼 때에는 실로 역사적 공헌이라고 아니 할 수 없는 것이다. 그러나 사상방면으로 보면 마침내 幽閒詩人을 면치 못했다는 것은 그의 생활환경과 사회적 지위가 그로 하여금 한걸음도 실제사회의 진실면에 부닥치게 못하고 개인주의의 孤城 속에 幽閒시키고 만 것이었다. 그러나 그의 작품을 보면 현실의 유대에 말리는 사람들을 위하여 왕왕히 동정과 연민을 볼 수 있다는 것은 단순히 이 시인의 환각만이 아니고 중국 사회의 그 시대적 성격과 문단 전체의 동향을 짐작해 볼 때 이 시인의 휴매니틔를 재여 볼 수 있는 것이다

拜 獻

산아 네 웅장함을 찬미해서 무엇하며 바다 네 광활함을
노래한들 무엇하랴 풍파 네 끝없는 威力도 높이 보진 않으리라
길가에 버려지면 말할곳도 없는 孤兒寡守
눈속에도 간신히 피려는 적은 풀꽃들과

사막에선 돌아가길 생각해 타 죽은 어린 제비
그를! 宇宙의 온갖 이름못할 不幸을 어여뻐해
나는 바치리 내 가슴 속 뜨거운 피를 바치련다
힘줄에 흐르는 피와 靈臺에 어린 光明을 바쳐
나의詩-노래 가락도 瞭喨한 그 동안만이라도
하늘밖에 구름은 그를 위해 질거운 비단을 짜리
  길-다란 무지개 다리가 일어나고 그 들로 끝끝내
  逍遙할 수 있다면야
瞭喨한 노래가락에 끝없는 괴롬을 살어지게하리.

   再別康橋

호젓이 호젓이 나는 돌아가리
호젓이 호젓이 내가 온거나 같이
호젓이 호젓이 내손을 들어서
西쪽 하늘가 구름과 흩치리라
시냇ㄱ가 느러진 금빛 실버들은
볕에 비껴서 新婦냥 부끄러워
물결속으로 드리운 고흔 그림자
내 맘속을 삿삿치 흔들어 놓네
복사 위에는 보드란 풋 나문잎새
야들야들 물밑에서 손질 곤하고
차라리 '康橋' 잔잔한 물결속에

나는 한오리 그만 물품이 될가
느름나무 그늘아래 맑은 못이야
바루 하늘에서 나린 무지갤러라
浮萍草 잎사이 고히 새나려와
채색도 玲瓏한 꿈이 잠들었네
꿈을 찾으랴 높은 돛대나 메고
물풀 푸른곳 따라 올라서 가면
한배 가득히 어진 별들을 실어
별들과 함께 아롱진 노래 부르리
그래도 나는 노래좇아 못부르리
서러운 이별의 젓대소리 나면은
여름은 버레도 나에게 고요할뿐
내 가는 이밤은 '康橋'도 말없네
서럽듸 서럽게 나는 가고마리
서럽듸 서럽게 내가 온거나같이
나의 옷소맨 바람에 날여 날리며
한쪽 구름마저 짝없이 가리라

        (年 11월 6일 中國上海)

 이 이상 더 志摩를 譯해 본댔자 그것은 나의 정력의 허비 외에 아무것도 아니란 것은 원래에 이 시인의 묘미가 백화를 구라파의 언어 사용법과 같이 부단히 단어를 顚倒했었는 데 있고 백화로 읽을 때에 운율과 격조를 우리말로 이식하기는 여간 곤란한 것이 아니다. 이만하고 두기로 하며 본의로는 좀더 많은 작품을 譯해서 한 사람의 시를 완전히 이해토록 하고저 했으나, 필자의 시간과 생활이 그다지 여유가 없는 것과 재능이 부족함을 深謝해 두며 이 외에도 朱湘, 卞之琳, 王獨淸 등 유수한 시인들의 중국 현대시단에 남겨준 공적과 작품에 대하여 대개나마 소개해 보려던 것이 뜻대로 되지 못했으나 다음 기회에 미루기로 하고 이 稿를 끝내지 않는 것이다.
―(4월 25일 夜 於元山 臨海莊)

『春秋』, 1941년 6월

5부

시사평론

大邱社會團體槪觀
- 大邱二六四호

전국적으로 폭풍우같이 밀려오는 탄압이 나날이 그 범위가 넓어지고 그 도수가 앙양됨을 따라 會前에 보지 못하든 수난기에 있는 조선의 사회운동이란 것이 일률적으로 침체라는 불치의 병에 걸려 있으니, 다같이 관심하는 바와 같이 이 艱難苦極한 국면을 대국적으로 어느 신방향에 타개하기 전에는 혹 지방을 따라 다소의 차이는 있을지언정 도저히 활기 있는 진출을 보기가 어려울 것이다.

그러므로 이 대구에 있는 사회단체를 題와같이 개관적으로나마 소개하려 함에 무엇보담도 먼저 필자의 흥미가 십분이나 減殺되는 것은 너무나 銷沈된 현상이 가히 이렇다고 할 만한 무엇을 枚擧할 수 없으리만치 한산해서 그 지도인물들도 혹 필사의 노력으로 진영을 지키다가도 마침내 勢窮力盡해서 七零八落이 되여 몇 개 단체의 회관이란 마치 전후의 荒原과 같이 蕭條落寞한 감이 없지 않으니 대체로 이 침체라는 것은 그 원인을 두 곳에서 가려 볼 수가 있는 것이니, 그 하나를 외래의 억압이라면 다른 하나는 자체의 부진이란 것도 피할 수 없는 엄연한 한 사실이다. 그러나 자체의 부진과 외래의 억압이 양면적으로 한 침체의 현상을 이루운 것을 가지고 이 두 가지 중에서 어느 것이 近因이 되며, 어느 것이 遠因되는 것을 가리려는 것은 마치 닭과 닭알의 선후를 가리려는 것과같이 심히 어려운 일이나, 西北鮮의 일반사회 운동이 南鮮의 그것보다 얼마나 더 활기 있는 진출을 하고 있다는 것을 들을 때 다같은 억압의 밑에서도 남북의 이만한 차이가 있다는 것은 남조선 지방의 전투분자가 아직도 그 보무가 용감치 못한 자체의 부진이란 책임을 안 질 수가 없는 것이다. 항상 前衛에 나선 勇者가 희생을 당하면 連해 곧 진영을 지키고 후임을 계승할 만한 투사가 끊어지지 않아야 할 것이니, 새로운 용자여, 어서 많이 나오라. 이에 대구에 있는 사회단체의 몇 낱을 소개한다면 아래와 같다.

一. 大邱靑年同盟

1927년 7월 24일에 창립하였으니 당시에 全鮮的 합동운동이 농후한 기운에 따라 대구청년회, 我求청년동맹, 서울新友團, 청년동맹, 無産청년회 등이 합동해서 대구청년동맹이 창설되고 제1세 집행위원장으로는 현하 제4차 共靑年 사건으로 在監中인 張赤字군이 취임해서 회원이 약 130명 가량으로 幾多의 활약을 하다가 마침내 그 사건으로 囹圄의 몸이 되고, 또한 언론집회의 자유를 점점 상실함을 따라 일체의 집회와 심지어 위원회까지 잘 열지 못하게 되여 거의 폐문 상태로, 現下는 朴明基씨가 집행위원장으로 있으나 아모 사회적 능률을 낼 수가 없이 그냥 침묵상태로 있다. 그러나 대세의 消長하는 한 토막만으로서 장구한 미래를 결정할 수는 없는 것이니 오늘날의 일시적 침체로서 영원한 소멸을 비관할 수도 없는 것이며, 또한 역사적 필연성만을 믿고 姜太公의 達八十을 그대로 기다릴 수는 더구나 없는 것이니, 모름지기 필사적 노력으로 이 한산한 진용을 활기 있게 정돈해서 간난한 국면을 타개해 나가기를 바래서 마지아니하는 것이다.

二. 大邱少年同盟

1924년 7월 27일에 소년革英會, 改造團, 노동소년회, 革造團의 4개 단체가 합동해서 대구소년동맹이 창립되는데, 그 중에 대구 소년회는 金英波군의 합동의 主旨를 不肯이 여겨 중도에서 脫한 일도 있었으나, 대구소년동맹은 회원 150명으로서 제1세 위원장을 孫基埰군으로 하야 대중적 훈련과 자체 교양 같은 데만은 노력을 해오다가 지금은 朴柄喆군이 집행위원장으로서 다소의 활약을 하나 이 역시 比前해서는 매우 침체한 상태로 별로 枚擧할 역할을 하지 못하는 중이다.

三. 新幹會 大邱支會

1927년 9월 3일에 창립되였으니 민족적 單一黨의 총역량을 집중하는 新幹運動의 맹렬한 기세가 전국적으로 파급될 때 창립 당시 회원이 200명으로서 제1세 회장 李慶熙씨가 통솔하고 대중적 훈련에 자못 활기를 뻗치다가 이 또한 점점 萎微不振한 상태에 이르러서 지금은 회원수가 號曰百萬의 감이 없지 않으며 대회석상 같은 데는 臨席경관과 집합 회원의 수효가 거의 비등할 만한 零星한 상태로서 일찍이 어느 임시대회 때 서기장 柳淵述씨가 눈물을 흘리며 비장한 어조로 한산한 진영을 통탄한 일도 있었으나 마침내 더 진전됨이 없이 위원장 宋斗煥씨의 꾸준한 노력으로 그냥 推過해 나가나, 역시 회원 자체의 명확한 의식과 견인한 용기를 고무해서 어찌튼 현 단계의 대중을 수용하는 新幹運動을 의식적으로 지지하는 질적으로 충실한 회원이 늘어가기를 바라는 것이다.

四. 槿友會 大邱支會

1928년 2월 27일에 창립되여서 회원수가 약 150명 가량으로 위원장 李春壽씨의 은인자중하는 노력으로 현하의 난국면을 당해서도 그냥 회원을 통솔해 나가며 사회적으로 대서특필할 만한 공과를 나타내지는 못하였으나, 회원 자체 내에 있어서는 월례 토론회 같은 자체 교양에 매우 주력하며 이번 팔공산 일대의 수해에는 다른 단체보다 먼저 솔선해서 회원들끼리에게 모은 의복류만 70여 점을 가지고 위원 45인이 山路 40여 리의 재해지를 跋涉해서 일반 이재민에게 분배해 준 일도 있었으며, 어이튼 不煩不撓한 활동이 그다지 침체하지는 않으니 이 현상으로나마 훨씬 더 일반 가정부인에게 槿友운동을 침투시켜서 거기에 공고한 陣勢를 벼푸는 것이 一策이 아닐까 한다.

五. 慶北 衡平社 大邱支社

1912년에 창립되였는데 회원은 약 50명 가량에 불과하나 자체의 통일에 있어서는 어느 단체보다 제일 성적이 좋다고 하며 지사장 金春三씨의 渾身的 열성으로 창립 이래로 지금까지 사무를 掌理하며 부내에만 있는 獸肉 판매점의 수가 300을 초과하니 모다 단결과 통일이 매우 공고히 되여 있다니 그만한 역량으로 좀더 사회적 능률을 내기를 바란다.

六. 慶北靑年聯盟

1928년 1월 7일에 경북 金泉에서 記者同盟이 창립된 즉후 곧 인해서 경북청년연맹이 되니 경북에 있는 각 청년동맹과 또 세포에 포용되였든 전위분자들의 총결속인지라 가장 전투적 기세로 제1세

위원장 洪甫容씨가 취임하야 幾多의 활약을 하다가 ML당 사건으로 투옥되고 連해 鄭時鳴씨가 繼任하야 간판은 朝陽會館에 걸어두었든바 鄭씨 또한 ML당 사건으로 투옥됨에 간부들은 모다 零落되고 간판조차 부지불식중에 뉘손으로 띄어지고 말었으니 이것은 정식으로 해체한 일도 없이 인제는 대구인의 기억에 조차 사라진 夭死 圍體가 있다.

『別乾坤』, 1930년 10월

五中全會를 앞두고 外分內裂의 中國政情
- 廬山會議는 三民統一의 決算인가

　지난 1일 蔣介石씨는 南昌을 떠나서 廬山을 향하야 가고 행정원장 汪兆銘씨 재정부장 孔祥熙씨 고시원장 載天仇씨 등도 日間 廬山에 가서 복잡다단한 內治外交의 제 중요 현안에 대하야 중대한 회의를 할 모양이라는데 이 회의에 참가할 이로는 湖北首席 張群씨와 北中政權의 지배자 黃郛씨도 있다.

　금차 회의의 내용은 전하는 바에 의하면 北中의 제 현안 해결과 對日 일반적 외교방침 제5차 전국대표대회 대책 등등을 표면에 내세우나, 西南派에 대한 회유책이라든지 親歐派의 동정과 邊疆中國의 분열이며 江西福建의 紅軍 세력의 격증 등등이 그들의 금차 회의의 중심문제가 아닐 수 없는만큼 이것을 逐條檢討하기로 한다면 北中 諸懸案의 해결을 위한 소위 大連商會부터 말하지 않을 수 없다.

　去月末頃 黃 郛씨의 특사로 大連에 왔든 殷同씨와 일본의 關東軍

當局間에 열었든 정전협전 폐기문제는 去年 5월 30일 塘活에서 체결한 정전협약을 파기하려는 것인데, 당시 중국은 天津北平이 함락된다면 그것은 장개석의 하야를 의미하는 것이다. 그래서 특사 黃郛를 북상시키는 一方 '華北局勢如斯 誰敢談妥協'이라는 辨解를 시키며 國內工價의 폭등에 도취하는 반식민지중국 자본가에게 평화를 주는 代價으로 長城 이외의 통치권을 포기하는 것쯤은 큰 문제가 되는 것도 아니였다. 하물며 '一面抵抗 一面交涉'이라는 장기 행진인데랴.

×　　　　　×　　　　　×

그러나 아메리카 자본을 중심으로 한 중국시장에 있어서의 列國의 대립은 이 반식민지 지배계급의 일반적 주관적인 애국심을 충동하야 마지않었고 정부는 이 애국적인 타협을 국민에게 역으로 호소하지 않을 수 없었다. 그래서 일 년이 지난 금일 通郵通事를 교환조건으로 이 협정을 폐기하려는 의도이였으나, 그것은 실패인 동시에 北中의 국면은 여하한 회의를 할지라도 황부의 現今의 처지로는 도저히 해결이 될 것 같지도 않다.

이러한 정세에 있는 중국의 對日 일반적 외교방침의 중요한 부분은 北中局勢에 관련되여 있는 것이니만치 이 局勢의 담당자인 황부씨가 大連商會으로서 얻은 선물을 흥분한 민중의 앞에 내여놓지 못할 때 그가 은퇴를 近親에게 누설함은 무리가 아닐 것이며, 요행히 다른 국면을 타개하야 北中問題의 幾分을 해결한다 할지라도 그것은 헛되게 구미열강의 대립을 첨예케 할 뿐이고 對日 일반적 외교방침에는 하등의 진전을 볼 것 같지도 않은 것이다.

적어도 현재의 日中外交의 일반적 방침을 볼 때 무엇보다 먼저 考慮에 떠오르는 것은 舊債關係이며 이 구채관계는 황부씨가 아무리 北中에서 南京政權을 대변한다 할지라도 자기 영역 이외에 속하느니만치 하등의 힘을 갖지 못한 것이며 보담더 구채문제를 담임할 것은 中國建設銀公司이다.

×　　　　　×　　　　　×

아즉까지의 中國建設銀公司는 겨우 發起人會를 연 데 지나지 않으나, 벌써 株는 다 모집되었으며 정식 성립도 이 8월이다. 그런데 이것은 중국의 주요 은행급 경제계가 創辨한 것으로서 그 조직의 동기 자본 모집 관리의 권한이 완전히 중국인에게 장악되야 금후 중국 경제건설에 大工具인 동시에 해외경제와도 연락을 취한다고 한다.

그래서 宋子文 자신이 상해 일본 총영사관 당국에 공식은 아닐망정 "舊債도 구채이겠지마는 銀公司에 먼저 협동하지 않겠느냐"고 권유도 있었고 일본 영사당국이 이것을 거절한 것도 사실이나 이로 보아도 중국 자본가들의 일본의 구채에 대한 일반을 알기에 어렵지 않다. 하물며 이 은공사는 라이히만을 중심인물로 연맹의 對中援助委員會 宋子文을 수령으로 한 중국경제위원회 이 또한 宋 자신이 창변에 분주한 중국 은공사 등등 중국의 경제적 부흥의 삼위일체의 한 존재이니만치 문제는 의연히 장래에 남게 되고, 따라서 蔣 汪의 대일외교에 대한 비난은 이를 반대하는 세력들에 의하야 掙扎하게 반복되는 것이며 그것은 蔣의 독재를 공고케 할 11월 전국 대표대회에 적지않은 暗影을 던지는 것이다.

×　　　　　×　　　　　×

　제5차 전국대표대회는 작년 11월에 개최될 예정의 것으로 西南派에 속하는 중앙위원들의 反蔣的 태도로 인하야 그 전도가 매우 비관되든 차에 때마츰 福建動亂으로 유야무야에 흐지부지 유산되고 말었든 것이었다. 제5차 전국대회는 그 본질이 蔣의 독재를 공고히 할려는 것인만큼 절대 항일, 黨擁護, 蔣독재 반대를 스로-간으로 하고 있는 南中 몬-로주의의 陳濟棠을 중심으로 하고, 廣西福建南雲南貴州 등의 실력파와 湖漢民씨 등의 소위 정통파 국민당 정객들의 결합으로 된 서남세력이 今次의 려산회의에 참가치 않을 것은 명약관화이며, 11월의 五全大會를 계기로 俎上에 오를 헌법초안 즉 장씨 독재의 基本 工具인 헌법의 심의를 근본적으로 부인하고 육박하야 12억에 가까운 내외채의 부담에 喘息하는 민중들의 목전에 그 독립의 체면을 보이려고 하는 것은 아주 자연스러운 경로가 아니면 안 된다. 하물며 작금의 소식은 벌써 서남의 원로 실력 양파가 모다 려산회의의 초청을 일축하고 장씨 독재를 통솔하고 있는데랴. 가령 이러한 국면은 그 대상의 미묘한 인적 관계를 이용하야 당분간 타개할 가능성이 있다고 할지라도 蔣 汪의 합작에 무엇보다 큰 암초는 소위 구미파들의 동태 여하이다.

×　　　　　×　　　　　×

　현재 중국의 외교가들 중에 그 세계적 가치는 어찌 하였든 중국 내에 있어서 가장 花形이고 원로이고 민중들의 기억에 잊혀지지 않는 외교가들의 이름을 치면 누구보다도 顔惠慶 顧維均 王正廷 胡世鐸 등등이며, 이들이 모다 소위 歐美派인 동시에 歐米派의 정객으로 浙江 재벌의 대표자인 송자문이 중국 은공사를 창립하야 라이히만과 손을 잡고 그 배후에 버티고 있는 것이며 孫科씨가 루-쯔벨트 대통령을 하와이에 회견한 것이라든지 때를 같이하야 이상의 중요한 제 외교사신들이 靑島에 회합한 것은 중국의 외교관계가 확실히 전향기에 들어선 것을 의미하는 동시에 蔣 汪 양씨의 친일외교에 甘心치 못하든 민중들이 往年國聯에서의 인기(우상적이나마)를 이들에게 새로이 기대한다는 것은 요사히 새삼스러히 南中에 있어서 排×團體가 소생하는 것으로도 짐작할 수 있는 것이다.

  이상과같이 蔣 汪의 합작은 중국식으로 말하면 9·18 이후의 대일관계도 한가지 이렇다 할 만한 해결이 없었을 뿐 아니라 더욱 여가치 못한 것은 邊疆問題이니 영국 무관의 말끝에 춤을 추는 馬仲英은 南疆 카수칼을 독립시켰다가 지금은 省主席盛世才의 통치하에 중앙정부와는 거의 인연이 없는 상태이며, 達賴喇嘛의 사후 西藏問題는 손도 대이기 전에 영국의 대서장정책은 靑海의 牧羊地로 진출함을 잠깐 보류하고 雲南省班洪의 광산지대를 점령하는 데 따라 서남중국의 교통망을 완전히 장악하려는 것은 佛國이 일억 오천만 푸란이라는 막대한 자본을 들여 滇越鐵道을 건설한 것과는 좋은 대조이거니와 최근의 內蒙自治 등은 삼민정권의 破綻을 의미하는 것이 아니면 안 된다.

          ×   ×   ×

  공산군 5천이 福建省의 水口방면을 일거에 점령하고 福洲 상류 12리 지점에 있는 白沙를 또다시 점령하였는데 이 부대는 제3 제17 제19군으로서 본래부터 전투력이 강하기로 유명할 뿐 아니라 금번의 진출에는 民兵의 협력을 얻어 그 세력이 매우 맹렬하다고 전한다.

그래서 福洲 함락에 극도로 공포를 느끼는 某某國들은 군함을 當地로 급파하였고 중앙군은 이에 대전하기에 벌써 一萬의 사상자를 내었으며, 중국측의 소식은 共軍이 이미 후퇴하고 있다고 전하나 四日上口를 共軍 4, 5천 명이 다시 점령한 뒤는 東城도 위기가 目睫에 박두하였다고 한다.

6, 7년의 긴 세월과 수십억의 金元과 3백만의 延人員을 동원한 과거를 청산하기 위하야 蔣은 전세계의 彼의 고객에게 선서한 토벌은 물론 공격의 방법은 더욱더 참혹하였다. 수많은 탱크가 사용되고 공중폭격에 전력이 경주되였다. 작년부터는 寧都 등지는 하루에 110푼드 폭탄을 50발이나 터트리는 것쯤은 예사이였다.

蔣 자신이 南昌의 진두에서 50만의 精兵과 모든 근대과학의 精碎를 대표하는 무기를 사용한 것은 실로 長城戰線의 日中戰에 사용된 무기의 차이와는 말도 할 수 없는 것이였건마는 오늘날 이와 같은 대부대의 행동이 福州 같은 도시를 향하야 유격되는 것은 비록 복주를 영구히 점령하지 못하드래도 共軍 자신에 어떠한 의의가 있다는 것보다 장씨 자신에 와야 할 날이 오는 것인 동시에 彼의 고객인 열국들이 군함을 보내서 복주를 수비하는 것쯤은 예사인 것이다.

『新朝鮮』, 1934년 9월

國際貿易主義의 動向

 去年 6월 런던에서 개최되였든 국제경제회의가 실패한 이래로 세계의 각국은 오늘날의 경제공황을 타개하기 위하야 모다 제각기 다른 방법으로 피나는 노력을 하여 왔으니 무엇보다도 외국상품의 침입을 저항하기에 힘쓰는 한편, 국내산업을 진흥하야 수출만 증가하기를 주요정책으로 한 것은 각국의 공동한 요구이였든만큼 누구나 부인치 못할 사실이였다.
 그러나 우리로서 허수히 보아 치우지 못할 중대한 문제는 이러한 경쟁의 목표와 이 목표에 도달하는 수단 그것이다. 만약 우리에게 세심한 관찰을 容恕한다면 오늘날같이 뿔럭경제가 성행하는 시대에 있어 각국 무역의 목표와 수단은 벌써 새로운 전향을 하지 않으면 안 된다는 것이다.
 여기에서 일개 국가의 이익을 전제로 수입을 방지하고 수출을 증진한다는 것은 완전히 가능한 일이다. 그러나 전체 세계의 경제적 기초 우에서 볼 때 이러한 純然한 이기적인 수입방지와 수출증진은 사실상 양립하지 못할 모순에 봉착하게 된다는 것은 한 국가의 수입은 다른 한 국가에는 수출이 된다. 그러므로 만약 한 국가가 수입을 제한한다면 그것은 다른 한 국가의 수출과 및 그 나라의 수출증진 정책을 억제하는 것과 같으므로 이에 완전히 대립이 생기는 것이다.

또 한 국가의 수출은 다른 한 국가의 수입이 된다. 그러므로 한 국가의 수출증진은 다른 한 나라의 수입을 초과케 하고 따라 그 나라의 入超防止論策과 대립하게 된다. 그러나 現今의 세계 각국은 모다 자국에 이익을 전제로 하는 처지에 서서 도저히 양립할 수 없는 모순된 정책을 고집하고 있다는 것은 오늘날 국제경제의 근본적인 일개 모순이다.

현재의 한 걸음 더 나아가서 이런 모순된 한 정책을 그냥 실행해 갈 수가 있다 한다면 결국 入超防止는 어느 지경까지 할 것이며 수출증진은 어느 정도까지 할 수가 있느냐는 것도 당연히 한낱 문제가 된다는 것은 수입을 완전히 봉쇄하야 자급자족을 실행한다는 것은 실제에 있어 목적을 도달하지 못할 것이고, 마찬가지로 수출을 무제한으로 증가한다는 것도 일종의 공상에 지나지 않는 것이다.

그러나 이것은 일종의 이론에 불과한 것이고 이같은 정세 밑에서 喘息하는 세계 각국은 그 힘이 자라는 데까지 入超를 방지하고 수출을 증가하는 외에 실제에 다른 길이 없는 것이다. 그러므로 오날의 국제경제의 혼란은 그 무역으로써 드디어 일종 새로운 전향을 발생케 하였으며 이러한 새로운 전향이란 것은 즉 最惠主義를 폐기하고 瓦惠主義를 내세우는 것이다.

1. 最惠塞義國의 變質

상대방에 한 개의 대상이 있을 때 그것을 가장 고급인 형용사로 最字를 가져다가 표현하면 된다. 그러므로 오늘날 국제경제상에 가장 은혜롭게 부여된 最惠主義도 당연히 일개 국가에 한해서만 적용될 것이다. 그러나 실제에 있어서 국제무역의 최혜주의란(즉 最惠國條約主義) 상술한 의의와는 전연 상반해서 다수 상대국에 대하야 최대의 은혜를 급여하는 것이고 결코 어떤 일개 국가에 한해서만 최대의 은혜를 급여하는 것은 아니다. 기실 다수국가에 대하야 施與한 박애인 것이다.

그러면 어째서 최혜주의가 이같이 박애주의로 변했느냐는 데 우리가 좀더 탐구해 볼 여지가 있다는 것은 최혜주의란 甲乙 양국간에 체결할 최혜국협약이라는 것을 우리는 안다. 만약 양자 중에 어떤 한 국가가 제3국에 대해서 보담더 큰 이익을 준다고 할 것 같으면 그 외 상대방의 국가도 역시 그 이익을 균점해야만 될 것이다. 그것은 마치 중국이 미국과 체결한 통상조약에 최혜국 조약의 규정이 있고, 그 후 만약 중국이 영국에 대하야 低率開稅를 협정했다고 할 것 같으면 미국도 당연히 이에 균점해야 할 것이다.

실제에 있어 한 개 국가가 다수한 조약국을 상대로 이러한 최혜국 조약을 승인하고 그것이 비록 어떠한 국가에 최대의 은혜를 급여했거나 기타 일체의 조약국이 다같이 예에 따라 이익을 균점할 수 있다고 하면 무엇으로써 최혜라고 할 조건이 없는 것이다. 그러므로 이것은 최혜의 본질이 최혜 균점주의로 변한 것이며 벌써 이것을 均霑主義라고 할 것 같으면 차라리 박애주의라고 하는 것이 당연한 귀결일 것이다.

이러한 실례는 명치 44년 일본과 英, 佛, 伊 3국간에 특별관세 협정이 체결되었을 때도 이러한 은혜를 균점한 최혜 조약국이 20여 개에 달한 것을 보아도 소위 최혜주의란 것은 결코 일개 국가에만 한해서 주는 최대 은혜가 아니고 일체의 조약국에 다같이 주는 최대은혜인 것을 알 수가 있는 것이다.

이렇게 보면 최혜조약은 벌써 박애주의일 뿐 아니라 균점주의인 동시에 결국은 자유주의 평등주의로 변질한다는 것은 적어도 일개의 근대국가는 어떤 한 개라도 외국과 더불어 조약을 체결치 않은 국가는 없다. 그러므로 오늘의 국제관계에서 일반이 국가인격이 있다고 승인하는 국가는 거의가 다 조약국이다. 따라서 통상조약에 最惠條項을 삽입하는 것은 일종의 형식적 외교예의로써 유행이 되였고 현대의 국가간의 最惠條約은 일체 국제상 국가간에 적용되는 보편원칙이 되여 있다.

벌써 최혜조약이 이러할 때 이후는 어떤 국가를 물론하고 어떤 특혜조약을 체결하드래도 일체 국가가 다같이 공동으로 균점해야 할 것이다. 이렇게 되면 무릇 지구 우에 있는 모든 근대국가는 다같이 평등으로 자유로 최대 이익을 균점할 것이다.

국제무역의 자유주의적 근거가 비록 여기에 있지 않다 하드래도 최혜주의는 확실히 자유무역의 일개 유력한 支柱인 데는 틀림이 없다. 이러한 이유 밑에서 자본주의 초기에는 일방 관세주의인 동시에 또한 자유무역주의가 행해져 왔다.

2. 協定關稅로부터 救濟關稅

선진 자본주의 국가는 후진 자본주의 국가에 대하야 예외 없이 강력적인 침략을 행해 온 것은 사실이다.

그래서 오늘날의 후진 자본주의 국가가 선진 자본주의 국가를 상대로 체결한 관세조약은 모다가 이러한 강박 밑에서 체결한 것이라고 해도 과언이 아니다. 이러한 형세하에 체결된 관세조약을 일반 사람들은 쌍방의 협의로써 된 것이라 하야 협정관세라고 하나 사실은 강박으로써 결정한 것이란 것이 사실에 가까울 것이다. 뿐만 아니라 일단 선진국의 강제 밑에서 불리한 조건으로 체결한 관세조약이라도 다른 일체의 조약국은 여기에 이익을 균점해야 하는 것이며 이와 같은 역사를 가진 관세조약이 앞에 말한 최혜주의인 것이다.

그러나 선진 자본주의 국가의 중압 밑에 있는 후진국가가 점점 자본주의화해 올 때는 앞에 체결한 협정관세를 파기할 필요를 느끼게 되는 것이며, 따라 자국의 법률에 의한 자주적인 보호관세를 규정할려고 하는 것이니 이런 방법은 조약을 개조하는 수속을 밟아 관세의 자주권을 확립하지 않으면 안 되는 것이며 이렇게 하면 이전에 다른 국가와 협정한 관세는 곧 자국의 법률로 규정한 법정관세로 변하는 것이다.

본래 최초의 법정관세란 것은 자국 내의 유치한 산업을 보호하기를 목적으로 한 일종의 保育關稅라고도 할 수 있는 것이다. 그런데 유치한 국내산업의 발달이 관세의 보호 밑에서 어느 정도까지 성숙하면 법정관세의 최초의 목적은 달성한 것이며, 이 목적을 달성한 후에는 법정관세는 철폐키는커녕 도로혀 팽창하야 카-ㄹ델 관세로 전환하지 않을 수 없는 것이다. 뿐만 아니라 최후로 전후에 영속적인 불경기와 세계경제공황은 결국 카-ㄹ델 관세로부터 구제관세에 두 번째 전환하지 않을 수 없었고 이에 원인하야 벌써 특수히 유치한 산업조차도 보호하지 못할 뿐 아니라 또한 단순한 카-ㄹ델 산업도 보호하는 것이 아닌 동시에 일종 공황의 참화 중에서 일반산업 중의 약소기업을 구제하려는 구제관세가 되고 말았다.

3. 國民主義와 關稅戰爭

우에 말한 보육관세라던지 카-ㄹ델 관세라던지 구제관세라던지 모든 자주적 권한으로 제정해 온 법정관세 등등은 자국을 본위로 한 자애주의인 것이다.

그러므로 이같은 자애주의가 존재하기 위해서는 소위 박애주의니 평등주의니 하는 최혜국 조약은 자연히 소멸할 운명을 내포하고 있는 동시에, 국제무역의 자유주의도 또한 제한주의로 변한다는 것이다. 다시 말하면 관세의 자주적 보호주의는 후진 자본주의 국가에 소용되는 반면에, 카-ㄹ델 관세는 선진 자본주의 국가에서 需求하는 바이다. 그러나 최근의 구제관세는 일체 자본주의 국가가 모다 필요로 하는 바이며 이 까닭에 전세계는 모다 관세전쟁의 참화 중에 混入하고 있는 것이다.

이상과 같이 보면 관세의 전환은 최혜주의로부터 自惠主義에 다시 협정주의에서 법정주의에로 변화하였다. 바꾸어 말하면 자유주의에서 제한주의에, 국제주의에서 국민주의에로 변화하였다고도 말할 수 있는 동시에 방임주의에서 통제주의의 계단에까지 왔다고 할 수 있으니 이러한 관세의 전환은 대전 후 전세계의 주요한 무역의 동향인 것이다.

그러나 이 국제주의에 반해서 국민주의에 돌아간 세계무역은 오늘날의 일개 국민경제의 범위 안에 있어서 벌써 파탄의 경지에 이르렀다는 것은 극단적인 수입방지와 수출증진은 現下의 국제정세 밑에서는 한 개의 아름다운 몽상에 지나지 못하는 것이다.

편협한 국민의 자족자급이란 절대주의는 소수의 특수국가를 제한 외에는 어느 곳에나 통과시켜 볼 곳도 없는 것이며 이 때문에 오늘의 국제경제의 정세 아래 있는 세계무역은 국민주의로부터 쁠럭주의에 전향하지 않을 수 없는 운명을 가지고 있는 것이며, 이것은 즉 관세전쟁을 의미하는 것이다. 그래서 현하에의 세계무역은 전세계의 일반적인 정치적 위기와 보조를 같이하야 쉴 바를 모르고 무궤도로 운명의 길을 가고 있는 것이다.

『新朝鮮』, 1934년 10월

危機에 臨한 中國政局의 展望

1.

 1935년을 맞이하는 중국국민당은 역시 동북문제와 싸벳트중국이란 두통거리인 숙제가 國雜이란 이름으로 繰越되야 당파로 이것을 해결하려 하는만큼 蔣介石을 수반으로 하는 독재조직의 급격한 발전을 볼 것은 아주 자연스러운 신년의 구경거리일 것이다.
 중국에 있어서는 통치자는 買辨階級으로서만 존재할 수 있는 것이다. 그러므로 지나간 한 해의 화려하든 공상과 그 통일운동은 그 약속을 도달할 희망조차도 없다는 것은 과거의 통일운동은 어느 때나 통일운동을 파괴하여 왔다. 그러나 민족자본은 늘 근대국가로서의 중국을 약속하고 통일을 구하는 것은 사실이다. 그래서 어찌했든 이 통일운동에 한 개 主派를 만들려고 갖은 수단을 다하야 장개석은 부심하고 있는 것이다.

이러한 主派는 국내자본 외에 특히 '아메리카 인페리아리스트'의 지지를 받고 있다는 것은 아메리카는 중국의 분할을 질겨하지 않는다. 다만 '아메리카'가 바라는 바는 '중국재벌에 의하야 통일되게 되고 다소 사실상 아메리카의 식민지로서의 독재중국이 되기를' 빨가 이전부터 알고 있었다.

三民主義者들에 의하야 연출된 혁명 반혁명의 극은 장개석으로 하여금 下野케도 하여 보고 主席의 영예로 자리를 떠나게도 하여 보았으나, 그러나 그를 중심으로 한 통일운동은 시종 주파로서의 위엄과 실력을 잃지 않고 행진하여 왔다는 것만 보드라도 장개석은 행운인 것 같다.

오늘날도 중국의 산업의 주력은 수공업이며 농업은 周代文化의 답습인 동시에 대중의 생활은 재생산의 용이한 원시적 생산방법에 의거해 있다. 그래서 벼이삭을 밟어치우면 금시에 무배추가 시퍼렇게 올러오고 남편이 징발되여 가면 마누라가 날품팔이를 하면 된다. 이래서 지긋지긋한 통일운동에 민중의 생활이 잘도 부지하여 온 것은 그들의 생활이 거의 재생산의 용이한 (그것도 비교적) 원시생활에 의거한 결과 파괴가 일시에 나타나지 않았을 뿐인 것이다.

2.

"중국에는 자본가나 地主나 苦力나 모다 피압박자다. 따라서 국민당은 전계급의 이익을 대표하는……"고 말하고 국민대중의 데모크라시-를 약속한 孫中山은 동시에 先知先覺의 특권과 無知無覺의 절대 被治者的 지위를 규정하야 데모크라시-를 말살하였다. 뿐만 아니라 충실한 그의 후계자들은 국민당이 대표하는 전계급 인구로부터 노동자 농민만은 정식으로 제명하고 당파에 계급독재의 기초를 세웠다.

국민당은 전국통일에 노력한 것만은 사실이다. 그러나 이 노력은 한편으로 상대적 국내자본 발전, 다른 한편에서는 매판통치에 의한 민생의 근본적 고난 우에 행하여졌다. 뿐만 아니라 先知先覺의 계급독재는 개인독재의 형태 중에서 발전했고 동시에 '인페리아리스트'의 대립은 '데모크라시' 옹호의 反개인 독재운동에 반영해서 내전을 지지해 왔느니만치 국민당은 그 통일운동에 있어서 통일 대신에 上述한 두 낱의 국난을 招致해 온 것이다.

3.

그러나 이 국난은 쩨내랄매판으로서의 중앙정부를 독재조직으로 전향하는 운동에 가장 유효한 원조가 되였다. 이전은 팟쇼운동은 黨禁으로 정면에 표현되지 못하고 음으로 서서히 행하여졌다. 즉 장개석은 근로계급에 대해서 준비된 黨禁으로써 反蔣派의 압박에 당하면서 '黨治'와 '인페리아리스트'가 南米政權의 역할에 부여하는 '필요한 안정'과를 결합시켰다. 그러나 이 운동도 어느 정도에 발전하면, 다시 말하면 彼의 主族的 지위가 확립하면 종래의 黨治

主義는 도리어 그에게 桎梏이 되었다. 본시 당파란 것은 '데모크라시-'라는 이름으로 너무나 약속한 데가 많은 것이다. 그래서 당파주의를 팟쇼정권 옹호의 이론으로 전환할 필요가 생기는 것이며 충실한 삼민주의로서 독재가 되지 않으면 안 되게 되는 것이다.

  그러나 蔣의 세력은 그 확대와 함께 彼의 반대자 세력은 당파주의의 윤곽 안에서 狹搾하게 되는 것이며, 그들도 또한 '당파주의'를 반개인 독재주의의 무기로 만들 필요가 생긴 것은 9·18 이후 각 방면으로부터 治打破의 요구가 공연하게 행하여진 것을 보아도 알 수가 있다. 물론 그럴 때마다 엄중한 黨禁하에 탄압되어 온 것은 사실이다. 이것이 한번 국민당의 수령들에까지 지지되어 온 것도 또한 사실이다. 조금 묵은 예로는 在野 당시의 汪兆銘이 국민구국회의 소집을 주장한 것이라든지 당시 행정원장 孫科가 國難會議를 발기한 것이나 胡漢民이 '黨外無黨 黨內無派'는 독재를 의미한 것이 아니고 對共黨策으로서 결정한 스로-간이라고 성명한 것이라든지 그 후 하야한 손과가 다시 '黨外有黨 黨內無派'의 표어를 제출하고 삼민주의에 위반하지 않는 한(그의 의견은 공산주의 이외는 모다 합격) 結黨結社는 자유이나 訓政期를 폐하고 黨政을 卽行하라는 주장이나 去年의 福建政府는 此種의 한 구체적 표현인 동시에 최근의 兩廣을 중심으로 한 서남파의 태도는 더욱더 이러한 색채가 명료한 것이다.

4.

그래서 지금은 당내당외에 당조직이란 일종 유행이 되여 있다. 이 중에서 중요한 몇 가지를 헤아려 보면 국민당 중앙위원 陳果夫는 그의 슈季立夫와 CC團을 (군인동지 구락부) 조직하여 온 것은 천하가 다 아는 사실이며, 국모 宋慶齡 여사의 農工黨과 陳友仁의 비서이든 高承元이 창시했든 社民黨 '오포추니스트'의 대표 陳啓修가 같은 종류의 것을 시작하고 손과가 둘러싼 太子派의 소장들이 '파'를 '당'으로 발전하려 할 때, 取消派의 總師 陳獨季가 합류를 하였든 것도 진부한 사실이였지마는 국민당 고문 吳佩孚와 이 亦 국민당의 不共戴天之讐인 陳烱明이 '取消黨治恢復民治'로서 국가주의의 중심에 추대되는 것도 케케묵은 넌센스의 하나이였다. 1931년 조직된 AB단(반공주의)은 지금은 사회민주당이 되여 있으며, 武漢시대의 좌익군인, 彭述之 등 取消의 간부, 施春統 등 제3당의 파편, 중앙대학 해산으로 이름 높든 한때의 교육차장 段錫明 등 改組派의 잔류분자와 태자파의 유지 등등이 모여 국민당 중앙위원 陳旺樞를 총재격으로 떠맡고 있는가 하면 汪兆銘의 改組派도 국민당 좌파동지 通信處라든 신당 준비기관을 집어치우고 孫科同樣으로 AB단 社民黨으로 진출하였으며 基督將軍 馮玉祥까지가 陳啓修와 좌익 낙오자의 대표 李達 등을 泰山으로 뫼셔다가 社民主義의 하계강습을 받고 있든 것도 소문뿐이였지 지금 볼 것이 없다.

누가 무엇이라고 해도 사병제도에 지배되는 중국인만큼 당연히 陳兄弟의 CC단이 가장 활기를 갖지 않으면 안 되였다. 그래서 그 유명한 藍衣社로 변장을 하야 팟쇼의 기본조직이 되는 동시에 장개석의 독재를 위해서는 옛날의 袁世凱의 견제운동을 방불케 하는 활동은 그때부터 시작되였으니, 근대 중국의 책사로 자임하는 楊永泰 국민당 중앙위원 張群陳 형제 黃郛 등등이 그 최고 지도자이며 표면으로는 賀裏塞鄂悌(이 친구와 藍衣社와는 유명한 일화가 있으나 다음 기회로 미룬다) 曾擴情 등 13명이 중앙간부회를 조직하야 있고 黃浦 동창회 주석 蘇文育과 중국일보 주필로 있는 康澤 등이 별동대의 지도를 하고 있으며, 전국운동의 기본멤버-로는 黃浦軍官(지금은 중앙군관학교) 출신의 소장군인을 중심으로 한 2천 명과 그 외에 군사위원회 간부훈련반, 교육 總隊, 團警班 등등이 공개적으로 훈련되여 이에 드는 경비가 매월 50만 원 이 외에도 직접 행동대로서 반역 잘하기로 유명한 顧順章을 대장으로 한 철혈대의 존재는 잊을 수 없는 것이다.

5.

藍衣社의 政綱은 새삼스리 되풀이할 것도 없으나 정치통일, 재정정리, 강기숙청, 산업건설, 勞資爭議의 절감, 地權平均, 농촌경제의 진흥, 징병제와 국방완비 생산교육을 목표로 하는 의무교육, 남녀평등 등등의 달성인 것이다. 그런데 팟쇼운동이 가장 중국에서 문제되였을 때 天津大公報社의 공개질문에 蔣은 다음과 같은 회답을 하였다.

"국민당은 조직에 있어서나 방법에 있어서나 중국의 유일한 혁명당이다. 나는 모든 다른 조직에 반대한다. 나의 志願은 국민당을 부활하고 그 본래 정신과 방법으로써 삼민주의를 실현하는 데 있다……"고. 그뿐은 아니다.

"총리제는 부활할 것이고 삼민주의를 실현하기 위해서는 파시스트 조직은 오늘날의 중국으로는 필연적으로 공고히할 필요가 있다. 그러나 그것은 이태리의 그것과는 성질이 다르다."고 그들의 어용학자 楊公達은 말한다

"금일의 訓政期는 아즉도 12년은 연기해야 한다고"는 高一國씨의 聲明이며 "민주집권이란 그 자체 파시스트적 민주정치를 말함"이라는 것을 보면 1세의 정치학자인 陶希聖도 먹고 살기 위해서는 목구녕이 포도청인 모양이니 문제는 없다.

蔣의 조직은 '중국국민당 藍衣社'라고만 알면 그만이다. 다시 말하면 汪의 그것은 '중국국민당' 개조동지회였든 것과같이 국모 송경령 여사 일파의 제3당이 '중국국민당' 행동위원회였든 것과같이 蔣은 삼민주의자인 것이다. 그가 당치주의를 전환하는 데 따라 국민당총리가 되거나 대총통이 되거나 그것은 彼가 충실한 국민당원일 것을 방해하지는 않는다. 그러므로 남의사의 黨章은 최초부터 말하고 있는 것이다. "삼민주의를 宗旨로 하고 삼민주의 新社會의 실현을 철저히한다."(제1선) "그렇게 하기 위해서는 민주집권을 거부하고 사장(蔣)은 독재를 주장함"이라고 漢口의 行營 같은 데서 蔣을 만나드라도 "중국에서 파시슴을 실현할 수 있느냐"고는 신문기자가 아닌 사람은 아이예 물을 것도 아니다. 가만히 두고만 볼 일이다.

6.

　국민정부 주석 林森은 어찌 하였든지 대통령격이다. 그러나 정치의 최고권은 중앙정치회의의 3상임위원 즉 蔣·汪·胡漢民에게 있다는 것은 신정부 조직법에 규정되였든 것이다. 이 조직법이야말로 1931년말 蔣이 약 1개월 동안 손과에게 정권을 맡겨 주었던 대상으로 얻은 것이며, 지금 이 세 사람 중의 한 사람인 展堂 胡漢民씨는 서남파를 조종하야 실속 없는 이론으로만 영예 있는 독립을 시키기에 분망하여 또 한 사람인 汪兆銘은 손과씨에게 얻은 선물로 행정원장이 되야 책임내각의 수반은 되었을망정 전국 지방행정장관에 명령권은 가지지 못하였다. 그나마 전국 지방행정장관의 이십사분지 이십일은 군인이다. 그래서 군인은 군사위원회 밑에서 내각과는 전연 독립되어 있는 것이다. 무슨 행정원장의 존엄이 천하를 호령해 보지 못한 것은 그 유명하든 鴉片公賣案의 결과만 보아도 알었든 것이지마는 汪院長 본시 廣東派의 진영을 반역하고 '損棄前捐共赴國難'이라고 大少 改造派의 막료들과 官途에 부활은 하였으나, 그의 역할도 역시 앞날의 손과 同樣으로 蔣의 발전을 위하야 말하는 도구로써 스사로 중앙에 窮迫할 뿐인 것이다.

　지방의 할거는 더욱 확대되고 釐金은 공연히 회복되며 長江 연안의 數省을 제하고는 국고의 수입은 모다 지방에 몰수되며 아편공매의 통일은 이상에 말한 바와 같이 지방당국으로부터 거부되고, 재정의 궁핍을 湖塗할 일체의 功조차도 용서치 않고 한갓 장개석을 중심으로 한 파시스트운동은 어데까지나 중국의 통일운동에 있어

主派로서의 위엄을 保持하고 발전해 가지 않으면 안 되였다.

그러나 '인페리아리스트'의 대립이 어느 때나 중국의 통일에 반영하고 있는 한 물론 蔣의 팟쇼운동도 '主派的' 세력 이상에는 발전하지 못하는 것이다. 얼마나 국내자본이 통일을 희구하고 있어도 蔣의 팟쇼운동은 蔣 자신의 운명과는 하등 관계도 없이 세계자본의, 또는 '인페리아리스트'들의 필요에 의해서만 보증되지 않으면 안 된다.

그래서 赤軍토벌과 탄압을 통해서 '인페리아리스트'의 買努力, 공채이윤의 인하와 지불기한의 연장, 鹽稅增加, 상품에 대한 관세 증율, 發兩改元에 의한 예상수입으로의 高利借款, 英·米·伊 등 國에 대한 庚子賠款의 '모라트리엄' 아메리카의 棉麥借款 등 이러한 수입의 모다가 국난 군사비의 명목으로 장개석의 팟쇼운동에 양념이 되였을 뿐이다.

7.

한때엔 十九路軍을 고립시킨 汪원장이 張學良에 대해서 無理情死를 강요하야 장개석의 西江及華江의 세력을 견제하려고 애쓰든 것도 가을볕같이 옅은 彼의 배경에서 너무나 희박한 신세력이 彼의 企圖로 하여금 그 주관적 戒立辨으로서의 역할을 수행할 반식민 중국의 파시스트 통치형태는 어데까지나 '중국식'으로 그 과거의 역사가 그른 것과같이 1935년이란 曠古 미증유의 세계적 위기를 앞두고 운명적인 노선을 가지지 않으면 안 될 것이다.

그러므로 그들의 어용학자들이 말하는 것과같이 금일의 중국에는 팟쇼운동이 필연적으로 이상의 조건 밑에서 발전할 것이며, 反蔣운동의 모든 파당들도 이 요구만에는 지배되지 않을 수 없을 것이다.

『開闢』, 1935년 1월

中國靑帮秘史小考
‒ 公認 '깽그'團

1. 靑帮의 組織

惡의 華! 靑帮을 말한다 해도 이것은 시카고의 알 카보네의 얘기는 아니다. 상해를 중심으로 한 중국 각 도시에 그들의 방대한 조직을 가지고 있는 중국식 '깽' 청방이라면 국민당의 流氓政治에 사용되는 형형색색의 도구 중에 한 개의 중요한 세력인 것이다. 그러므로 이 상해의 '깽' 성질을 이해하기 위해서는 그 유명한 불란서의 루이 뽀나팔트가 이용한 Society of December Jenth나 제정로서아의 Black Hundred나 가까운 예로는 시카고의 '깽' 들의 성질을 종합하야 상상하면 명료하게 알어질 수가 있는 것이다. 물론 중국 전토에 뿌리박은 '깽'이라면 여러 가지 종류가 많은 것이지마는 그 질에 있어서나 양에 있어서나 조직의 치밀한 것이라든지 규율의 잔인한 모든 점으로 보아 '청방'이라고 불려지는 상해의 '깽'은 중국 '깽'의 대표적인 동시에 그 '멤버-'의 수는 호적조차 정확치 못한 중국이니만치 자세히는 모르나 사람에 따라서는 2만 내지 10만이라고 추정하는 이도 있다. 그리고 멤버의 자격은 하층사람, 佛租界의 순사, 형사, 공안국의 공리, 流氓정치가, 공장감독, 노동계약자, 국민당의 노동지도자 (황색조합의 간부) 시중의 소상인에 이르기까지이며 그들의 하는 일은 인신매매, 아편밀수 운반, 幇縹(인질) 싸움청부, 도박, 총기밀매, 살인 등등이나 일면에 ×動政治의 도구되기 위해서는 우국지사, 은행가 부호, 고급정치가, 국민당 간부까지가 유력한 '멤버-'로서 裡面에 활약하는 것은 물론이고 장개석 자신도 선서한 '멤버-'의 한 사람이란 것은 너무도 유명한 사실의 하나이였다.

그러면 이 '깽'의 수령 즉 암흑 중국의 대통령은 누구냐? 이것은 군웅이 接據하는 중국의 모든 사회가 그러한 것과같이 이 '깽'의 사회에서도 杜月笙, 黃金榮, 張嘯林 등 거물(?)들이 버티고 있는 것이다. 그래서 이들이 가장 封建的家長的인 이 결사의 주인들인 동시에 최고 통제자들이며 따라서 大佛蘭西租界內의 사실상 지배자들이다. 佛租界 당국은 彼等의 활동에 의하야 大金을 수확해 들이는 代償으로 그 지배권을 彼等에게 讓與하였다는 것은 杜月笙은 정말 불란서의 市參事員의 한 사람이였었다는 것만 보아도 알 수가 있다. 본래 杜, 黃, 張의 삼대두영들은 민국 20년도까지도 상해를 3분하야 정족의 세를 이루고 서로서로 협조하야 왔든 것이지마는 아편의 이익으로 말미암아 내부의 암투는 黃金榮의 세력을 희생하고 杜月笙의 强大를 결과하였으며 경쟁에 이긴 두월생은 드디어 상해의

'츠아-'가 되고 말었다.

2. 彼等의 정치적 역할

중국의 '깽'! 이것도 민국 17년까지는 순연한 유맹의 집단이였다. 그래서 일반으로는 봉건군벌인 孫傳芳과 결탁하야 아편과 노예의 운반을 하는 데 지나지 못하였으나 중국 ××이 ×動化한 동년 4월에는 이것이 정식으로 정치적 도구가 되야 등장하였든 것이다.

국민 ××군이 멀리 상해를 향하야 진격하고 있을 때 상해의 시민들은 환호하며 무기를 잡고 孫傳芳을 상해로부터 쫓어냈다. 그리고 廣東의 白崇禧장군이 民國 17년 3월 22일 상해에 도착했을 때 당시 상해를 완전히 지배하든 근로자들은 무대의 후면에서 무엇이 어떻게 되는 줄도 모르고 장개석을 지도자로 한 국민군이 상해에만 도착을 하면 꼭 자기네를 해방하여 줄줄만 알었다. 그래서 彼等의 대부분은 무기를 던지고 상해를 '정당한 상해의 당국'에다 넘겨 주었든 것이다. 바로 그 2일 후 南京事件에 뒤이어 장개석은 남경에 좌정하고 全市中의 은행가들은 회의를 열었으니 그 결과는 모든 선량한 근로자들에 대하야 直時 전율할 '테로리슴'이 행하야젔다. 그래서 즉시로 무기를 포기하지 않는 자들은 얼마인지 그 수조차 모르게 몰려가서 ××을 당하였다. 그러나 그 하수인들은 장개석 자신의 병사는 한 사람도 아니였다. 그것은 그때까지 병사 자신들은 민중의 동맹자일지언정 민중이 적이 아니라고 생각하였기 때문이였다.

沙市, 萬縣 등 사건과 유명한 민국 15년의 五州事件을 지나고 얼마 안 되는 때라 외국병사들도 이 ××에는 한 사람도 직접 하수인이 되지는 않았다. 그 ××은 '깽'의 손으로 행하여진 것이며 그 기금만은 경로가 있었다.

이 '테로' 집행대장은 바로 張肅林이였고, 彼는 당시 제일류의 '깽'이였다. 그 뒤 彼들의 동료들 중에는 국민당 중앙위원회의 '멤버-'가 된 자도 있었으며, 장개석에 선발되야 상해경비사령에 등용된 자도 있었다. 이뿐만 아니였다. 상해에 있는 ×국 경찰과 결합된 '깽'들은 수많은 노동자 '인테리켄챠'를 ××하였으니 그 제1회의 '테로'가 광란한 판에 6천 남녀의 희생자가 낳다. 여기에 차마 웃지도 못할 삽화가 있다. 그것은 杜月笙의 비서역인 한 사람은 濟南大學의 종교학 교수로서 그 후 濟南事變이 발발될 때까지 一身兩役의 의무를 충실히 수행하였다는 것이다. 이렇게 하야 '깽'은 민국 17년 이래로 국민당의 중요한 무기가 되였다는 것은 주로 노동자들의 대중운동을 압박하는 것과 조합운동을 통하야 스트라익을 궤멸시키는 역할을 맡어 연출해 왔다. 그리고 종래의 모든 노동조합을 분쇄한 후 '존경할 만한(?)' 새로운 조합을 창설한 '깽'들은 국민당의 노동운동의 지도도 맡어 왔다

3. 政治性質의 發展

100%의 효과를 발휘한 민국 17년 후의 '깽'을 발견한 국민당 지

도자들과 그 계급적 배후자들은 벌써 그냥 있을 수는 없었다. 될 수 있으면 청년과 달러붙기 시작하였으니 두월생은 더욱더 위대하게 성장하였으며, 彼의 세력은 확대되야 경제적 정치적으로 국민당 정권의 계급적 기초를 형성하고 있는 거리에서는 식민지 뿌르조아지의 진정한 '멤버-'가 되고 말었다. 이렇게 하야 彼는 점차로 정부의 배경이 되야 있는 계급의 '멤 버-'와 정부와 및 그 배후자의 계급이 이용하는 암흑한 하층계급의 '츠아-'로서 이중의 역할을 일신에 결합하게 되야 이 청방의 '츠아-'가 중요한 역할을 한 정치회의라든지 장개석과의 사이에 행하여진 비밀회담의 기사가 때때로 신문지상에 오르내릴 때에는 그들 거물(?)들은 벌써 남경정부의 명예고문이라는 지위를 차지하게 되였다.

이러한 지반을 가진 두월생은 동시에 張學良의 고문도 된다. 그것은 민국 21년 3월 장학량 부인이 상해를 방문하였을 때는 그 화려한 호텔이 즐비하게 나열한 거리를 지나서 華客臬路에 있는 禁城을 두른 궁성과 같은 두월생의 저택에 손님이 되였다.

민국 21년 5월 1일 남경정부는 두월생에게 상해의 콤뮨니스트에 대한 억압을 하기 위하야 그 수석의 관직을 수여한 것은 유명한 사실로서 당시 北中에서 이름 높은 天津大公報는 다음과 같은 기사를 실었다.

　　유명한 상해의 두목 두월생은 불란서 租界 내의 다른 유력자와 함께 회의에 소집되야 참석하였다.

이 중요한 비밀회의에서 무엇이 토의되었는지는 대다수의 중국 사람들은 알고 있는 것이며, 또 중국신문에 때로는 보도도 되였든 것이다. 이에 그런 중국신문들을 재료로써 상고하야 보면 장개석은 상해에서 剿共工作을 강화하기 위하야 보담더 강력적인 '테로'단을 조직하려고 일금 100만 원을 '깽'에게 내여놓고 동시에 정객과 '깽'과의 사이에 아편운반에 대한 밀약을 맺었다. '깽'은 그 주요 수입을 江蘇, 淅江, 楊子江 유역의 아편으로부터 짜내고 남경정부에서는 소위 阿片專賣에 의하야 法外의 이득을 빨아올릴 계획이였었다.

남경회의에서는 아편전매 기관의 관리는 남경정부로부터 임명하기 전에 미리 '깽'측에서 임명하든지 최저한도라도 이들의 승인을 얻어 임명하기로 되야 지배는 의연히 '깽'의 수중에 잡혀 있었다. 그리고 그 뒤의 소문은 또 '스테-숀'의 宋子文 (당시 재정부장)의 암살소동도 이들 청방두목들의 암투의 결과가 폭발한 것이라 전하여졌다.

이뿐만 아니라 이 회의에서 두월생은 금전이나 세력만을 요구한 것은 아니였다. 즉 그것은 '面子'-명예까지도 요구하였다. 彼의 이름을 상해 부근이나 적어도 중국은 모르는 사람이 없다. 또 彼의 지위라든지 彼의 수입의 원천이라든지 彼의 활동의 성질이 어떠한 게라는 것도 다 알고 있다. 그래서 彼는 浦東河를 건너서 굉장히 호화한 家廊을 세웠다.(양반이 될 작정이였다.) 바로 민국 21년 6월 9일부터 10일까지 엄청나게 큰 제전이 거행되였다. 장개석은 두월생의 지배구역 내에 있는 무관, 문관, 국민당 지부 할 것 없이 명령하야 祝電을 보내게 하였으며, 당일 상해는 여간 소동을 한 것은 아니였다. 수천의 '깽'들과 실업가, 정부의 관리들로 된 長蛇의 대행렬이 華客梟路에 있는 두월생의 저택으로부터 나와서 특별 경계에 정리되는 도로를 통하야 상해시를 횡단하얏다. 행렬의 선두에는 장개석, 장학량, 상해시장 王正廷 박사, 불란서 총영사, 기타 국민당의 관리, 전국으로부터 知名之士가 보낸 축기 등등이 흘러갔고, 두월생은 자기 家廓에 참배한 사람들을 위하야 浦東河를 왕래하는 특별 '랜취'를 새로이 준비하였다. 참배자 중에는 남경정부의 대신, 상해시장, 그외에도 대부분은 고위고관이 자진 참배하였으며, 장개석의 대표로는 당시 시장 張群이였다. 이날 두월생은 從者와 親近者들에게 '팁'으로 준 돈이 7만 원이였다고 중국신문들은 보도에 혈안이였었다. 이만하면 얼마나 큰 소동이였다는 것도 상상할 수 있는 것이지마는 이 뒤로부터 '깽'의 '츠아-'인 두월생과 그를 둘러싼 청방들은 보담더 彼等 본래의 사명을 열심으로 수행하였으며, 젊은 노동자, 학자, 작가, 학생 등등에 대한 '테로'는 더욱더 맹렬하여졌으니 체포, 고문, 암살 등등은 중국민족 혁명사에 얼마나 두터운 '페-지'를 비린내 나는 피로 칠하였는지 모른다.

4. 靑帮과 勞働階級

청방들은 노동자에 대해서는 스파이인 것이다. 조금만 저들의 명령에 거역을 하면 그것은 ××이다. 그뿐만 아니라 국내자본이나 국외자본의 앞잡이로서는 현장 두목도 되고 노동 계약자도 된다. 어느 조합이나 어느 공장에도 '깽'의 그물이 안 치어 있는 곳은 없다.

이러한 정황 밑에서는 '스트'를 한다하거나 노동자를 어찌한다는 것은 벌써 문제가 아니다. 좌우간 '깽'들의 안경테 밖에 벗어만지면 체포되고 체포만 되면 長期나 사형쯤은 각오해야만 하는 것이다. 民國 21년 9월 불란서 조계의 전차 종업원의 파업 때의 한 사람의 노동자는 아주 적당한 예이였다. 그는 매우 叮嚀한 노동자였으나 공산주의자라는 혐의로 기소되야 하등 증거가 없는데도 불구하고 청방의 '멤버-'인 공장감독들이 날조한 되지도 않은 팜프렡을 증거라고 하야 彼는 그른 것은 일생에 본 일조차 없다고 하였건만 변호인도 변론도 없이 십분간의 재판으로 10개년의 징역에 12개년간 모든 권리를 박탈한다는 附加刑까지 선고하였다.

국민당의 지배한다는 노동조합은 완전히 '깽'의 수중에 있다. 彼等은 조합의 간부로서 쟁의나 파업 때에는 독립행동을 하는 것이다. 그 대신 彼等은 호화한 저택에 살고 있을 뿐 아니라 彼等은 직공 전체의 노임을 공장주로부터 받으면 頭錢이라고 하야 몇 할쯤은 제 주머니에 실례를 한다. 그리고 노동 계약자로부터는 賄賂을 강요하고 은혜 깊은 공장주에게선 직접 보조금을 받으며 노동자에겐 아편을 강제로 팔고 노동자의 자녀는 노예로 사서 따로 돈벌이를 시켜먹는 것이다.

민국 21년 하반기 상해의 노동자들이 파업을 하면 어느 때나 실패를 하게 되므로 자기들의 조합에 대하야 단연코 항의를 했다. 12월 초에 商務印書館 태업은 청방들과 雇主가 짜고 유린하야 실패하였으며 동월 26일 상해의 제모, 제약 등 노동조합들에서는 조합원들이 자기네의 마음대로 되는 조합을 만들어 보겠다고 구 조합의 본부를 습격해 보았다. 그러나 국민당과 청방은 이것을 완전히 진압하였다. 그리고 노동자층이나 공장에는 스파이와 선동자를 밀파하고 노동시장과 조합을 지배하는 동시에 청방의 대두목은 자신 진두에 나와서 쟁의나 파업의 '仲裁者'짓을 한다. 국민당의 광포한 탄압활동의 대리인으로서 두월생은 활약하는 것이다. 彼의 '중재'로서 가장 광휘 있든 예는 국민 22년 1월 '招商局'의 대파업 때이었다. 일천인의 선원이 1월 7일 전부 하선하고 13艘가 停船하였든 때니 그때의 요구조목은

1. 따불 뽀-너스를 다오.
2. 선원조합을 승인하라.
3. 사무소에서 일하는 것과 동등으로 취급하라.
4. 사고 없이 하는 해고 절대 반대.
5. 연말 상여를 영속하라.

1월 9일 청방 두목 두월생은 '중재'자로서 이 쟁의에 정면으로 등장하여 왔다. 그래서 그는 먼저 감언이설로 一艘만을 설복하는 데 성공하였다. 1월 11일 두월생은 파업중 선원들과 대면하야 최초의 3항은 승인될 줄로 안다. 그러나 끝으로 2항은 안 될 것이라고 말했다. 그리고 그 翌日 간부들을 쑥섹여서 분열케 하고 회사의 태도는 미명도 되기 전에 중재는 어름어름하고 파업은 터졌다.

상해사변의 뒤를 이어 50만에 가까운 실업 노동자는 가두로 흘러나왔다. 국민당 사회국에는 물론 노동자들의 대표가 파견도 되여 보았으나 순사에게 거절되야 만날 사람은 만나지도 못하였다. 그러

나 노동자의 압력도 결코 적은 것이 아니였으므로 사회국은 '실업구제 위원회'라는 것을 만들어서 팡에 주린 노동자들에게 팡 대신으로 위원회를 턱 밑에 내밭은 것이다. '구제기금모집'을 위해서는 소위원회라는 것이 조직되였으나 그것은 별것이 아니고 두월생 등등이 모인 것이였다. 그래서 위원회의 주요한 역할은 노동자를 문서상으로 등록하고, 즉 다시 말하면 사회의 해독을 제거하기 위해서 위험분자를 힘써 제거하는 것이였다.

5. 青幇의 頭目과 政治

한때는 국민당 좌파는 상해의 청방과 결합하야 장개석의 끄룹을 위협하고 자금을 빨아올린 일이 있었다. 그러나 汪精衛가 寧波의 힛틀러 장개석과 결합되여 극우익에 달라붙고는 그러한 소식은 벌써 끊쳐졌다. 汪精衛가 민국 20년 말 상해에 왔을 때는 그 목적은 표면상 남경과 광동을 합작케 하려는 평화회의이였다. 그러나 그 실은 장개석에게 달라붙이는 제일보이였으며 이 양자의 중간에서 산파역을 한 것은 청방의 3대 두목 중의 한 사람인 黃金榮으로서 그는 그 代償으로 오늘날도 '대세계'라는 큰 生財機關을 가지게 되였다. 그리고 왕정위가 회의에 열석하려 상해에 들어올 때에는 두월생의 소유한 특별 '랜취'는 彼를 불란서 조계 '빤드'까지 운반하였고, 그곳에는 '깽'들이 자동차를 가지고 대기하고 있다가 彼의 저택까지 호위해 보냈다.

그 외에도 동년 11월 말부터 12월 초에 이르기까지 왕정위가 그 徒黨인 소위 '改造派'의 동료들을 소집하야 중앙위원회를 열고 간부를 개선할 때 汪 자신을 합한 10명의 위원이 지명된 이외에 14인의 보결 '멤버-1'에는 두월생의 비서 한 사람도 당선되였으며, 그 회합의 장소는 황금영의 경영하는 도박 환락경이였었다.

민국 22년 洛陽에서 열린 국가긴급회의에도 깽의 3대 두목들은 대표로 선발되야 이들은 국민당의 소위 黨治에 기회 있는 대로 정치적 지도자로서 활약하였으나, 이 중에도 황금영은 출석하였었고, 두월생은 뒤에 처져서 2당정치에 반대하는 60인 중 한 사람으로 선언서를 발표하였든 것이다.

9·18 이후로 抗日會가 조직되였을 때는 청방의 지도자들은 엄청난 활동도 하였다. 외화 배척으로 남는 막대한 배당을 차지하기 위해서는 수천인의 애국정신을 이들은 즉석에서도 동원시킬 수도 있는 것이였다. 그 후 상해사변에는 2, 3인의 청방 두목들은 19路軍에게 무기를 공급한 대상으로 거대한 돈벌이를 할 수가 있었다. 일체의 회합과 행렬과 결사와 언론이 용서되지 않는 국민당의 치하에서 상해의 '깽'들만은 모든 악습과 범죄의 대비밀결사를 만들어 가지고 가장 대담하게 한 세력을 위하야 다른 한 세력을 궤멸하기에 난폭하게 상해의 지붕 밑을 돌아다니는 것이다.

『開闢』, 1935년 3월

1935년과 露佛關係 展望

1.

　최근의 소식통은 露佛協約의 성공을 전하야 천하의 평화를 갈망하는 사람들에게 적지 안은 欣善을 주었을 뿐 아니라 세계적 위기라는 1935년을 맞이한 오날에 있어 완전이 다른 정치·경제의 체제를 가진 두 낱의 거대한 국가가 한번 더 손을 잡으려는 데 대해서 위대한 공로를 兩個 국가의 외교 당국자들에게 드리는 것은 당연한 예의인 것이지마는, 특히 對露親善의 급선봉이 가장 격화한 시대라는 것을 구별하지 않으면 안 된다. 그러한 예로서는 1924년에 성공한 佛國의 좌익내각 수상 에리오씨가 영국 保存黨 정부의 쳄파-렌씨와 공동계획으로 독일을 對쏘정책의 미끼(餌)로 본 사실이다.
　이 계획은 1925년 봄 쳄파-렌씨의 파리방문이나 제네바에 있어서의 國聯春期 위원회를 통해서 착착 진행되였든 것은 同年 가을에 이르러 정책의 실현을 위하야 로카르노 회의가 소집되였든 것이다. 물론 이러한 정책의 실현과정이란 그다지 손쉽게 아무 對工도 없이 성공되는 것이 아니고 결국 영·불 兩個의 인페리아리즘의 對工想이고 현실의 역사는 벌써 그들의 이론을 파산케 한 것도 옛일의 하나이였으나 실제에 있어서 공황의 旋禍를 계기로써 불란서의 산업자본가 요구한 쏘벳트 떰핑 방지법의 폐지 쏘·불 무역관계 부활 같은 것들은 금융자본의 완강한 거부에 분쇄되였든 것은 세인의 기억에 아즉 사라지지 않었는만큼 사물의 선악은 말하지 말고라도 이러한 일이 있었든 1925년으로부터 오늘날까지의 국제적 정치 경제 정세의 크다란 相違에 대한 새로운 고려만은 해서 두어야 한다는 것이다. 그때는 자본주의가 상대적 안정기이였으며 지금이야말로 자본주의의 일반적 危가 되여 있는 불란서의 民衆 宰相에 리오씨의 공을 크다고 하지 않을 수 없다.

그러나 우리가 지금 쏘·불관계의 장래를 전망하기 위해서는 泥來의 쏘·불관계의 역사적 消長의 구주외교의 전면적 구명을 시험해 보기 전에는 정확한 해답은 바랄 수가 없는 것이다. 세상의 論客들은 佛國에 있어서의 공황의 심화라든지 이러한 단순한 이유로써 또는 좌익내각의 출현이라는 등 너무나 말초적인 현상만을 들어서 쏘·불관계를 아주 전향기에 들어선 것같이 떠든 것은, 사물의 현상만 보고 본질을 把하지 못한 고루한 학자적 幻은, 엄연히 錦囊에 칼을 싼데도 불구하고 對쏘란 생명선상의 문제를 위해서는 영·불 兩個 정부의 모든 양보, 더구나 군사상의 모든 양보는 이 회의의 성과를 더욱 신속히 하였다는 것을 잊어서는 안 된다.

다음으로 영국의 對쏘政策에 말이 났으니 말이지 이론의 당연 발전을 위해서는 영·불 양국의 대쏘정책의 제관계까지 논급하여 주지 않으면 안 된다는 것과 아울러, 이상 양국의 구라파에 있어서의 영도권 획득의 과정까지 고찰하야 현금의 국제정국에서 가장 지배적인 지위를 점령한 佛國의 대쏘정책을 논술하는 것은 적절한 순서가 아니면 안 될 것이다.

2.

여기서 우리의 시각을 통하야 본 영국 인페리아리즘의 대쏘인식은 제3국제의 원조 밑에서 자기 국내의 운동이 확대 강화된다고 보는 것과 식민지에 있어서는 피통치군의 動搖와 한걸음 나아가서는 로서아시장의 획득인 것은 알기에 고심할 것도 없는 것이다. 그래서 영국자본의 의도는 볼드윈 내각으로 하여금 波蘭, 쳇코슬로밧갸, 루마니아 等國을 자국과 우호관계 맺게 하고 그 발전을 위해서 노력을 약속하였으니 뽈드윈 내각은 이상의 국가들에 있어서 산업발달을 시키고저 그 중에도 군수공업을 발달시킬 만한 재정적 보조를 기여하야 장래의 지도권을 확보하려 하였으며 영국 인페리아리즘의 제창인 영·불 군사동맹도 한숨에 달성하였든 것이다.

그래서 양개 국가의 對工은 대쏘정책의 긴밀한 임무를 위해서는 한 번도 대립되지 못하였을 뿐만 아니라 그 유명한 駐佛露大使 라코부스커— 소환사건이란 것도 如斯한 의도를 가진 英帝國主義, 다시 말하면 영국 석유자본의 책동에 의하야 연출되였든 것은 당시의 신문들이 喧藉하게 떠든 것만도 알 수가 있는 것이다.

그리고 구주에서 대쏘정책의 영도권을 잡을 만한 국가라면 그 지도적 권력제도를 통일하지 않으면 안 되는 것이다. 그럴 때는 로서아의 인접지, 즉 그 小協商國及 빨칸諸國을 금융적·군사적 세력으로써 정복한다는 것은 절대로 필요한 것이였다. 그래서 英帝國政府는 이들 소협상국에 군수품을 제공하거나 군사재정을 보조하는 데 그치지 않고 보담더 긴밀한 관계를 맺기 위해서는 너무나 많은 외교정책을 행하여 온 것이니 그 특징적 예를 몇 가지만 들 것 같으면

가. 1928년 4월 두 사람의 영국 비행가가 런던으로부터 포-란드의 항공상태를 시찰코저 '루부란'에 날러온 것과

나. 1928년 4월에 영국의 군사사절이 '루발'에서 芬蘭의 참모본부를 방문한 것과

다. 1928년 6월 영국의 뿌-르대장이 '리가'와 '루발'을 방문하고 '리트와니아'와 '에스트니아'의 각 참모본부의 대표자들과 협의한 사실은 당시에 공표되지 않은 것인만큼 아즉도 정확한 말을 못할지언정 波뿌-르장군은 그 전부터라도 대쏘문제의 한 권위로써 탁월한 견해를 가지고 인접제국의 중요성을 그려 보고 온 사람이다.

다음으로 영국이 쏘벳트 인접국에 대하야 취한 수단은 경제적·재정적 원조인 것이니 즉 英政府는 波蘭이 아메리카 자본의 차관을 얻는 데 성공케 한 것과 아울러 1929년 루-마니아를 위해서 국제차관의 조직에 대하야 특별한 노력을 한 것이였으니 그 차관의 대

부분은 루-마니아 군비확장에 사용된 것이다. 그 외에도 영국자본은 同國의 군수공업 공장건설에 막대한 장기대부를 하였으며 이 외에 영국은 여러 가지 외교적 또는 경제적 정책을 통하야 波蘭及 빨칸 諸國間의 군사동맹을 결성하기에 노력하였으나 이것은 영·불 양국의 이해의 대립으로 말미암아 영불동맹이 결성한 후에도 완전한 방법이 실현은 되지 않았다. 그리고 어느 때나 이러한 필사적 영제국의 노력에도 불구하고 구라파에 있어서 그 이 영도권은 불란서에 장악되여 왔으니 이것은 무슨 까닭에 언제부터의 일이였을까?

3.

그러면 불란서가 구라파에 있어서 패권을 잡기에 영제국을 압도시킨 최대의 원인은 양국가의 경제력 相違이였다는 것은 불란서의 경제적 번영과 강대한 군비력이 금일의 불란서로써 구주패권을 잡게 한 것이며 그것이 불국으로써 對쏘線上에 대담하게 진출하게 한 것이다. 그러나 특히 이에 기억하야 둘 것은 불란서가 對蘇關係에 지휘자되기 위해서는 무엇보담도 먼저 쏘벳트 隣接小國의 盟主가 되지 않어서는 안 될 것은 영국의 그것과 하등 다를 것이 없었으며 이 諸小國이 맹주가 되려면 군사적 경제적 기초조건이 완전히 구비되지 않으면 불가능하였다. 세인이 아다시피 영불 쁠럭의 결성 후에라도 불국이 구주에서 쏘벳트 인접국에서 군사적 지휘권을 잡은 소이는 불국이 영국보다 우수한 세력을 소유하지 않으면 안 되였다. 이것은 波蘭, 루-마니아 기타 中歐諸國의 전존재가 그의 군사적·금융적 맹주인 불란서의 후원에 달려 있는 것만 생각하면 명료히 아는 것과같이 불국의 이상과 같은 원조가 없이는 쏘벳트 西境의 현재와 같은 군사조직은 어떤 사람이라도 상상할 수 없다기보다 그곳에 있어서는 영·불 양국의 패권획득의 투쟁과정을 구체적으로 말하기가 곤란한 것이다.

  가. 대전 직후 쏘벳트 인접국에 대한 군사적 재정적 원조는 영·불이 거이 공통되었다. 波蘭, 루-마니아를 상대로는 불란서가 주역을 맡었지마는 빨틱제국의 그것은 영국이였다.

  나. 1920년부터 1926년까지 쏘벳트 인접제국의 군사적 경제적 원조의 지배적 역할을 맡은 것은 佛國이였으나 同年 말기에 이르러 佛國은 급격한 금융상태의 동요와 다른 정치적 원인으로 부여된 임무를 수행할 역량이 희박하여지자 이 기회에 영국과 이태리가 막대한 이익을 본 것은 세간 주지의 사실이였다.

  다. 1927년 불국은 새로운 공세로써 루-마니아에서 이태리의 세력을 驅逐하고 말었으니 사실상 伊루간의 협약이라는 것은 무효가 되였고 영국의 波蘭을 중심으로 한 제국에서 세력 감퇴되였다.

이같이 하야 불국은 쏘벳트 西境諸國의 군수품 공급의 지배적 역할을 수행하게 되였으니 체코슬로바갸의 원조에 적극적 참가를 하게 된 것도 이 期間의 사실이며 체코의 군수공업이 불국의 공업과 협동하는 데 의해서 날로 왕성하야진 것은 마치 루-마니아와 波蘭의 그것과 한가지인 것이다. 그 중에도 가장 특징적인 일례로는 국제적으로 유명한 스코다 공장으로서 이 공장의 자본의 대부분은 불란서 금융자본의 수중에 장악되여 있는 것이다.

  1928년이 佛체間의 상태는 한층 더 발전하였으니 체코의 군수공업이 급속히 발전하야 루-마니아와 파란으로부터 군수품의 대량주문이 있은 것과 론드장군과 필츠키-의 방문, 체파통상조약의 협약 등등은 물끓듯하는 세상의 균형이 기울게 된다면 이것들의 역할을 말하지 않어도 알 수가 있는 것이지마는 미국의 그것은 아모리 중요한 것이라고는 할지라도 불란서의 그것에 비하면 문제도 되지 않는 것이다. 그리고 이러한 경향은 1929년 말부터 세계공황의 폭발과 함께 맨 처음 격렬한 공황에 휩쓸인 것은 中歐諸國이였으며 이것을 구제할 자는 同樣으로 몰락에 신음하는 영제국이 아니고 공황과 가장 잘 싸워온 막대한 貸付였든 것도 특기하지 않으면 안 될 것이다.

4.

  이러한 전통을 가진 불란서의 대쏘정책은 그 수단에 있어서는 여러 가지로 변하여 왔으나 그 근본방침만은 결코 변하여질 리는 만무한 것이다. 그뿐만 아니라 쏘벳트 西境에 이같이 공고한 藩屛을 장만하여 놓은 이상 옛날과 같은 恐懼心은 어느 정도까지 해소되였다는 것보다는 구주의 안전보장을 위해서는 어떠한 희생이라도 하려는만큼 힛틀러의 독일의 출현에 따라 形骸만 남은 벨사이유 조약을 수호하기 위해서는 새로운 지지자를 구하지 않으면 안 되였다. 여기서 소련의 처지로 본다고 하드라도 여하간 세계평화를 보장한다는 말에는 이들과 손을 잡기도 그다지 손해는 되지 않는 것이다. 그러므로 친선이란 것은 여느 때나 상대적으로는 친선할 수가 있는 만큼 다같이 친선을 도모하려면 그 중에도 불란서가 좋은 것이며 이 소련의 관계는 벨사이유 조약이 존재하는 동안은 어쩌면 지속되여 가리라고 믿어 두는 것은 죄없는 희망일 듯하다.

　本意는 좀더 구체적으로 논술하려 하였으나 시간관계로 유감이나마 금번은 이 정도에 줄이고 다음 기회에 미루어 둔다. 筆者로부터.

『新朝鮮』, 1935년 11월

中國農村의 現狀

1.

'레 미제라불'이란 말은 실로 오늘날의 중국 농촌경제를 말할 때 그 광범한 영역의 어느 지방, 어느 농가, 어느 농민을 막론한 그 생활을 표현하는 데 가장 적합하게 쓰여질 한 개의 대명사일 것이다.

과거 중국의 경제형태는 그 특수한 발전이 실로 세계 경제사의 빛나는 한 페지를 점령한 때도 있었지마는 轉變無常한 정치적 동요는 이 중국경제를 급각도로 회전하면서 기본적인 혁명을 초래하지 못한 데 또한 중국경제의 약점이 있는 것이다.

그래서 거기는 극히 복잡한 역사형태와 錯綜한 경제요소가 아즉도 남아 있다는 것은 자본주의도 있고 봉건적 잔재도 그냥 남았다. 그 중엔 죄많은 노예제도, 원시적인 민족조직, 단순한 상품경제도 있고 심하면 쏘벹경제까지 있어서 그것은 혼돈한 세기의 縮圖인 동시에 중국 농촌경제가 **轉化**한 근본 조건도 된다.

2.

　중국에 있어서 외국상품의 유입은 농촌의 가내공업을 급격히 파괴하였다. 이 사업은 중국 농촌에 일대 변동을 가져오면서 소농경영과 가내공업을 연결시키고 농민의 **自足給性**을 완전히 파괴하고 말았으니 외국상품의 앞에는 농민은 싫거나 좋거나 구매자가 되지 않으면 안 되였다. 동시에 농민은 자기 소비를 위해서가 아니고 팔기 위한 상품생산에 종사치 않을 수 없게 되였다. **砲艦政策下**의 외국상품이 노도와같이 유입하는 **一方** 중국은 열강의 원료국으로서도 운명을 지게 되였다. 이리하야 중국 농촌은 급격한 화폐경제로 전향하지 않을 수 없었다.

　첫째 중국산업이 원료 상품화한 것이니 최초에 상품화한 농산업은 차, **生系**, 대두, **藍** 등이였으나 다음 면화, 연초, **甘蔗**, 마, 아편은 말할 것도 없고 현재엔 곡물까지가 벌써 상품화하였다. 그러므로 농산물이 농민 자신에 필요하냐 안 하냐는 별개 문제로서 팔리느냐 안 팔리느냐가 농민의 관심이 되게 되여 왔다. 그래서 **米麥**의 경작은 감소하고 면화나 연초의 경작이 특히 급증한 것은 농촌경제의 상품화한 증거인 동시에 농민의 수입도 상품경제의 진화에 따라 점차 화폐적 형태로 변하야 지금은 그 대부분을 차지하게 되였다. 이와같이 농민경제의 화폐경제에의 전변은 자급자족 상태로부터 필연적으로 시장경제와 결부시켰다. 그러나 농민경제의 화폐 내지 상품경제화를 중국의 자본주의적 발전이라고 본다면 잘못이다. 왜 그러냐 하면 중국 농촌경제의 자족자급성은 우에 말한 바와 같이 외력에 의하야 파괴된 것이고 민족산업의 발전이 가져온 결과가 아닌 때문이다. 여기에 중국 농촌경제의 근본적 특수성이 있다. 따라서 농산업시장은 아즉 지방적·원시적이며 농민이 국내적 통일시장을 가지지 못한 것도 이 때문이다. 여기에 중국 買辦資本이 발달한 한 가지 원인이 있는 것이다.

3.

농촌경제가 상품화하는 데 따라 농민의 생활을 결정하는 것은 농산물의 凶豊보다도 그 시장가격이다. 시장은 농민에 있어 절대적 지배자가 되였다. 즉 시장관계의 변동은 농민의 생산양식, 농산품의 數量及品種, 나아가서는 전생산 그것까지도 지배하게 되는 것이다.

그러면 어째서 중국에는 産地市場이 아즉까지 지배적이며 통일시장이 형성되지 못하는가? 그것은 첫째 중국의 농업이 소농경영인 까닭이다. 상품화한 소농경영, 그것은 말할 것도 없이 産量에 제한이 있고 또 개개의 농민으로서는 농산물을 직접으로 소비자의 시장에 운수 판매할 만한 다량의 생산액을 가지지 못하는 것이다. 그것은 농민 자신들이 너무나 빈곤하기 때문에 시장 내지 가격을 선택할 여유가 없을 뿐 아니라 오늘의 화폐 추구에 급급하지 않을 수 없으며, 그들의 일반적인 현상은 다른 시장가격이 자기들의 시장가격보다 고가이라든지 1개월 앞으로 물가가 앙등할 것을 추측한달지라도 금일의 생활을 위해서 매각하지 않으면 안 될 형편이다.

그래서 지방으로는 3일 만에 한 번씩 시장이 서고 그 외에도 廟會라고 하야 寺社의 祭日에는 물품의 교환이 성행하는데, 이런 것은 天津, 北平, 上海, 廣東 등 대국제 도시에서도 이 遺風을 보는 것이다. 이같이 통일시장이 형성되지 못하는 것은 무엇보다 교통운수의 발달이 유치한 데 기인한 것은 물론 최근 소위 '運輸販賣合作社'가 盛히 제창되는 것도 이 까닭이며, 작년 4월 결성된 항공합작도 이러한 의의를 다분히 포함하는 것으로서 봉건적 체제에 대한 민족자본주의의 항쟁이라고도 볼 수 있다.

중국 농업공황의 중요한 一因은 농민이 통일시장을 갖지 못했다는 사실이 증명하는 바와 같이, 동일 국내 동일 시간에 어떤 지방은 식량의 생산과잉을 걱정하고 어떤 지방은 생산부족에 고민하는 현상이다. 즉 민국 23년의 陝西地方에서는 식량의 결핍으로 人爭相食하는 참극이 있는 반면에 상해 부두에는 농산물이 창고 속에 썩어나는 형편이였다.

이러한 사실은 상품자본의 활약에 절호의 기회를 주었다. 그래서 농민은 일용품의 구매와 농산물의 매각에 이중으로 상품자본의 지배를 받게 되였으며, 그에 伴한 농민의 극도의 빈곤화는 농산물의 수확도 전에 이것을 매각하지 않으면 안 될 상태이니 소위 '豫賣'가 그것이다. 여기서 상업자본은 高利貸資本의 임무를 하는 것이며 목하의 농업공황에 대하야 그 특수성을 구명하기로 하자.

4.

중국의 농업공황은 생산력의 감퇴에 기인한 것이며 자본주의 諸國과같이 생산과잉으로 야기된 것은 아니다. 그나마 생산력의 감퇴라는 것도 단순한 이유가 아니고 열강 농산물의 '떰핑'의 결과에 기인한 것이다. 자본의 유기적 구성이 박약한 중국의 농촌경제는 그것이 벌써 상품경제화해 있는 관계상 쇄도하는 외국 농산물의 '떰핑'에서 받는 타격은 상상할 수 없이 큰 것이다. 만약 중국 농민이 운수교통의 은총을 받고 통일시장을 가졌다면 幾分間이라도 이 급박한 공황을 완화할지 모르나 현실은 이와 반대로 印度棉을 상해에 수입하는 데는 한 '피클'에 일 원이면 될 것을 鄭洲棉을 이입하자면 약 10배나 되는 십 원의 운임을 필요로 하는 현재 상태로는 완화는 커녕 문자대로 중국 농촌의 경제할거는 공황의 불길에 기름을 붓는 것과 같다. 하물며 정치적 무력과 무역통제나 爲替管理조차 실시 불가능한데랴.

5.

중국 농촌공황의 결정적인 원인의 한 가지는 苛斂誅求인 것이다. 중국위정자의 생명의 축대가 되는 이 苛捐雜稅는 실로 1천 3백여 종이라는 전율할 숫자를 상상할 때 얼마나 잔혹한 착취를 국민이 부담하고 있는가를 알 수 있다. 그나마 地主 상업자본가 고리대의 삼위일체의 수탈은 일반 농민으로 하여금 조금이라도 토지 투자의 여유를 용허치 않을 뿐 아니라 농민의 빈곤은 농촌시설과는 완전히 인연이 멀고 재해의 위협에 대해도 하등의 방어력을 가지지 못했다.

그런데 최근 幾年間의 중국 재해상황을 본다면 민국 20년에는 중국 최대의 豐穰之地로 유명한 江淮運河 유역의 홍수에 재해구역 16省 이재민 5천만 피해액 20억 원에 달하고, 민국 21년에는 수해지 11省 230縣에 旱害地는 6성 126현에 及하고, 민국 22년에는 江中의 대홍수로 피해지 실로 15성 252현에 급하였으며, 그 외에 旱害地가 8성 98현에 虫害地 10성 231현이라는 浩劫浮沈하는 중국 농민에게는 민국 23년의 水旱害는 실로 결정적 타격이였으며, 민국 24년의 旱害만에도 피해면적은 3억 3천만 중국畝 약 14억 원의 손해였다. 그 우에 水害는 국민 정부 賑務委員會의 보고에 의하면 4천 3백 40만 6천 中國畝(南中을 제외)로서 原有耕地의 65퍼-센트에 달하며 旱水害를 합산하면 20억 원을 훨씬 돌파한다 하니 농민의 곤궁도 이 지경에 가면 차라리 말이 없는 것이다.

6.

우에 말한 바와 같이 중국의 농업공황은 前資本主義的 농업공황의 특질을 가지면서도 농후한 국제적인 관련을 가지고 있다.

사실 중국 농촌은 밖으로는 열강의 '떰핑' 농산업에 飜弄되고 안으로는 連年의 災에 질식되어 전면적 파산에 轉入하고 있다. 최근

3년來에 外米의 수입은 수입상품 중 제1위를 점령하였으며 전농산품의 수입액은 30퍼-센트 이상을 점령하고 있다. 그 중 민국 23년도 같은 해는 총수입액 10억 2천 9백만 원에 米棉麥의 수입만도 1억 8천 7백만원으로서 약 2할을 점령했으니 원료국, 농업국으로서의 중국에 폭주한 외국의 떰핑농산업은 중국경제를 근저로부터 붕괴시킨 것이다.

이러한 積年의 한해, 수해, 충해 及 국가재정의 8할을 차지하는 군비 군벌 혼전 농업시설의 붕괴 (그들은 항상 제방을 횡단하야 공산군의 진지에 홍수를 주입하는 策戰을 취한다) 등등 苛捐雜稅가 되어 농민에 부담되고 그것이 모다 因이 되고 果가 되는 동시에 농촌의 생산력은 여지없이 쇠퇴하였으며, 他方으로 지주, 상업자본가 고리대의 수탈에 의하야 농민은 벌써 소 한 마리가 없어져도 종래의 규모에서 재생산할 가능성을 완전히 잃었는데 작년의 재해는 그들의 최후 일편인 희망까지 뺏어가고 말었다.

그 우에 농산물 가격은 생산의 감소와는 역으로 低落의 一途를 질주한다. 미국의 白銀買上은 중국의 구매력을 증대케 한다는 일종의 구제책이라든 것도 이제는 완전히 몽상이 되였다.

여기서 한 가지 주목할 것은 중국 농촌의 地價현상이다. 1931년을 100으로 한다면 水田은 1932년의 6퍼-센트가 1933년은 12퍼-센트로 하락하고, 田은 1932년의 7퍼-센트가 1933년은 11퍼-센트로 하락하였으며, 상해의 地價는 3년 전에 비하야 50퍼-센트가 폭락이라고 한다. 따라서 산업의 구매력 지수도 江蘇省의 조사에 의하면 1931년을 100으로 하고 1932년은 91, 1933년은 79로 저하되여 있다.

　이같이 중국 농촌의 실업유민은 격증하고 토지집중은 격화했다. 미증유의 식량공황은 廣西地方에서 八爭相創의 참극을 연출케 하고 甘肅 등지에는 농촌 부녀자가 최고 5원, 최저 1원에 매각되야 순연한 농노로 화하고 (기한 내에 생산한 兒孩는 買主의 소유가 된다) 매춘부로 전락한다. 그래서 지금이야말로 식량소동은 각지에 발발하고 이것이 激된 곳은 중국 쏘벹운동의 온상이 되는 것이며, 이것을 전환하려는 것이 중국 농촌의 고민상이다. 이러한 정세 아래 있는 그들의 농촌금융문제는 어떻게 취급되고 있는가 다시 한번 검토하기로 하자.

7.

　농촌의 궁핍화는 자금의 도시 편재를 필연한 결과이다. 都市遊資에 고민하고 농촌은 금융 고갈에 천식하고 있는 것이다. 그래서 농촌자본의 결핍은 순환적으로 새로이 농촌을 困憊케 하였다.

　중국 농촌의 경제상태는 고리대, 錢莊, 質屋, 合金(無盡等類)가 있고, 근대적인 것으로는 농민은행, 창고, 신용합작사, 官營의 農民貸借所 등이 있다. 그런데 여기에 주목할 것은 근년 도시 은행자본이 밖으로 열강 금융자본에 압박되고 안으로 민족산업의 쇠락에 의한 자기 血路를 농촌개척에 힘쓰는 사실이다.

　은행자본의 농촌 진출은 두 가지 코-스를 취한다. 하나는 신용합작사에 대한 투자이요 하나는 농촌창고의 개설이다. 전자는 고리대 자본에 대한 항쟁이요 후자는 상업자본에 대한 도전이다. 그러나 이틈에 죽는 것은 농민이니 농민의 2할 2분은 債金의 중압에 고민한다. 그렇다고 하야 농민의 借金이 그들의 토지투자이냐 하면 너무나 큰 잘못이다. 그것은 借金의 期限長短을 보면 알 수가 있는 것이니 現下 중국 농민의 부채 기한은 1년 이하가 金借款의 77퍼-센트를 차지하고, 1년 이상은 11.4퍼-센트 부정기의 것이 11.3퍼-센트(1934년 11월 중앙 농업실험소 실정보고)를 점령하고 있다. 만약 農民借金이 일종의 토지투자라면 차금의 기한은 長期라야 한다.

8.

중국 농촌금융의 현상에서 가장 주목할 것은 高利貸의 이상한 발달이다. 중국 고리대 자본의 역사적 발전과정은 여기에 상술할 여유가 없으나 중국에서 고리대 자본의 발생이 비상히 오랜 것은 사실이다. 爾來 수천년간에 그것이 은연한 위력을 가지고 오다가 중국경제가 화폐경제로 전입하자 그것은 새로운 의의와 중요성을 띠게 되였다. 고리대 자본의 두 개 작용, 다시 말하면 호사한 상류계급―본질적으로는 토지소유자에 대한 대부가 姿態를 감추고 소생산자―특히 농민에 대한 대부가 증대되야 그 사회적 의의를 결정하게 되였다. 그래서 고리대 자본의 농민에 대한 지배는 군벌혼전과 재해의 연속에 정비례하야 강화되였으니 농민의 반수는 많거나 적거나 고리대의 참혹한 혜택(?)을 받지 않을 수 없었다.

그러면 농민의 借金資源이 어떠한 것인가를 보기 위하야 1934년 11월 중앙농업시험소 실정보고 6區 22省 871현의 조사에 의하면 순고리대 자본이 농민 전부 채액의 67.6%, 상인 고리대자본이 13.1%, 質屋資本이 8.8%, 錢莊資本이 5.5%, 合作社가 2.6%, 은행자본이 2.4%이였다. 이에 고리대의 중요성은 더 말할 것도 없지마는 그 이율을 보면 보통 月利는 1할 심하면 2할이다. 소위 '九出十三歸'란 형식은 광동 기타 지방에 일반적으로 행하여지고 때에 따라서는 銀 1원에 日利十仙을 지불하는 것은 江蘇佛山縣 등지에 보편적으로 통용된다.

그뿐 아니라 곡물대부는 그 박탈의 정도가 보다더 비인간적이니 농촌은 보통 3, 4월경에 벌써 식량이 결핍되야 지주상인으로부터 곡물을 차입하는바 이 곡물대부는 북방에서는 보통 七升五合에 대하야 추수 후 四斗五升을 상환하고 심하면 一斗에 一石을 상환하는 곳도 있으며, 一石에 대하야 3개월 후에 一石八斗의 고리를 상환하는 지방도 枚擧치 못한다.

고리대 자본은 중국에서는 통일적인 계급이 결성되지는 못했다. 그러나 현저한 재산의 축적이 행하여진 것은 사실이다. 그러나 고리자본이 그것만으로는 하등 변화하지 못하였다고 하는 것도 사실이지마는 이것이 토지집중을 격화하고 災慌을 계기로써 막대한 임무를 하고 있다. 즉 소작민이 자기의 토지를 파는데 이 최대의 원인은 무엇보다 고리대에 대한 예속으로부터서이다.

고리대 자본은 정치상의 부패와 경제상의 퇴폐를 유도하야 오랜

동안 계속시키는 데 따라 옛날 '로-마'의 그것과같이 지배적 계급을 붕괴시키지는 못하였다. 고리자본은 우에 말한 것과같이 지주와 상업자본을 강력적으로 결부시켜서 삼위일체로 만들었다. 지배계급을 붕괴는커녕 도리어 농촌 지배층의 강력적인 支柱가 되었다.

9.

이상의 사실을 종합하야 볼 때 중국 농촌의 몰락은 벌써 농민 개개의 문제가 아니고 농업중국의 파멸이라고 하지 않을 수 없는 것이다.

아모리 농업창고의 증설에 전력하여도 농민은 '예매'라는 함정을 벗어나지 못하는 한 창고에 넣을 수확물을 갖지 못하는 것이며, 농촌상업자본은 여기서 완전히 상인고리대자본으로 화하는 것이다. 즉 상인은 상업자본의 이윤과 고리대자본의 ×취와의 이중 박탈이 가능하게 되었다.

그것은 다음 사실에서 看取할 수가 있으니 '예매'라는 것은 분명히 法外의 착취가 容許되어 왔다는 농촌 중국 농민이 통일시장을 갖지 못한 필연적 결과로서 농촌 지배층의 실상을 탐구할 필요가 있다. 우선 江蘇省民政廳의 조사에 나타난 지주의 직업별을 보면 군정관리가 27.33%, 고리대업자가 42.86%, 상인이 22.36%, 실업가가 7.45%로서 이것만 보아도 아즉 자본의 유기적 구성이 박약한 신흥도시 뿌르조아지-는 농촌의 封建資力과 결부되는 데서만 목전의 이윤의 부분이 더 많이 돌아가는 것이다. 그리고 他方 상업자본은 최대 착취대상이 중농 내지 하층농민이므로 入庫할 농산물이 없는 농민들에게는 농업창고의 시설은 차라리 상업자본가에 은혜가 돌아갈지언정 일반 농민에게는 하등 소용이 없고 현정권에 대한 부정은 경제×쟁으로부터 완전히 정치적으로 ××화하야 그 심각한 정도는 그들의 궁핍과 정비례로 격화하고 있는 것이다.

『新東亞』, 1936년 8월

侮蔑의 書

– 朝鮮知識女性 頭惱와 生活

'내 이 나라의 여자를 좋아하지 않는다'는 말은 연민과같이 있으면서도 몽상의 세계에서는 오히려 고독의 왕자처름 마음 둘 곳 없는 적막을 느낀 보들레르가 한 말이라, 이 괴퍅스러운 버릇을 一代에 자랑삼아 가진 시민의 말을 내가 함부로 써서 거룩(?)합신 '현대조선의 지식여성'을 욕되게 할 마음이야 아예 있을 리가 없다.

그러나 이 땅에도 한때에는 젊은 세대를 대표하든 여성이 있었고, 그들에게는 또한 그들이 가질 자랑도 있었다. 하지만 지금은 그들의 말을 이곳에서 할 것이 아니라 적어도 '조선의 지식여성'이라면 그들의 생활수준은 중류 이상이 절대 다수인 것은 틀림이 없고, 따라서 그때쯤은 이들 지식여성이란 축들은 특수한 사람들을 제쳐놓으면 대개는 뒤떨어진 무리들이라고 冷視되여 왔다는 것은 뒤떨어진 무리가 대표하는 세대는 항상 진취적인 것이 아닌 때문이었다.

그러든 것이 한때의 행동의 세계를 떠나선 모든 지식인들이 반성이나 또는 사색이라는 보금자리로 들어가 생각해 낼 것 중에 무엇보다 중요한 것은 '지성'에 대한 요구이였다. 이것은 휴매니슴을 고향으로 하고 내려온 심리적 경향인 것이다.

그러면 '조선의 지식여성'들은 지성의 중요한 요소로서 사회와 시대와 문화에 얼마나한 감격과 정서와 관심들을 가지고 소극적이나마 이것을 애끼고 간직했다가 다음에 오는 세대에 물려주려는가? 만약 그렇다면 우리에게도 구라파의 사람들이 가지고 있는 전통이나 교양 또는 그와 유사한 것이라도 가지고 있었던가? 더우기 '현대 조선의 지식여성'들은 이것을 가졌던가.

그것은 물론 이 따에도 오랜동안 문화란 것이 있었고 현재에도 있는 것은 사실이다. 그러나 오늘날 우리가 받아 온 문화의 유산은 그 질에 있어서 구주인의 그것과같이 평가되지 못할 것이 있는 것과 같이 그것에 대한 우리들의 전통과 교양이라는 것도 그 사람들과는 딴판의 것이 태반이며, 더우기 조선의 여성들에 있어서는 매우 유감이면서도 할 수 없는 사실로는 아즉 문제가 되지 않는다. 왜 그러냐 하면 조선에 새로운 교육이 들어온 것은 벌써 반세기가 가깝다고 하드래도 우리들은 새로운 교육이란 '명목'에 도취는 했을지언정 완전한 지적 교육을 받지는 못했다. 그것은 신문화가 이 따에 들어온 후의 교육사가 증명하는 것이 아니었던가. 우리들이 받았다는 교육은 우리들의 父老들이 자의식을 갖고 지적 교육을 시킨 것도 아니었고 우리들 자신 역시 자의식을 가지고 배운 것도 아니었다.

하물며 조선 여성들이 받았다는 교육이야 그 교육기관 자체가 벌써 종교면 종교를 위하야 일정한 목적 밑에 그 필요에만 적당하게 되어 왔으므로 여기서는 지적 高場이란 것은 처음부터 무용의 장물이였었다.

　요즘 歐洲 사람들이 진정한 '인간 정신의 저하'를 한탄하는 것은 지나간 때의 고매하든 인간의 정신이 자꼬만자꼬만 비속해지는 것을 우려하는 데 틀림이 없다. 그리고 그것은 그 따의 경제적 혼란이라든지 정치적 분열이라든지가 조건이려니와 대관절 '현대 조선의 지식여성'이란 그 사람들에게 저하될 정신의 척도를 알아보겠다는 내 자신의 정신상태를 스사로 의심하여 마지않는다. 그것은 현재 우리가 생활의 십자 가두에 나선 그들의 취미나 교양이란 것을 본다 해도 알 수가 있다는 것은 '파-마넨트·웹'이 인간 생활의 전체가 아닌 것은 두말 할 것도 없거니와, 우리들이 다방이나 극장 같은 데서 傲然하게 걸어들오는 한 사람의 지식여성을 만난다고 하자. 그 뒤에 따라들어오는 남성, 그것은 반다시 비굴한 성격의 소유자로서 발바닥이라도 빨라면 平頭低尾하고 依슈 시행할 무리가 아닌 법이 없다. 그런데도 불구하고 그들은 곧잘 귓속말을 하고는 웃고 좋아하는 것은 그들의 취미가 서로 합치되고 공감된 결과이니, 그렇다면 우리는 그들에게 豪邁한 인간성을 찾아볼 수가 있단 말인가. 그야말로 모방이라도 아주 창피한 모방밖에는 아무것도 아니다. 기왕 모방이란 말이 나왔으니 한 말 더할 것은 모방도 잘 하면 문화에 유익한 바가 적지 않은 것이고 때로는 필요한 모방도 있는 것이지마는, 그것은 대체로 모방할 그것이 무엇인가를 알고 하여야만 될 것은 더 말할 것도 없다.

그런데 여기에 한 가지 말할 것은 모 신문사에서 무슨 좌담회를 개최했을 때에 제제 명사들이 모인 것은 물론 그곳에는 그때 말로 하면 高等女高敎諭가 여러 분 오셨는데, 주최자측에서 홍차 대접을 하였더니 어떤 분이 찻잔을 드시는데 물론 오른편 손으론 찻잔의 손잡이를 든 것은 좋은 일이나, 다시 왼편 손을 찻잔 밑에 갖다 받쳤다는 것은 좀 어색하더란 말은 모씨가 그 다음 필자를 만나 한 말이다.

그야 지금 윈저 공이라는 간단한 신세로 南歐의 山紫水明한 곳에서 사랑의 꿈을 꾸는 전 英帝가 웰스 전하로서 파리에 갔을 때 어떤 다방에서 珈琲를 마시게 되었고, 그 차가 반드시 뜨거웠는지는 알 길이 없으나 그때에 웰스는 찻잔을 들어 盞臺에 부어서 마셨다는 것은 그것이 파격의 행동이면서도 그 품위가 높은 기상이 당시 그곳의 젊은 사람들에게 찬양되였든 것이다. 그렇다면 우에 말한 모 고녀 선생님과는 그 결과가 완전히 달러진 것이다.

왜 그러냐 하면 이 여선생님이 차를 마실 때는 그 머리 속에 '茶道'를 생각한 것이니, 다도 그것은 물론 동양적인 정취도 있고 좋은 것이다. 그것은 다다미 위에서 차를 달일 때부터 마실 때까지 그 과정이 한 개의 도락적이면서도 '시스템'이 서 있는 것이고, 홍차나 가배를 급사가 갖다줄 때 머리까지 푹 파묻히는 의자에 걸터앉아서 마실 때와는 아주 다른 것이연만, 이 얼마나 지나친 모방이며 불충실한 모방인가? 이것이 결코 그 한 분만의 일이라고 생각되지 않는 것이며, 그들이 모다 '현대 조선의 지식여성'의 '製造元'이라면 옛말에 "한 개가 잘못 짖고 동리 개가 모두 짖는다"는 비유를 누가 거짓말이라고 하겠는가.

이런 말은 아주 사소한 데 지나지 않는 것이지마는 벌써 新秋라고 완연히 지금의 경성은 결혼 시즌이 돌아온 듯이 거리를 걸어가면 무슨 館,무슨 園 할 것 없이 요릿집 문전에는 거의 매일 한 곳도 빠짐없이 모군 모양의 결혼 피로연회장이라는 간판을 보는 것이다. 인간 생활에 있어서 결혼이라는 것은 중요한 사실이고 결혼에 있어 중요한 것은 사랑이다. 두 사람이 서로서로 이해하고 사랑하고 그래서 결합된 것이 이상적인 결혼일 것이다. 그런데 지금의 여성에게 있어서는 결혼에 중요한 것은 따이야 가락지고 결혼의식인 것이다. 의식도 무슨 의식이 외국 사람의 결혼 등기소에서 등기할 수 있는 그런 기관은 아즉 조선에 없으니 말할 바 아니나, 훨씬 간략한 의식으로 마친다 해도 될 것을 이것 좀 보라는 듯이 수백, 수천의 돈을 들여가며 악을 쓰고 광고를 하는 것은 그것을 '광고 결혼'이라면 새로운 명칭은 될지 모르나 그 무슨 신화이며 우상화인가? 신랑 신부가 서로 사랑했고 사랑하고 사랑할 자신이, 또는 그런 신념이 있다면 이같은 의식에 구속되어 신성해야 할 일생에 두 번 있지 못할 결혼을 우상화한다는 것은 아무 사랑도 없고 이해 없는 배우자들이 혹은 구도덕의 희생자로서나, 또는 어떤 정책적인 결혼의 노예로서가 아니면 할 수 없는 인간 모독이 아니면 무엇이냐. 인류의 역사는 항상 더 나은 것을, 더 완전한 것을 완성키 위한 노력이라면, 이 결혼의 양식에도 우리는 우상적인 양식을 버리고 인간에로 돌아가지 않으면 안 될 것이다.

그러나 이 무슨 놀라운 사실일까. 재판소 창 틈으로 들어오는 이혼 소송에 나타난 대다수 지식여성들의 기소 이유를 살펴보면 거의는 남편의 사랑이 없다느니 이해가 없다느니 뿐이니, 그와 같은 엄청난 의식 밑에서 여보란 듯이 광고를 하고 맺은 맹세가 이다지도 쉽게 파탄이 온다는 것은 그 죄의 전부를 여성에게만 돌리지 않더라도 대부분은 현대 여성의 허영에서 발원한 것이다.

그러면 그 허영이란 어디서 온 것이냐 하면 그는 물론 제 자신을 가지지 못한 까닭이다. 사람이 제 자신을 의식했을 때보다 더 강한 것은 없다. 그런데 우리가 거리에 나다니는 지식여성들을 보면 그 열 사람이 모두 한가지 표정이다. 모두 추종이고 모방밖에 없다. 어데 거기서 인간으로서의 높은 기개를 볼 수가 있는가. 교만이란 것은 어폐가 있을지도 모르나 인간으로서 俯仰天地에 부끄러운 곳이 없다면 교만해도 좋으련만, 현대 조선의 지식여성이란 종족들에게는 교만할 수 있는 정신을 찾지는 못하겠다. 어디까지나 비겁하고 예속적인 것이다.

그 이유야 이에 간단히 말할 수 없다 해도 그릇된 이기주의 때문이란 것쯤은 말할 수가 있다. 한 사람의 영예와 이욕을 버리고라도 그는 전체의 질곡을 벗어나기 위한 경제문제를 해결하고 독립하지 않으면 안 될 것이다. 그러나 당분간은 도저히 이것을 바랄 것 같지도 않고 2천 년 전의 교훈대로 현모양처라도 된다면 上乘이고 其餘는 '遠則怨하고 近則不遜'의 형이다고 하면 필자에게 항의할 여성이 있을는지도 모르나 필자는 저윽이 그것을 현대 조선의 지식여성들의 명예를 위하여 바라는 바이며, 그렇게 되면 내 이 글이 모멸되야도 無感이리라.

『批判』, 1938년 10월

朝鮮文化는 世界文化의 一輪
— 知性擁護의 辯

요즘 지성의 해설과 지성의 옹호의 論策에 이 땅의 많은 논객이 동원되여 있다고 하지만 그 지성이란 한 개 심리적 경향은 휴머니즘이 성하게 문제된 다음에 온 문제이고, 그것이 이 땅에 소개된 것은 구라파에서 문화옹호회의가 있은 후 崔載瑞씨가 그것을 설명하고 주창한 다음 金午星씨와 徐寅植씨가 다같이 문제를 취급할 줄로 믿는데 주로 문학에 있어서 이것을 말한 이는 최씨였고 철학과 지성을 운운한 분이 그 다음 두 분이라고 생각됩니다.

그런데 조선 문화의 전통 속에는 지성을 가져 보지 못했다고 하는데 좀 생각해 볼 문제입니다. 가령 구라파의 교양이 우리네 교양과 다르다는 그 이유를 루넷상스에서 지적한다면 우리네의 교양은 루넷상스와 같은 커다란 산업 문화의 대과도기를 경과하지 못했다는 것일 겝니다. 그러나 우리도 어떤 형식이었든지 문화를 가지고 왔고 또 그것을 사랑하고 앞으로도 이 마음은 변할 리가 없을 것이리라.

그런데 이것이 요즘이라고 간단히 말은 해도 그것은 문화옹호회의 뒤에 사회적 표면에 논의된 것이며 문화가 위기에 절박된 까닭인 것은 틀림이 없으나 그것의 과잉으로 구라파 문화가 혼란된 것은 아니리라. 그것은 한 개 딴 이유입니다.

맛쉬 아놀드의 말에 따르면 교양의 근원이란 것은 한 개 완성에의 지향이라고 하였으니, 우리의 정신문화의 전통 속에 어떠한 형식이었던지 이런 것이 있었고 서구와 동양 사상을 애써 구별하려고 해보아도 지금의 우리 머리 속은 순수한 동양적이란 것은 있을 수 없다는 것은 여기에 별 말할 필요조차 없으므로, 지성 문제는 유구한 우리 정신문화의 전통 속에 그 기초가 있었고 우리가 흡수한 새 정신의 세련이 있는만큼 당연히 문제되어야 할 것입니다. 다시 말하면 루넷상스를 경과한 구주문화도 이제는 벌써 歐洲만의 문화는 아닌 것이며, 그들의 정신의 위기도 그들만의 위기라고는 생각해지지 않는 까닭입니다.

『批判』, 1938년 11월

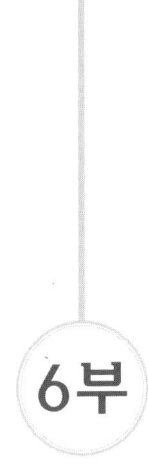

6부

방문기 · 서간문 · 기타

新進作家 張赫宙君의 訪問記
- 改造社 入選 「餓鬼道」 作家

　(上略) 대구같이 적은 도시에 독서하는 사람은 비록 얼마 되지 않을 것 같으나 4월호의 『改造』 잡지가 각 서점에서 짐을 풀자마자 전화가 빗발치듯 하고 나는 듯이 팔려 그 다음날부터 절품이 된 것은 단순한 '쩌-내리슴'의 과장만은 결코 아니라는 것도 고이치 않은 말이다. 그의 서재(서재란 것보다 응접실 침실 겸용인 듯하였다)에 봄날의 저녁볕살이 맞은편 책장의 유리쪽에 강렬히 반사하야 잘 보이지는 않았으나, 사이사이 책이 '또이체·이테오로기' '뿌리체'의 저작인 『예술사회학』 등이였다.
　"어째서 일본문으로 쓰시게 되셨나요?" 솔직하게 처음부터 묻는 기자 말에
　"네, 두 가지 조건이 있습니다. 하나는 우리말로 쓰면 발표할 수 없는 것과, 둘째는 일본문단에서 혹 조선을 배경하고 조선사람의

생활을 취재하야 작품을 발표한 이가 더러 있으나 조선의 사정을 정말 우리같이 알 리야 있겠습니까. 그래서 그 작품도 피상적인 혐의가 있기에 이왕이면 좀더 아는 나로서 한번 소개해 볼까 한 것이 발표된 후에 보니 또 뜻에 맞지 않았습니다. 그나마 覆字가 많어서" 하며 책을 피여 보인다.

"다음에는 또 어떤 작품을 쓰시렵니까"

"역시 농민들의 생활을 그려 볼까 합니다. 일전에도 경남 방면에 자료를 수집키 위하야 갔다 왔습니다." 할 때는 바로 작년 가을 모 대지주의 농장에 일어났던 대쟁의 사건의 역사적 광경이 눈앞에 벌어지는 듯하다.

"언제쯤 완성이 되겠습니까?"

"글쎄요, 오는 6월경에는 완성될 줄 압니다. 탈고되면 동경으로 가서 좀더 연구를 해볼까 합니다."

"수필을 하나 우리 신문에 써 주실 수가 없겠습니까? 금번 당선된 감상이라든지……"

"감상이요, 감상이 무엇 별것 있습니까. 오히려 여러분이 너무 과대하신 촉망을 가지는 모양입니다. 금후 더욱 힘써 보겠습니다." 하며 수필을 써 주기로 승낙하였다.

"조선사회의 어느 방면에든지 제일 친한 분이 누구입니까?"

"별로 더 친한 사람이 있겠습니까마는 박로아(朴露兒)군이 경주에서 같이 청년운동을 할 때 매우 사이가 좋았습니다." 하며 성냥을 찾아서 담배를 피우려는 기자를 주며

"저는 술과 담배를 피울 줄 모르므로 손님 접대조차 할 줄 모르지

요." 하며 웃는다. 그의 눈은 이지에 타는 듯이 빛났다. 일본의 어떤 '아나키스트'가 호스기(大杉)는 눈의 사람이라고 말한 바와같이 우리 장군은 확실히 눈의 사람인 모양이다.

"제가 방향을 전환한 뒤에는 저를 잘 아는 동무가 없는 것 같습니다." 하며 장군의 얼굴에는 조그만치도 절망의 비애가 떠오르지 않었다. 어데까지든지 그 눈이 새 힘을 방사할 뿐이였다. 검은 '써치' 양복에 자줏빛 '넥타이'에는 '컵'에 붉은 술을 반쯤 부어논 그림이 그려 있는 것은 군의 것으로는 확실히 경이이였다. 그래서 어떤 유행의 인기작가를 '인터뷰'할 때와 같이 그 '넥타이'의 그림은 무엇을 상징한 것이냐고 물었다. 무엇 별 의미는 없지요! 어떤 동무가 보냈기에 매었다고 대답하고 웃었다. 그리고 기념으로 사진을 박은 뒤 서로 헤어졌다. 앞으로 더욱 분투를 바란다.

『朝鮮日報』, 1932년 3월 29일

舞姬의 봄을 찾어서
- 朴外仙양 방문기

　동경을 가거든 무용 조선의 어여쁜 기사(騎士)들을 만나보아 달라는 것이 『창공』 편집인들의 간절한 부탁이였다. 그러나 내가 동경에 왔을 때는 정에 끌려 거절하지 못한 것을 얼마나 후회했는지 모른다. 그 이유로 나같이 무용에 대해서 문외한인 사람이 그들을 만나서 무엇을 어떻게 '인터뷰-'를 할까 하는 것과, 동경에 있는 조선의 무용가가 몇 사람이나 되는가 하는 것이였다.

　그래서 위선 내 기억에 있는 『무용인명사전』을 뒤져 보아도 15만불의 '갸란틔-'를 받고 '아메리카'로 간다는 최승희(崔承喜) 여사는 예의 경도(京都) 공연무대에 불의의 기화(奇禍)를 당하였을 때이므로 동경에 있지도 않었을 뿐 아니라, 그는 자신이 『나의 자서전』이란 것을 써서 세상이 다 아는 판이니 내가 새로이 붓을 들 것도 없고, 동대(東大) 미술과를 나온 박씨는 구주로 무용행각을 떠난 지

10여 일이 되었으며, 김민자(金敏子)양은 그 선생인 최여사를 따라 순연(巡演)중에 있었으므로 만날 도리가 없고, 다만 남아 있는 한 분이 내가 이에 쓰려 하는 박계자(朴桂子)양이다.

그러나 박양을 만나는 일순 전까지도 나는 여간 불안을 느낀 것이 아니었다. 박양은 다까다(高田세이子) 여사의 문하에서 수업한지 만 5개년인 금년 5월 5일에는 자기 자신이 당당한 일개 무용가로서 무용 조선의 처녀지를 개척할 무희라면 박양에게 너무나 과대한 짐 일런지는 모르나, 하여간 그 길을 걷고 있는 박양은 봄의 '씨-즌'을 앞두고 자기의 공연준비와 그 선생인 다까다(高田) 여사의 공연에도 없어서는 안 될 중요한 임무를 가지는 모양이었다.

내가 처음 만나든 전날 전화를 3, 4차나 걸었을 때, 그 연구소 사무실의 대답에 의하면 일간 공연에 쓸 의상 준비로 외출하고 없다는 것이다. 그래서 나는 경성서 온 사람인데 전할 말이 있으니 박양이 들어오는 대로 전화를 좀 걸어달라는 부탁을 하여 두었으나, 종시 아무런 통지도 그날은 받지 못했다.

그 다음날 아츰 9시 박양의 전화를 받은 나는 12시에 만날 것을 약속하고 정각이 30분을 지난 후 명함을 받어든 박양은 나를 응접실로 맞어들였다. 간단한 인사말이 끝나고 곧 내의(來意)를 말하니 어데까지 명랑한 박양이면서도 "아즉 무엇을 알어야지요." 하는 것은 처녀다운 겸양이였었다.

"처음 배우기는 17세! 글쎄, 거기 무슨 동기라든지 이유랄 게야 있나요, 소학교 시대부터 무용이 좋아서 시작했지요!" 하는 대답에 나는 이 적은 아씨는 자기가 좋아하는 일을 끝까지 해보는 행복된 아씨로구나 하고 속으로 한번 생각해 보는 것이 유쾌하였다.

"제일 처음 무대에 선 시일은 5년 전 10월!이고 베-토벤의 〈학대 받는 자에게 광영 있으라〉와 〈가을〉이였지요." 하는 박양의 눈은 무슨 광영을 꿈꾸는 듯도 하였다.

"독자적으로 공연을 한 것은 어느 때쯤 됩니까?"

"그것이 아마 재작년 봄이라고 생각합니다. 그때에 창작이라고 발표한 것이 〈사랑의 꿈〉입니다."

"글쎄요! 조선의 고전무용이라고 해도 저는 생각하기를 어떤 의상이라든지 그런 형식에 제약되려고 하지는 않습니다. 가령 옷이야 어떤 것을 입었든지 새로운 '바-레'를 춤추려는 노력뿐입니다. 내가 '이태리'의 옷을 입었다고 그것이 '이태리' 무용이 된다거나 '로시아'의 옷을 입었다고 대번에 '로시아' 무용이라고는 할 수 없지 않어요? 다만 소박한 조선의 고전무용에 현대적인 감각을 담아서 신흥 무용을 완성한다는 것은 조선의 문화적 정신과 전통에서 자라난 사람들이니만큼 결국은 그 '이데오로기-'에 있으리라고밖에 아즉은 더 생각지 못했습니다." 하는 박양은 어데까지나 남국적인 정열의 주인공이였다.

"무용과 레알리즘은?" 나는 이렇게 한번 물어 보았다.

"선생은 이론방면은 무용 비평가에 맡길 일이고, 무용가는 실지에 숙련만 하라고 해요." 하면서 연막탄을 한 개 터트리고는

"무용이라고 레알리즘을 전연 부정할 리야 있나요? 그렇다고 해서 로-맨티시즘도 영영 부정하긴 싫어요."

이때 하녀가 홍차와 케-익을 가자 왔다. "차가 식기 전에" 하는

박양 써-비스도 그만 하면 만점에 가깝고 따라서 말은 다른 길로 들어가는 것이었다.

"처음 발표한 〈사랑의 꿈〉이란 어뜬 무용였든가요?"

"그건 무어 한 개 환상의 세계를 그려 보았지요." 하고 웃어바리면서도 자기의 첫 작품인만큼 상당한 애착을 가진 듯하였다.

"한 개 무용을 제일 많이 춘 것은?"

"글쎄요! 〈카푸리스〉 〈사의 도피〉 그런 것이예요. 그러나 선생과 같이 출연을 하게 되면 다른 동창들도 있고 때로는 제가 나갈 때도 있으나 대개 '솔로'는 선생이 나가지요."

"처음 발표한 뒤의 감상이라고 해도 제가 알 수가 있습니까? 그저 무용에만 열중했을 뿐이지요. 나중 혹 음악신문 같은 데서 비평 같은 것을 보면 매우 명랑한 춤이라고 한 것을 볼 때마다 얼골이 홧홧해요." 하며 겸손은 하나 상당한 자신은 가지는 모양! 창작은 연구소에 들어와 3년째 되든 해부터 전부 자기가 하게 되었다 하며 무용 연구소의 '씨스템'에 대해서 한참동안 얘기가 계속되고, 어뜬 연구소는 소질만 있으며 막 뽑아올리는 데도 있으나 다까다(高田) 연구소는 5년이란 기한을 채워야 된다는 것과 박양 자신이 5, 6명의 개인교수를 하고 있다는 것이었다.

"올해부터는 저절로 독립을 하여야 될 터인데 동경에서? 조선에서? 또 '아트랙숀'을 가질 필요는?" 이렇게 속사포의 탄환 같은 질문을 해보았는데, 박양은 유유히 한참 웃고

"결국은 조선에 가야지요. 그러나 아즉 미족(未足)한 게 많으니 더 준비를 해야지요. 성공을 빨리 하려고 초조하지는 않으렵니다."

고 질문과는 아주 정반대 착-까지는 것이었다.

"조선에 와서 첫 공연은 언제 하느냐고요? 글쎄요, 금년 안으로 하겠지요마는 동경서 한번 공연을 먼저 할 것 같습니다."

"지방 순연(巡演)은 몇 번이나 다닙니까?"

"매년 춘추 2회이고 때로는 4, 5회도 되나 그것은 특별한 경우입니다. 작년 여름 대만에 갔다 왔는데 요전 대만서 공연해 달라는 교섭이 있었어요."

"그래, 대만은 가시나요?"

"글쎄요, 될 수 있으면 조선공연을 하고 갈까 해요."

"음악은 무엇을 하느냐구요? 피아노 외에는" 하고 한참 웃다가

"글쎄요, 무용과 일반예술에서 제일 관계가 깊은 것은 시"라고 말하는 것이다. 그리고 박양의 무용은 공간에 그리는 박양의 깨끗한 환상의 시인 것이다. 그리고 얘기가 극으로 옮겨 갔을 때

"참 무용극을 한번 한 일이 있어요. 그것은 물론 선생과 같이 출연을 했는데 그 극은 〈전쟁〉이란 것이였어요. 공연날이 3일 남어서 전쟁보다 더 바쁜 중에 할머니가 돌아가셨다는 문부(聞訃)를 하고 선생에게 집으로 가겠다고 하였더니, 그것이 잘 되진 않고 전쟁하는 심치고 출연을 하였더니 결과가 나쁘지 않고 자미도 있었어요." 하는 박양의 오날이 있기 위해서는 이러한 눈물겨운 무용전(武勇傳)도 있었든 것이였다.

"영화는 자조 구경을 다닙니까?"

"좋아는 하면서도 자조는 못 가요. 장래에 영화배우가 되고 싶은 생각은 없느냐고요? 그런 것을 생각한 일은 없어요."

"그래도 '오야게 아가하지'라는 류구(琉球)의 토민의 영웅을 동경 발성(發聲)에서 영화화할 때 '로케-숀'에 갔다오지 않았어요?"

"글쎄요, 그것은 춤추는 장면이었는데 다까따(高田) 무용 연구소에 교섭이 있어서, 선생이 저를 가라니 갔을 뿐이였어요."

"문학에 대한 취미는?"

"시는 좋아해요. '꾀-테'나……" 하는 것을 보면 '들장미'를 콧노래 삼아 부를 듯한 아가씨였다.

"일본시인으로는?"

"이꾸다 슌게쓰(生田春月) 시는 좋아요." 하고는 몇 번이나 '이꾸다'란 말을 거듭 하였다.

"장래의 가정은?" 묻고 어떤 대답이 나오나 하고 이 아가씨의 얼골을 옆눈으로 잠깐 보았다.

"역시 예술가다운" 하며 말끝은 웃음으로 흐리고 가벼운 부끄러움으로 얼골을 붉히는 것이였다. 그리고 머리를 약간 앞으로 숙이는데 검은 '듀레스'에 검향빛 목수건과 자주빛 '오-버'의 품위 있는 장속(裝束)(단 그날의 응접실은 좀 치워서 나도 오-버를 입었다)이었다.

"유행에 대해서는?" 하니까

"직업관계로, 또는 젊은 마음에 화려한 것은 좋아요. 그러나 '모-드'라고 해서 빛갈의 조화되지 않는 것이나 상 없는 첨단은 질겨하지 않어요."

"숭배하는 예술가라고 특정한 것은 없어요. 말하자면 훌륭한 예술가는 모다 숭배하지요. 그러나 역시 무용을 하니까 '크로이 스베

르그'는 좋아요." 하며 이 독일이 낳은 세계적 무용가의 약전(略傳)과 그 무용에 대한 간단한 소개를 하는 박양은 완전히 명랑한 정열을 발로하는 것이었다.

"위인으로는?" 물어 보면 창졸간에 누구를 말할는지 곤란한 듯이 "난 몰라요." 하며 웃어 바렸다.

"독서는 많이 못합니다. 하루에도 3, 4시간은 꼭 하려고 노력은 하나 공연에 바쁘면 뜻대론 안 돼요."

"'스포-츠' 말입니까? 전 이래두 학생시대엔 '바-레' 선수였답니다. 좋아하긴 '럭비-'가 좋아요." 그러나 구경할 시간을 갖지 못한다는 것이 처녀다운 가벼운 한숨이었다.

여기서 나는 담배를 피워물고 '이 명랑한 무희를 어떻게 한번 곤란케 할까?'고 생각다가 문득 한 수를 깨달았다. 그래서 눈으론 보면서도 시침을 떼고

"연애에 대한 경험을 하나 들려주시요."

"글쎄요, 동무들이 말하기를 저는 연애에는 저능하다고 해요." 하며 새빨간 흥분을 남의 말같이 싹 돌리고 말은 계속되는 것이었다.

"조선에서 무용을 하는 사람이 몇이나 됩니까? 책임 있는 몸인 듯해서 경솔하게는 연애를 해보려는 생각도 않을뿐더러 아즉은 그렇게 급한 문제도 아니니까요."

하며 교묘하게 말끝을 돌리는 박양의 두 뺨에 홍조가 살큼 돌고 맞은편 유리창 바깥을 지나 멀리 보이는 푸른 하날을 바라보는 샘물 같은 그 눈동자는 조금도 우울을 모르는 듯하였다. 마치 그 푸른 하날에 한없이 높고 깊어 보이는 거기에 그 예술의 '인스피레-숀'이

생겨나는 것도같이! 이때 벌써 오후 2시반! 3시부터는 그 다음날 히비야(日比谷) 공회당에 공연이 있어 공부가 시작된다기에 그만 그곳을 떠나기로 하고, 영화배우로는 '쪼엘 마크리'나 '푸레데릭 마치'도 좋으나 '가르보'의 신비적인 연기에는 말할 수 없는 애착을 갖는다는데 나는 그만 나와 버렸다.

12일 오후 7시반 봄비가 시름없이 나리는 데도 나는 히비야로 갔다. 벌써 박양의 출연시간이였다. 〈포도〉는 거의 끝이 나고 〈카-네숀〉이 시작되려는 때였다.

그날은 다까다 세이꼬(高田세이子), 이시이 바쿠(石井漠), 우찌다 에이이치(內田榮一), 시미즈 기요꼬(淸水靜子) 등등 그 방면에 동경에서도 유수한 이들이 모다 공동출연을 하였으며, 나는 그날 밤 11시 차로 동경을 떠나며 곱게 피여오른 '카-네숀'의 맑은 향기를 머리 속에 그려도 보았다.

『蒼空』, 1937년 4월(창간호)

大邱의 자랑 藥令市의 由來

大邱支局 肉瀉生

　대구의 자랑이 무엇이냐? 고 묻는 사람이 있으면 지금 사람들은 아이, 어른 할 것 없이 대구 능금(沙果)을 말할 것이다. 그러나 대구 능금은 최근 한 명산물(名産物)로서 완전한 자랑의 지위를 점령할 수는 없는 것이다.
　여기서 우리는 중학교 지리교과서에도 있는 대구의 유명한 약령시(藥令市)를 자랑으로 들어놓고 그에 대한 역사적 유래를 먼저 알아보자.

藥令市의 史的 由來

　대구의 약령시는 1년 1차의 정기시장으로서 그 시장에 집산되는 산물은 마치 터키나 코카스(高加索)나 중앙아시아 내외몽고(內外蒙

古) 등지에서 1년 1차 혹 2차씩 열리는 모피물(毛皮物)의 시장과같이 대성황을 이루나 이상에 말한 각지의 시장은 인류사회의 생활형태가 차차 복잡함을 따라 필요한 물품을 서로서로 바꾸고자 일정한 장소와 시일에 모이는 말하자면 물물교환(物物交換)시대로부터 교통의 관계라든지 기후관계라든지 또는 일반 사회생활의 형태가 오히려 아직까지 옛날의 그것을 면치 못하고 현대 자본주의 국제간의 무역관계(貿易關係)가 극도로 발달된 오늘까지에 원시경제(原始經濟)를 연구하는 학자들의 연구 재료로가 되는 것은 흥미 있는 사실이지만은 대구의 약령시는 물품의 집산과 교환의 양식이 그와 방불하여도 이름부터 약시(藥市)가 아니고 약령시(藥令市)란 령(令)자에 대하여 우리는 즉각적으로 이 시장의 기원은 어떤 권력의 지배 밑에 열게 된 것을 알 수가 있다.

그러면 이 약령시가 처음 시작된 것은 언제부터인가. 그야말로 중학교 교과서에까지 '고래(古來)로 유명'이라고만 씌어 있고 적확한 연대를 쓰지 않았으므로 대담하게 그 연대를 내어놓을 수는 없으나 비교적 정확한 숫자를 조사한 대로 쓰면 서력(西曆) 1658(李朝開國 268年 孝宗朝), 거금 274년 전부터 개시되었다고 한다.

그때야말로 조선을 팔도(八道)에 나누어놓고 다시 칠십일 주로 나누어놓은 경상도의 정치적 수부(首府)도 대구려니와 경상도를 둘러 남부 조선 각지는 산수명랑하고 기후 온화하여 각색 약초의 배양에 지질이 알맞기도 하고 교통도 편의하여(그때로 보아서는) 물산의 집산에 최적의 지대도 대구였으며 그때야말로 임진병란(壬辰兵亂)이 끝을 맺고 모든 물화와 시설이 차차 정돈되고 발전을 보이며 따라서 황실(皇室) 중심으로 끌려는 당시의 위정자(爲政者)들은 자신들에게 조금이라도 관계 있는 물품이면 무엇이나 물론하고 먼저 진상(進上)이란 이름 아래 최상의 생산품을 골라 서울로 보내고 일반 백성이 먹고 입고 쓰게 되는 것이다.

그리고 어떤 제품을 물론하고 병 없이 일생을 살 수도 없는 것은 생리상 자연의 이치이므로 일국의 지존(至尊)인 왕도 병마의 무서움은 면치 못하는 것이다. 그래서 황실에서 일 년 동안 쓸 약품을 이곳에서 구하고자 국가의 명령으로 개시케 한 것이 오늘날 우리가 보고 듣고 하는 약령시의 처음이다.

그때는 약령이 서면 감사(監司, 現 道知事)가 약재를 골라 봉하여 중앙정부 사약원(中央政府 司藥院)에 보낸 후에 팔도에서 모여든 약재를 일반 약국에서 사서 온 조선 안의 병든 사람들이 그해 그해의 치료를 하게 되었다고 한다.

대구 약령시는 다른 상품시장에서 볼 수 없는 특수한 유래를 가지고 발달하여온만큼 지방의 정청에서도 일년 춘추 두 차례에 정기적으로 모여드는 지방 생산자들을 위하여 지방 경제발달을 조장하고저 계획을 세우고 제도의 개선과 개시 기간의 연장 등 모든 방면으로 힘을 써보았으나 모두 뜻과 같지 못하고 서구 열국의 동양 침입으로 의학(醫學), 약학(藥學) 등 학문이 발달됨에 침은 주사(注射)로 변하고 '바시'는 '메—스'로 화하는 바람에 한약(漢藥)의 가치는 전연 그 권위를 잃게 되면서 대구의 약령시도 차차 위미하여 매매되는 약재료도 줄어지기만 하던 중 '후—버'경기가 세계의 주식시장을 혼란케 하듯이 대구의 약령시장도 대타격의 한때가 지나가게 되었으니 그는 무엇일까?

지금부터 이십이 년 전(辛亥年)에 중산 손문(中山 孫文)씨 혁명으로 대청황실(大淸皇室)을 넘어트리면서부터는 청 황실이 조선 정부에 의뢰하여 사갔던 약품은 실로 막대한 것이었으나 전부 그 매도의 길이 막히게 된 여러 가지 조선 밑에 매매가 축소하여 전성시대의 반도 못 되게 되었다.

그나마 최근에는 전주(全州), 대전(大田), 진주(晉州), 원산(元山) 등지에 군소시장이 개설되어 이를 약령시로 말미암아 대구에 떨어지는 돈은 매우 감소되었으나 아직도 영시가 개설되면 동성정(東城町) 입구로부터 남성정 입구까지 십여 정에 뻗쳐 당재(唐材), 초재(草材) 등 삼백여 종의 약품도 많으려니와 그 근처에 임시 여인숙이 무수히 설치되고 포백 기타 일용생활에 필요한 물품이면 평상시의 몇 배나 잘 팔리는 호경기를 연출한다.

그리하여 촌 양반들의 낯설은 돈을 좀 얻어먹어 보겠다는 술집 색시들까지 헐찍한 인조견으로 몸을 싸고 도사리고 앉아서 엷은 애교를 술 한잔에 담아보내는 것도 '넌센스'의 한 장면인지는 모르겠다마는 흡객술이 졸렬하다기보다 시대에 뒤쳐진 기생들은 본바닥에 거주하는 손님들을 '카페' 붉은 여급들의 자주(紫)빛 유혹에다 띄우고 음력 과세를 앞서 초조하던 중 때마침 시재(時哉) 시재(時哉)를 불러 시내 각 요리집, 극장 할 것 없이 대만원의 성황을 이루는 것은 그럴 듯도 한 일이지마는 여기에는 순진한 산간에서 새 노래, 물소리에 거친 세상일은 꿈도 꾸지 못할 산 아이와도같이 힘들여 장만한 약재를 도시 구경 겸하여 와서 판 돈은 '메리 픽포드' 아닐망정 어여쁜 여자를 만나 있는 대로 다 쓴 후에 明年의 약령시 개설되기를 손꼽아 기다려서 와서 보면 그 여자는 어느 하늘 밑에서 어떤 남자와 단꿈을 꾸는지 알 길조차 바이없고 작년 굳은 맹세가 찬바람처럼 사라질 때 홧김에 한잔 부어라, 먹자하는 연기 같은 경기는 견양경기(見樣景氣) 이상으로 흥청거린다. 그러기에 여기에 최근 오개년간의 매매료와 출동 인원수와를 적어본다.

개시 기간(開市期間)	출시(出市)인원	약근수	매매금고
소화2년 60일	10,000인	1,178,450근	275,300원
소화2년 56일	10,128인	962,588근	672,810원
소화2년 68일	100,400인	978,225근	410,960원
소화2년 41일	66,000인	801,865근	353,220원
소화6년 65일	60,130인	801,891근	383,200원

藥令市의 現在

약령시의 미치는 바 경제관계는 실로 다방면으로 황금왕시대를 인솔하며 발달하여 오는만큼 옛날에는 조선 안에서 생산하는 재료가 매매되는 이외에 당재(唐材)라고 하여 중국으로부터 금석지재(金石之材)가 많이 수입되는 외에는 별로 볼 만한 것이 없었으나 교통

메리 픽포드 (Mary Pickford) : 1920년대 미국의 영화배우. 1928~29년에 「Coquette(코케트)」란 영화로 제2회 아카데미 여우주연상을 받았다.

의 발달로 국제무역이 빈번하여지게 된 오늘에는 일본, 중국, 몽고 등지는 말할 것도 없거니와 동부 아프리카의 찌는 듯한 열대지방에서 생산되는 소철(蘇鐵)을 비롯하여 황막한 시베리아의 천지를 내 집같이 돌아다니는 웅담(熊膽)까지 모여들게 되는 것은 약령시를 통해본 인류문화사의 한 토막이라고도 할 수 있는 것이다.

이렇게 약령시에 모여드는 약재료가 교통의 혜택을 입어 거의 파멸에 가까운 약령시가 새로이 왕성하게 되자 지금이야말로 시장의 양입구에 마천루(摩天樓) 같은 '리딩(誘導塔)'을 세우고 '일미네이션(大雷飾)' 사이에 홍기, 청기가 나부끼며 지방으로부터 모여드는 생산자들을 끌어들이는 것은 확실히 일반 상업 전술의 발달을 의미한다.

그러나 원래 이 시장은 약을 재료 그대로 가지고 와서 매매케 되는 것이 특질이었으나 지금은 전일 영신환, 조고약, 어을빈 만병수까지 시장 복판에서 인기를 집중하고 있는 것은 아무리 보아도 좋아 보이지 않는 것이 사실이다.

이와 같은 변천 가운데에도 특기하여 둘 것은 영시의 개설 이래 장구한 연월을 지남에 따라 그 본래의 성질에 배반하여 부업적 상인 계급을 영시의 주요 구성요소로 하게 되고부터는 경상도내 지방에 미치는 약령시의 영향은 일반 소비경제상에 커다란 파문을 그리게 되어 약령시 본래 목적인 약재 생산에 효과가 적게 되고 시장 내의 불량 중개인으로 말미암아 일시 평판이 좋지 못하였으므로 이러한 폐풍을 일소하기 위하여 지금부터 이십여 년 경 생긴 한약상조합(漢藥商組合)과 칠년 전 전주(全州)에 약령시가 처음 되려고 할 때에 대항하기 위하여 생긴 약령시 진흥회가 지금은 약령시 번영회로 변경되어 최선의 노력을 다해오고 감독한 결과 지금은 어느 정도까지 통제가 되어간다고 한다.

그리하여 지금이야말로 동력의 위력 밑에 거대한 공장들이 날로 늘어 남조선의 '메트로폴리스'를 만들려는 대구 현대과학의 태반(胎盤) 같은 대구의 한복판에서 조선의 자랑이라고도 할 수 있는 원시시장(原始市場)의 한 개가 벌써 오늘날의 경제권내에 발을 딛고 장차 올 내일의 세계를 향하여 나아가는 것은 흥미 깊은 일이다.

삼백 년 동안 정치적으로 사회적으로 복잡다단한 필연적 과정을 경과하여 오며 자본주의 경제의 현 단계에서 의연히 그 존재가 필요하게 된 대구 약령시의 발달사는 宛然히 금일 경제의 발달사라고 보지 않을 수 없다. 그러므로 여기 특기할 것은 그 성질상 순박함이 짝이 없는 즉 말하면 매매하는 사람들의 아관박대(雅冠博帶)라든지 생산품 포장 같은 것까지도(물론 변천된 것도 많으나) 삼백 년 전의 옛날을 그려볼 만한 순박한 이 시장에도 현 기금을 자본의 붉은 혀(舌)는 내밀기 시작하였다.

지금부터 사년 전 어떤 외래 자본벌이 자기 소유의 땅에 시장의 위치를 옮기려고 현 위치는 도시 교통상 불편하다는 구실로써 다방면으로 술책을 써보았으나 현 장소에서 기십 년간 상권을 잡고 있는 대가들의 맹렬한 반대로 그만 뜻을 이루지 못한 일도 있다.

그러면 대구 약령시를 지배하고 따라서 전 조선의 한약상계에 우위를 잡고 있는 이는 누구일까. 여기는 누구보다도 김홍조(金弘祖) 씨를 안 칠 수가 없다. 씨는 전선적(全鮮的)으로 보아 제2위 가기를 설워할 만하다고 하며 그 다음 순서 없이 치면 신태문(申泰文), 김종수(金宗洙), 지의원(池義元), 이치욱(李致旭), 두병은(杜炳殷), 김내명(金乃明), 방규진(方圭鎭) 제씨를 칠 수 있고 그 중에도 두병은(杜炳殷)씨 같은 이는 여러 대를 내려오며 사업에 종사하여 그 문패는 실로 백오십 년이란 역사를 가져 대구의 동인당(同仁堂)이란 이름이 있다. (北平의 同仁堂은 八百年의 역사가 있음)

그래서 대구의 약령시 인기는 이들의 손에 좌우된다 하여도 과언이 아니며 금년의 약가는 김재금(金再禁)에 따르는 제 물가의 폭등과 일중사변(日中事變)의 영향과 중국 은가(銀價)의 변동으로 인하여 소위 당재(唐材)는 폭등하였고 초재(草材)에 있어서도 변조로 오른 것이 불소하다는바 금후에도 더욱 시세는 오를 모양이라고 한다.

여기에 당초재를 물론하고 시세를 적어보았으면 좋겠으나 약명이 한없이 많고 날로 변동이 많으므로 약령 시세표가 있다는 것만 말한 후에 특수한 고저를 보이는 몇 가지를 적어보면, 당재의 원상산약(元常山藥)은 작년에는 매근에 일 원 육십 전 하던 것이 금년은 단 오십 전에 폭락되어 20년래에 처음 보는 헐가라 하며 산수유(山茱萸)는 작년에 매근 사십 전 하던 것이 금년은 십 전으로 폭락하고 토사자(免絲子) 같은 것도 작년 사,오십 전에 매매되던 것이 금년은 십 전에 폭락되고 지방 생산자의 저울에 예기치 못한 광란을 보이고 있다고 한다.

藥令市의 將來

그러면 다음날의 약령시는 어떻게 될 것인가?

이 문제는 결코 예언자의 심심풀이와 같은 헛된 소리는 아니다. 적어도 현 세계의 경제관계와 그에 따라 일어나는 모든 사정이 쇄신된다면 모르지마는 현단계의 경제제도가 그냥 존속되는 한에는 세계적으로 한약에 대한 연구가 왕성하여지고 한약의 권위가 나날이 높아가는만큼 약령시의 장래는 앞으로도 세계에 그 이름이 높아진다고 일부 인사들이 말하고 있는 것이 그다지 허언이 아닐지도 모른다. 그래서 지금은 시장의 형세가 산만하게 생산자가 중개인을 거쳐 도매상에게 팔게 되어 중간에 착취를 당하게 된다 하여도 장래는 현 시장의 대재벌들이 주식(株式)이나 혹은 합자(合資)의 형식으로 시장을 상설하고 도매와 개인생산자 사이에 직접 취인하게 되어 지방 시장의 윤택과 약초 생산의 장려의 약령시 본래 목적을 소개하려는 것이 당 업자간의 의도인 동시에 매우 현명한 의견인 듯하다. 그래서 참된 대구 자랑을 만들고 조선의 자랑을 만들자.

『조선일보』, 1932년 1월 13일, 16일, 20일, 26일

無量寺에서
– 崔貞熙님께 보낸 엽서

　지금은 석양이올시다. 그 옛날 화려하던 臺閣의 자취로 알려진 곳, 깨어져 瓦磚을 비치고 가는 가냘픈 가을 빛살을 이곳 사람들은 무심히 보고 지나는 모양입니다. 그러나 이곳 無量寺만은 오늘 저녁에도 쇠북소리가 그치지 않고 나겠지요. 하여간 백제란 나라는 어디까지나 散文的이란 것을 말해 줍니다.

건강을 빌면서 육사 生

『文化世界』, 1954년 1월

玉龍菴에서

石艸형! 내가 모든 의례와 형식을 떠나 먼저 붓을 들어 투병의 일단을 호소함은 얼마나 나의 생활이 고독한가를 형이 짐작하여 줄 줄 생각한다.

석초형! 나는 지금 이 너르다는 천지에 진실로 나 하나만이 남아있는 외로운 넋인 듯하다는 것도 형은 짐작하리라. 석초형, 내가 지금 있는 곳은 경주읍에서 불국사로 가는 도중의 십리 許에 있는 옛날 신라가 번성할 때 神印寺의 古趾에 있는 조그마한 암자이다. 마침 접동새가 울고 가면 내 생활도 한층 화려해질 수도 있다. 그래서 군이 먼저 편지라도 한장 하여 주리라고 바래기는 하면서도 형의 게으름(?)에 가망이 없어 내 먼저 주제넘게 호소치 않는가?

석초형, 혹 여름에 피서라도 가서 服藥이라도 하려면 이곳을 오려무나. 생활비가 저렴하고 사람들이 순박한 것이 천년 전이나 같은 듯하다. 그리고 답하여라. 나는 3개월이나 이곳에 있겠고, 또 웬만

하면 영영 이 산 밖을 나지 않고 僧이 될지도 모른다. 그것이 곧 부럽고 편한 듯하다. 서울은 언제 갔던가? 아무튼 경주 구경을 한번 더 하여 보려무나. 몇 번이나 시를 써 보려고 애를 썼으나 아직 머리 정리되지 않아 못하였다. 詩篇이 있거든 보내주기 바라면서 일체의 問候는 厥하며 이만 끝.

7월 10일

申石艸 소장, 최근에 공개된 것임.

신석초에게 1

京城府 明倫町 四丁目 七拾二/二
　　申石艸 大人 台啓
於京釜線車中 陸史弟

　　石艸兄
　지금 아마 서울을 떠난 三百키로 地點을 나는 굴너가고 잇는 듯하다 時速 키로. 南國의 봄! 그것은 噴水처름 내 귓뒤로 작구만 날일 뿐. 세時間쯤 지나면 제법 常夏인 듯한 嫩葉의 나라를 보겟지 그러

石艸兄(석초형) : 신석초를 가리킴.
굴너가고 잇는 듯하다 : 굴러가고 있는 듯하다.
작구만 날일뿐 : 자꾸만 날릴 뿐, 잇달아 날릴 뿐.
嫩葉(눈엽) : 원문에는 潄葉으로 되어 있다. 오기일 듯. 새싹 잎, 연두빛깔의 어린 잎.

나 바다는 정말 나로부터 季節에 對한 감각을 빼서 바릴지도 모르겠네.

何如間 그곳에 다으면 그대의 오랜 기억 속에 잠든 가지가지의 로망을 적어 보내겟네 지금 내가 通過하는 곳은 一望無際한 보리밧의 푸른 빛 石暎의 붉은 비단을 너러노듯한 안개 버드나무 사이로 복숭아꽃이 보이는 洞里 개울바닥을 흘너나린 돌템들. 그러나 봄은 내 등 뒤로 흘너갈 뿐. 그르면 다시 만날 때까지의 健康을.

四月 十七日 下午 五時頃
於京釜線車中 陸史拜上

빼서 바릴지도 모르겟네 : 뺏어 버릴지도 모르겠네.
石暎(석영) : 석영(石英)의 오기인 듯. 규사질의 돌. 순순한 것은 수정.
何如間(하여간) : 어떻든.
너러 노듯한 : 늘어놓은 듯한.
돌템 : 돌 무더기.
그르면 : 그러면.

신석초에게 2

京城府 明倫町 四丁目 七拾二/二
　申石艸 大人 台啓
於京釜線車中 陸史弟

追! 지금 三浪津驛前에 나리니 六點鍾. 그앞 晋州旅館에 드니 馬山七時十分에 간다기에 大金一圓六拾錢에 洛東江 鯉魚鱠와 맛걸니 五杯를 痛飮하엿다. 如此風流를 서울서는 想像만 하여라. 仔細는 가서 報告함세 KAj TiEL PR

追(추) : 추신(追伸)의 뜻. 흔히는 편지 본문 다음에 덧붙이는 말이나 여기서는 엽서 허두에 쓰여 있다.
六點鍾(육점종) : 여섯시를 치는 종.
鯉魚鱠(이어회) : 잉어회.
五杯(오배) : 다섯 잔.
如此風流(여차 풍류) : 이와 같은 풍류, 곧 멋.
仔細(자세) : 세세한 것, 자질구레한 일.
KAj TiEL PR : 'kaj tiel plu'. 에스페란토어로서 '기타, 등등'의 뜻. 영어로 etc. PR 은 plu의 오기인 듯하다.
* 이 편지는 엽서로 그 수신인 난에 소화 15년의 소인이 있다. 이것은 이 엽서가 1940년에 쓰인 것임을 뜻한다.

再從 源錫君에게

　源錫君아 日間 卒寒에 堂上叔父內外分 氣力康寧하시며 우리집도 兄嫂氏 아해들 다리시고 無故하시고 一村이 安寧들 하시온지 알고저우며 罪從은 弟兄이 모다 無恙하니 多幸이오 數日前 大邱下書 밧드러 從兄弟分 康寧하신 듯 万幸이나 日 나의 戶籍謄本 때문에 上

再從(재종) : 육촌. 여기서는 편지의 수신인인 李源錫을 가리킨다.
卒寒(졸한) : 졸한(猝寒). 갑작스럽게 닥친 추위.
兄嫂氏(형수씨) : 형님의 부인. 여기서는 육사의 맏형인 원기(源棋) 선생의 미망인. 1942년 육사는 모친상과 맏형님의 상을 동시에 당했다. 이에 큰집이 원촌으로 귀향하고 육사도 한동안 거기서 머물렀다. 이 편지는 그 후 육사가 상경하여 근무할 곳을 물색한 듯 보이는 과정에서 호적등본을 구하여 우송해 달라는 내용으로 되어 있다. 이로 미루어 보아 그 연도가 1942년으로 추정된다.
罪從(죄종) : 죄인이 된 조카. 육사가 스스로를 이렇게 말한 것은 이때가 어머님을 잃었기 때문이다.
無恙(무양) : 병이 없음. 양(恙)은 근심 또는 병.
万幸(만행)이나 日(일) : 만행(萬幸)이나 일(日) 다음에 전(前)자가 빠져 있다.

書하엿는데 아즉 아무러 下示가 업스니 엇지된 일고 뭇자와보고 곳 謄本 한 通을 至急付送하여다고 그것이 느저지면 나의 일은 万事瓦解일뿐 안이라 우리집 將來 生活 方道조차 漠然때문이다. 千萬 泛然히 듯지 말고 부로나마 禮安까지 와서 부처 보내라. 日前 편지에 抄本이라 하엿으나 그것은 잘못이니 旣往付送하엿드라도 다시 謄本을 해보내기 바란다. 할말 만흐나 爲先 急한대로 이만 끝인다.

十一月 十日 罪再從
陸史

謄本(등본): 원본대로 베껴 적은 서류. 이와 달리 초본(抄本)은 원본 내용을 필요한 부분만 간추려 적은 것. 호적등본은 원본 그대로의 사본이며 그 초본은 직계존속, 곧 부모와 그 당사자의 인적 사항만을 적은 것이다.

아즉 아무러: 아즉 아무런.

下示(하시): 웃어른이 아랫사람에게 내리는 말씀이나 글, 편지.

뭇자와 보고: 묻자와 보고, 웃어른에게 사뢰어 보고

至急付送(지급부송): 아주 급히 부처 보내는 것.

万事瓦解(만사와해): 만사(萬事) 곧 모든 일이 헛것이 됨.

泛然(범연): 들떠 있는 모양, 정확하지 않은 상태. 여기서는 허술하게 생각하지 말라는 뜻으로 쓰인 듯하다.

부로나마: '다른 일이 없더라도 꼭 해야 될 일로 알고'의 뜻.

罪再從(죄재종): 육사가 이원석에게 자신이 친상의 죄인이며 육촌(六寸)이기에 이렇게 쓴 것이다.

*이 편지는 그 연월일이 1942년 11월 10일로 판독된다. 이때에 육사는 서울에서 근무지를 알아보고 있었거나 아니면 스스로의 신분에 보증을 얻어야 할 일이 있었던 것으로 보인다. 그러나 이 일은 제대로 되지 않았을 것으로 추정된다. 그 나머지 그는 북경행을 택했다. 그리고 다음해에는 그의 독립운동을 위한 비밀활동이 발각되었고 그 나머지 일제의 헌병에 의해 체포되어 북경으로 압송되어 갔다.

李相夏에게

迎日郡 杞溪面 縣內洞 李相夏 君 開納 親秘
大邱府 南城町 十九 中外日報支局 李活

頃進 因於幹急 未得穩陪 旋卽奉別 伏悵何極 未審 日內
堂上 從祖主 壽顔 衛護岡陵 怡餘
棣床體候 以時萬康 兄從諸昆 爽善侍篤課 閫庇均迪 伏溯區區下忱
重表從侄 省候猶前 僅免大家添損 弟兄相依 日夜奔馳 碌碌之沒樣
而朝無所食 暮窮所棲 伏歎無地耳 第白某件 百方幹旋策中
豫料似無後慮 爲叔主 不勝欣賀 非但自矜 用力之大 實由
叔主倚望之重 自此雖有幾個反對者 當極力撫摩 深至俱道矣
休慮 伏至餘恩撓 不備上候書

庚午 六月 六日 重表從侄 李活 再拜
一雨近作如何 祿也 或自那處 別無所策耶 卽時下示 恐似方便

영일군 기계면 현내리 이상하 군 개납 친비
대구부 남성정19 중외일보 지국 이활

  지난번 그곳으로 갔다가 급한 일에 관계되어 조용히 모시지도 못하고 곧바로 떠나옴에 참으로 안타까웠습니다.
  근자에 당상 종조부님이 무고하시며 아무런 염려 없게 잘 모시고 있다니 참으로 기쁩니다.
  형제들이 모두 의가 좋고 건강하게 잘 있을 뿐만 아니라 사촌 여러 형님들도 모두 부모님을 잘 모시고 열심히 공부하며 어머님께서도 두루 평안하시다니 저는 마음만 졸이고 있을 뿐입니다. 중표종질인 저는 부모님 모시면서 겨우 큰집의 체모나 손상하지 않도록 지내고 있습니다. 우리 형제들이 서로 의지하며 날마다 부지런히 살고 있기는 합니다만 녹록하여 보잘 것 없는 모양이어서 아침에는 끼니거리가 없고 저녁이면 잠잘 곳이 마땅하지 않습니다. 하오나 탄식해본들 어찌할 바가 없습니다. 아뢴 바의 일은 백방으로 주선해보고 있기에 큰 걱정은 없을 듯합니다.
  숙부님께서는 기뻐하시게 될 것입니다. 이는 제가 자긍하는 것만이 아니라 열심히 노력하는 것이며 숙부님께서 크게 기대하고 계시는 것이기도 합니다. 이제부터는 비록 몇 사람들의 반대가 있더라

庚午(경오) : 1930년.
岡陵(강릉) : 뫼와 언덕, 여기서는 산과 언덕처럼 든든하게의 뜻임.
重表從侄(중표종질) : 외외척 오촌조카.
* 이 번역은 박약회의 서수용에 의해서 초고가 작성된 것임.

도 그들을 극력 무마하여 깊이 도리를 알도록 하겠습니다. 그러하니 걱정을 놓으십시오. 나머지는 바빠서 예의를 갖추어 안부 편지를 쓰지 못하옵니다.

　경오년 6월 6일 중표종질 이활 재배

　일우는 근자에 어떻게 지내고 있는지. 록(祿)이는 어떻게 하는 것이 좋을지. 끝끝내 특별한 방책이 없는가? 소식이 오는 대로 즉시 알려주게. 그렇게 하는 것이 좋을 듯하네.

록(祿) : 이원록, 곧 이육사 자신을 가리킴.

1934년 문단에 대한 희망
- 앙케에트에 대한 응답

    외국의 문학유산의 검토도 유산이 없는 우리 문단에 필요한 일이겠지만 과거의 우리나라의 문학에도 유산은 적지 아니합니다. 좀 찾아보십시오.
    -거저 없다고만 개탄하지 말고.

『形象』, 1934년 2월

『詩學』 앙케에트에 대한 대답

1. 내가 사숙하는 詩人
   내가 私淑까지 했던 사람은 없습니다.

2. 나의 作詩 푸로그람
   長篇 自敍詩를 한 篇 써 볼까 합니다.

3. 詩評家에게 대한 所望
   詩를 먼저 理解한 뒤에 評은 따스롭게 써 주었으면 합니다.

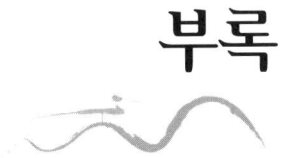

부록

시와 역사의식
- 이육사론(李陸史論)

김 용 직(서울대 명예교수, 문학평론가)

1

어떤 지역이나 집단에게는 그것이 광명이며 축복에 이르는 문이었을지 모른다. 그러나 우리 민족사에서 현대는 바람결 사나운 바다 위의 뱃길과 같은 것이었다. 그 초두에 우리 사회는 쇄국의 빗장을 푸는 일, 곧 개항이라는 역사의 요구에 직면했다. 이와 함께 우리 민족은 외세의 식민지적 야욕 앞에 노출되었다. 특히 그 무렵 이미 아서구(亞西歐)화한 일본은 거침없이 우리 주권을 잠식, 침탈하기 시작했다. 이육사(李陸史)가 태어나서 자란 시기가 바로 이런 우리 민족의 수난기였다. 20세기 초두에 일제는 이미 우리 강토를 병탄했다. 포악의 대명사처럼 우리 민족 위에 군림한 그들은 그 이후 우리 주변의 어떤 자각, 자존의 시도도 놓치지 않았다. 그런 움직임은 매우 미세하고 사소한 것일지라도 즉각 그들 사찰망에 걸렸다.

그에 뒤따른 조치는 가차 없는 박해와 탄압이었다. 이런 극악의 상황을 무릅쓰고 이육사는 일제에 맞서 싸우는 반제 구국의 길을 치달렸다. 먼저 그는 행동을 앞세운 실력투쟁의 노선을 택했다. 일제가 이것을 놓칠 리가 없었다. 당연한 사태의 귀결처럼 그는 거듭된 검거와 투옥, 탄압을 받았다.

그 이력서 사항을 보면 이육사는 전후해서 열일곱 번 일제의 경찰과 헌병에 의해 구금, 투옥되었다. 그때마다 그를 기다린 것은 모질기 그지없는 학대였고 고문이었다. 그럼에도 그는 40세를 일기로 그 생이 마감되기까지 한 번도 항일(抗日), 반제투쟁(反帝鬪爭)의 고삐를 놓지 않았다. 그의 최후도 일제의 감옥에서 있었다. 결국 이육사는 반제(反帝), 민족해방투쟁의 가시밭길을 치달리는 불사신으로 살다가 순국한 것이다.

이런 이육사가 문학에 투신하여 시쓰기를 시작한 것은 그의 나이 30에 이르고 난 다음부터다. 초기에서 중기에 이르기까지 그의 시는 반제투쟁과 다소간의 거리가 있는 것이었다. 어느 시기까지 그는 역사, 현실의식에 얽매이지 않는 시를 썼다. 그 대부분은 사적인 세계를 그린 것이었고 개인적 심경을 노래한 것들이었다. 이런 그의 작품 세계에 한 전기가 온 것은 일제 식민지시대의 막바지에서였다. 구체적으로 1940년대에 접어들면서 이육사는 일종의 벼랑끝 의식을 품게 되었다. 이 무렵에 그는 우리 사회나 민족의 명맥이 단절될지도 모른다는 위기의식에 사로잡힌 듯 보인다. 그 나머지 그는 순수, 또는 보편적 차원의 세계를 포기했다. 이때에 제작된 몇 편의 시에서 그는 그 뿌리가 민족적 현실과 역사, 상황에 닿은 목소리를 담았다. 이것으로 그는 우리 현대문학사에서 민족을 위한 투쟁과 시를 병행시키고 그것을 일체화해낸 희귀한 시인이 된 것이다.

2

 그 동안 우리 주변에서 이루어진 이육사의 민족운동에 대해서는 얼마간의 이견(異見) 조정과정이 있었다. 우선 문제된 것이 이육사의 투쟁 실적과 소속 조직의 계보였다. 한 문헌자료에 따라서 우리는 한동안 이육사가 참여한 민족운동이 중국 동삼성에 근거를 둔 국민당 정의부(國民党 正義府), 대한독립당(大韓獨立党), 의열단(義烈團) 등 몇 갈래에 걸친 것으로 잡아왔다(宋相燾, 『騎驢隨筆』). 일제 치하의 모든 민족운동은 그 속성상 은폐원칙에 따라 이루어졌다. 따라서 지금 그 실적을 기록한 증거자료가 온전하게 전하는 경우는 극히 드물다. 이것은 이육사의 경우에도 예외가 아니다. 그의 경우에도 오늘날 제대로 근거 자료가 남아 있는 것은 장진홍(張鎭弘)이 주동한 조선은행 대구지점 폭탄투척사건에 연루된 일이다.
 이와 함께 또 하나의 쟁점이 되어온 것이 그의 최후에 관한 것이다. 이원조(李源朝)는 『육사시집(陸史詩集)』 발문에서 "가형(家兄) 육사 선생이 북경(北京) 옥리(獄裏)에서 원사(冤死)한 지도 이미 이기(二朞)가 지났다"고 적은 바 있다. 이것은 이육사의 최후가 일제 지배체제하의 감옥에서였음을 증언한 일이다. 이에 반해서 1970년대에 나온 한 조사보고서에는 그의 죽음이 감옥 밖의 다른 장소에서였다고 수정되었다. 옥사는 민족운동가에게 반제 투쟁의 최종 형태이며 순국이다. 그러나 감옥 밖의 죽음은 그에 준하는 것이지만 그 자체는 아닌 것이 된다. 이 사이의 사정 역시 민족해방운동에 끼친 이육사의 발자취를 평가하는 자리에서 중요한 기준이 된다.

　최근에 이육사의 항일투쟁 실적에 대해서는 매우 정력적인 탐색 작업이 이루어졌다. 그 나머지 중국을 무대로 한 그의 활동이 자세하게 드러나게 되었다. 그에 따르면 1920년 중반기 경부터 이육사는 중국의 북경과 상해, 남경 등지를 다니면서 민족투쟁의 길을 모색한 것으로 나타난다. 그는 특히 1932년에 조선혁명군사정치간부학교에 입교하여 소정의 훈련을 받았다. 그 다음해에는 상해에서 노신(魯迅)을 만나고 다른 중국의 문인, 정치가들과도 교우했다(김희곤, 『이육사평전』). 이것으로 보아 이육사의 반제, 민족운동은 매우 뚜렷한 투쟁실적이 바탕을 이루고 있는 것이다. 이제 이육사의 민족해방운동이 시인의 울분 발상 차원이었으리라는 추측론에는 종지부가 찍혀야 한다.

　이육사의 최후가 감옥 밖에서였다는 주장은 그의 호적 인용으로 이루어졌다. 이 조사보고는 1976년 1월호 『문학사상』을 통해서 제출되었다. 이때 이육사의 호적등본에 적힌 사망 장소는 '북경시 내구동(內區同) 창호동(昌胡洞) 1호'로 나타났다. 그것은 북경감옥이 아닌 일반 민간인 거주지역이다. 이런 이유에서 이육사의 죽음이 감옥에서가 아닌 감옥 밖이었다는 판정이 유포된 것이다. 그러나 그 후 이루어진 실제 답사에 의해서 위의 주소지는 '북경시 내구(內區) 동창호동(東昌胡洞)'으로 수정되었다. 또한 이 지번은 이육사의 동지 가운데 한 사람인 이병희 여사의 북경 거주처였다. 순국하기 전 이육사는 일본 헌병대에 의해 서울에서 압송되어 북경의 일본 영사관 감옥에 던져졌다. 일제의 영사관 감옥이란 그들이 우리 민족운동가를 마음대로 고문, 학살을 한 장소로 악명이 높은 곳이다. 거기서 이육사는 한 달을 버티다가 절명했다(김희곤, 상게서 참조). 이것으로 이육사의 절명에 대해서 부전을 다는 일에도 종지부가 찍혀야 한다. 그는 민족해방투쟁 선상에서 옥사한 것이며 순국한 것이다. 따라서 이육사는 40평생을 외곬으로 민족해방투쟁의 제단에 그 몸을 바친 항일민족운동자다.

3

　시를 썼으나 일제치하에서 이육사는 한 권의 사화집도 갖지 못했다. 그의 유작들까지가 포함된 『육사시집』이 햇빛을 보게 된 것은 우리 강토에서 일제가 물러가고 우리 겨레가 해방을 맞이한 8·15 다음해의 일이었다. 이때의 시집 발간에는 시인의 아우인 이원조와 생전에 그와 각별한 교분을 가진 신석초(申石艸), 김광균(金光均), 오장환(吳章煥), 이용악(李庸岳) 등이 참여했다. 그들에 의해 「황혼(黃昏)」 이하 20편의 작품이 『육사시집』에 수록되었다. 이들 스무 편 가운데 「광야(曠野)」와 「꽃」은 시인이 그 생전에 활자화시키지 못한 유작이다. 이 두 편을 활자화시킨 것도 시인의 아우인 이원조였다. 1945년 12월 7일자 『자유신문』에는 이들 두 작품이 활자화된

다음 자리에 이원조의 말이 붙어 있다.

> 가형(家兄)이 四十一세를 일기로 북경옥사(北京獄舍)에서 영면하니 이 두 편의 시는 미발표의 유고가 되고 말았다. 이 시의 공졸(工拙)은 내가 말할 바 아니고 내 혼자 남모르는 지원극통(至冤極痛)을 품을 따름이다.*

얼핏 보아도 나타나는바 여기에는 시인의 죽음을 아파한 피붙이의 정이 실려 있다. 그 밖에 이들 유작이 우리 문학사에 끼치는 의의에 대해서는 별다른 생각이 나타나지 않는다. 이런 평가 경향은 우리 주변의 비평가들에 의해서 상당히 오랫동안 지속되어 왔다. 그러나 실에 있어서 이들 두 편의 유작, 그 가운데서도 「광야」가 우리 문학사에서 차지하는 의의는 매우 큼직하다. 이제까지 우리가 찾아낸 이육사의 시의 총량은 통틀어 39편이다.(이 글이 발표된 후에 추가로 두 수의 시조가 새로 발굴되었다.) 이 가운데서 세 편은 「만등동산(晚登東山)」, 「주난흥여(酒暖興餘)」 등의 한시(漢詩)들이다. 나머지 36편이 현대시의 범주에 드는 이육사의 우리말 시인 셈이다.

이육사가 우리에게 끼친 39편을 검토해보면 그들은 뚜렷하게 변별이 가능한 몇 개의 유형으로 나타난다. 초기에서 중기에 걸친 그

---

* 『자유신문』에는 '지원극통'이 '至寬極痛'으로 되어 있다. 그 문맥으로 보아 이 부분은 이원조가 陸史의 죽음에 대해 지극한 아픔과 분함을 말하고자 한 것이다. 그렇다면 極痛 앞에는 寬자가 쓰인 것이 아니라 冤자가 쓰였을 것이다. 따라서 至寬은 오식이며 바로잡아야 한다.

의 시는 큰 테두리로 보아 초역사적이며 순수문학의 갈래에 속한다. 그들은 대개 동시대의 현실에 파고든 자취가 포착되지 않는 것들이다. 이 시기의 직품들은 또한 그 정신 풍토나 작품경향에서도 그 다음 단계의 작품들과는 다르다. 「황혼(黃昏)」이나 「노정기(路程記)」, 「아편(阿片)」 등은 이육사의 초기 작품들이다. 이들은 그 세계가 경쾌하고 밝은 쪽이기보다 어둡고 침중한 편이다.

> 목숨이란 마치 깨여진 배쪼각
> 여기저기 흩어져 마을이 구죽죽한 漁村보담 어슬프고
> 삶의 티끌만한 오래 묵은 布帆처럼 달아매였다.
> ―「노정기」 제1편

여기서 '목숨'은 바로 시인 자신의 그것에 유추되며 깨어진 '배쪼각'과 일체화되어 있다. 이런 정신의 색조가 밝은 것이라고는 생각되지는 않는다. 이 무렵의 이육사 시에서 또 하나의 특징으로 나타나는 것이 그 말들의 추상성이다. 이 시기에 발표된 그의 작품으로 소재를 즉물적(卽物的) 차원에서 노래한 것은 잘 나타나지 않는다. 많은 작품에서 이육사는 사물들을 사유화(思惟化)하고 심성화(心性化)시켰다. 이런 경우의 한 보기가 되는 작품이 「연보(年譜)」이다.

> 서리 밟고 걸어간 새벽길우에
> 肝 잎만 새하얗게 단풍이 들어
> 거미줄만 발목에 걸린다 해도

쇠사슬을 잡아맨 듯 무거워졌다

눈우에 걸어가면 자욱이 지리라고
때로는 설래이며 바람도 불지

    본래 연보란 시간의 순서에 따라 우리 자신의 이력사항을 적은 것이다. 이것이 구체적일 경우 그 내용은 진술의 차원에서 파악될 수 있다. 그 기법으로 보아 「연보」는 아주 감각적인 언어를 사용한 작품이다. 특히 인용된 부분의 1연과 2연은 그 심상이 선명하기 그지없다. 그럼에도 이 부분에서 시인이 무엇을 말하고 있는가를 알 수 있는 비유의 주지 파악은 쉽지 않다. 이것은 이 작품이 상당히 강하게 심성화되어 있으며 정신화되어 있음을 뜻한다.
    이육사의 작품에 나타나는 이런 특성은 일찍 우리 주변에서 대부분의 그의 시가 일제 식민지체제에 대한 상황의식의 결과라는 생각을 양산하게 만들었다. 어느 전문비평가는 「황혼」의 '수인(囚人)'을 반제, 민족적 저항정신의 표상으로 해석했다. 이와 동일한 맥락에서 「한 개의 별을 노래하자」의 '별'을 "조국독립과 해방을 갈구하는 염원"의 상징으로 읽은 예도 있다.
    이육사의 「황혼」에서 화자는 12성좌(星座)의 별들과 '수녀', 사막을 넘는 '행상대', '녹음 속 활 쏘는 토인(土人)'들에게 두루 '입술을 보내고' 싶은 사람이다. 그러나 거기서 빚어지는 심상은 황혼을 바라본 나머지의 감정적 파장에 관계되어 있다. 그러니까 그는 현실, 또는 상황의식을 앞세운 것이 아니다. 그보다 머리에 떠오르는 여러 대상에 고루 따뜻한 정을 보내고 싶을 뿐이다. 이런 그의 시를 반제, 혁명투쟁의 노래로 읽는 것은 작품 읽기를 몇 개의 명사 모으기로 오해하는 일이 될 것이다. 이와 아울러 「한 개의 별을 노래하자」의 '별' 해석에 대해서도 비슷한 이야기가 가능하다. 이 작품의 의미맥락을 파악하기 위해서는 그 마지막 부분에 주목해야 한다.

> 한개의 별 한개의 地球, 단단히 다져진 그 따우에
> 모든 生産의 씨를 우리의 손으로 휘뿌려보자
> 罌粟처럼 찬란한 열매를 거두는 饗宴엔
> 禮儀에 끄럼없는 半醉의 노래라도 불너보자
>
> 염리한* 사람들을 다스리는 神이란 항상 거룩합시니
> 새별을 차저가는 移民들의 그틈엔 안끼여갈테니
> 새로운 地球엔 단罪없는 노래를 眞珠처름 훗치자

이 작품은 이에 이어 "한 개의 별을 노래하자, 다만 한 개의 별일망정/ 한 개 또 한 개의 십이성좌(十二星座) 모든 별을 노래하자."로 끝난다. 이런 문맥으로 보아 이 작품의 화자는 궁핍한 시대를 사는 사람이다. 그런 그가 바라는 것은 밝은 내일, 근심 걱정이 없는 생활이다. 그러니까 그가 노래한 별은 범박한 의미에서 희망과 보

---

* 판본에 따라 이 말이 '영리한'으로 된 것이 있다. 그러나 이 작품이 처음 실린 『풍림(風林)』 1호(1936. 12)에는 '염리'로 되어 있다. 李東英은 이것을 〈염리예토(厭離穢土)〉에서 온 말로 보았다.

람이 있는 세계일 뿐이다. 이것을 조국의 해방과 독립을 갈구하는 노래로 읽는 것은 또 하나의 단어 주워섬기기에 지나지 않는다.

4

    어두운 분위기, 추상성과 함께 이육사의 시에 나타나는 또 하나의 특성에 내공성(內攻性), 내지 향내성(向內性)이 있다. 여기서 향내성이란 외향성(外向性)의 반대 개념이다. 우리 주변의 상당히 많은 사람들은 그의 생각이나 감정을 즉각 외부로 표출하려는 체질의 소유자들이다. 향내적인 사람은 그와 반대되는 사람이다. 그는 외부에서 가해지는 자극들을 안으로 갈무리하는 성향의 소유자다. 말하자면 행동보다는 그 반대편에 서는 것이다. 그 전반기에서 이육사의 시가 지니는 의식성향이 이 갈래에 든다. 이 경우의 보기가 되는 작품이 「교목(喬木)」이다.

    푸른 하늘에 닿을 듯이
    세월에 불타고 웃둑 남아서서
    차라리 봄도 꽃피진 말어라

    낡은 거미집 휘두르고
    끝없는 꿈길에 혼자 설내이는
    마음은 아예 뉘우침 안이리

검은 그림자 쓸쓸하면

마츰내 호수(湖水) 속 깊이 거꾸러져

참아 바람도 흔들진 못해라

– 「교목」 전문

    1940년 『인문평론(人文評論)』 7월호에 실린 이 시는 그 꼬리에 'SS에게'라는 말을 달고 있다. 이로 미루어 이 작품은 어느 사람을 염두에 두고 쓴 것으로 생각된다. 이처럼 대상이 있는 글에서 그 말이 외향적일 경우, 그 내용은 '나'의 생각을 상대방에게 호소, 전달하려는 각도에서 사용될 것이다. 그런데 이 작품에서는 그 반대로 독백투가 되어 있고 그 내용이 자신의 심경을 토로한 데 그친다.

    본래 향내적 성향은 외표(外表)를 수반시키는 행동의 반대 개념이다. 그에 반해서 반제, 항일저항, 민족을 위한 투쟁은 우리 자신의 의식으로만 그쳐서는 안 되는 실제행동의 차원이다. 물론 시는 실제행동이 아니라 그것을 대체시켜서 표현하는 말과 글로 이루어진다. 그러나 이때의 말과 글이 자아의 좁은 내면에 갇혀 있어서는 안 된다. 그 틀을 깨고 말과 글이 외향성도 확보해야 비로소 그에 대해서 반제, 저항시의 이름이 허용될 수 있을 것이다. 사정이 이럼에도 초기에서 중기에 걸친 이육사의 대부분 시는 자아의 울타리를 맴도는 느낌의 것이었다. 이런 이유로 우리는 그의 시가 역사의 편에 서기에는 부적합한 것이 아니었을까 생각해 볼 수 있다. 그러나 이런 의구심은 이육사가 말기에 써서 남긴 몇 편의 작품으로 하여 명쾌하게 극복된다. 1940년대에 발표된 「절정(絶頂)」과 유작으로 전해진 「광야(曠野)」가 바로 그런 작품이다.

> 매운 季節의 채쭉에 갈겨
> 마츰내 北方으로 휩쓸려오다
>
> 하늘도 그만 지쳐 끝난 高原
> 서리빨 칼날진 그 우에서다
>
> 어데다 무릎을 꿇어야 하나
> 한발 재겨 디딜곳조차 없다
>
> 이러매 눈 감아 생각해 볼밖에
> 겨울은 강철로 된 무지갠가 보다
> 　　　　　　　 －「절정」 전문

　이 작품을 지배하고 있는 것은 위기감이며 극한의식이다. 그 구체적 표현으로 지적될 수 있는 것이 "서리빨 칼날진 그 우에 서다"라든가 "어데다 무릎을 꿇어야 하나/ 한발 재겨 디딜곳조차 없다" 등이다. 이 위기상황의식은 이육사의 그 전 작품에서처럼 자아의 좁은 울타리에 갇혀 있지 않다. 그 증거로 제시될 수 있는 것이 이 작품 초두에 놓인 두 줄이다. "매운 계절(季節)의 채쭉에 갈겨/ 마츰내 북방(北方)으로 휩쓸려오다" 여기서 시적 화자는 자의가 아닌 타의에 의해 '북방'으로 내어 쫓긴 사람이다. 말하자면 그는 추방자의 신세인데 그 원인으로 잡혀지는 것이 '매운 계절(季節)의 채쭉'이다. 이 공간과 시간 개념 속에는 사적인 차원에 그치지 않는 시대의식이 내포되어 있다. 이런 사실은 이 무렵의 이육사가 처한 상황을 고려해 넣는 경우 그 테두리가 각명하게 드러난다.

　이육사가 「절정」을 써서 발표할 무렵 일제 식민체제하의 우리 현실은 문자 그대로 벼랑 끝에 내몰린 상태였다. 이 무렵에 일제는 한반도에 초전시체제를 펴고 있었다. 1930년대 중반기에 접어들자 일제는 각급학교에서 우리말 과목을 폐기시켰다. 이와 때를 같이하여 그들은 모든 공공기관에 그들의 국조(國祖)인 아마데라스(天照)신을 받드는 봉안전(奉安殿) 설치를 의무화했다. 이어 1938년에는 침략전쟁을 위한 전면 동원태세인 국가총동원령을 공포했고, 국민징용법을 실시했다. 이보다 몇 해 앞서 이미 지원병제도가 한반도에서 시행되고 있었다. 이것은 곧 징병제도로 변형 강화되었는데 그를 통해 우리 사회의 청장년이 모조리 침략전쟁의 손발이 되고 총알받이로 동원되는 사태가 빚어졌다. 또한 해가 바뀌면서 일제는 우리에게 그들 식으로 성명을 바꾸라고 명령한 창씨개명(創氏改名)을 강요했다. 1940년도에는 우리 민족운동자의 임의 구금, 투옥을 뜻하는 사상범예비구속령을 발동시켰다. 오랫동안 우리 사회의 눈과 귀 구실을 한 동아일보와 조선일보 등 양대 일간지를 폐간시키고 일체의 우리말 간행물을 못 나오게 만든 것도 이 무렵이다. 이육사는 이런 상황에서 일제의 사상범, 요시찰인(要視察人)으로 살지 않으면 안 되었다. 그런 그가 작품에 담은 '매운 계절'과 쫓겨서 간 '북방'이 무엇을 뜻하는가는 명백하다. 말할 것도 없이 그것은 단순한 시간의 단위나 공간의 이름이 아니다. 그의 이력서 사항에 비추어 그것은 일제 암흑기의 극악한 상황을 가리키는 은유 형태다.

다시 『육사시집』의 발문을 보면 이 작품을 두고 이원조는 "초강(楚剛)"이라는 말을 썼다. 이때의 '초강'이란 눈서리 속에도 불의에 맞서서 버티는 정신의 고결함과 강직성을 뜻한다. 이미 드러난 바와 같이 이 작품은 벼랑 끝에 내어 몰린 화자가 그럼에도 끝내 '나'를 지키려는 의지를 뼈대로 하고 있다. 그런 점에서 이원조의 한마디는 이 작품의 정신기조를 제대로 짚은 것이다.

일찍 김종길(金宗吉) 교수는 이 작품에 '비극적 황홀'의 개념을 적용했다. 우리가 알고 있는바 식민지적 상황 아래서의 저항은 궁극적으로 그 주인공을 파멸케 한다. 그럼에도 이 작품에서 이육사는 끝내 그 길을 지키려는 의지를 보여준다. 그런 점에서 이 작품은 비극적인 것이다. 그러면서 이 작품의 시적 화자는 비극의 한복판에서 고요한 마음으로 자신의 모습을 바라보는 눈을 가졌다. 그 단적인 예증이 되는 부분이 "겨울은 강철로 된 무지갠가 보다"이다. 이것으로 시적 화자는 그의 육체적 파멸을 객관화시켰다. 이것을 김종길 교수는 '비극적 황홀'이라고 지적한 것이다 (金宗吉, 「한국시에 있어서의 비극적 황홀」, 『詩에 대하여』).

김종길 교수의 견해는 동시대의 문맥 위에서 이육사의 이 작품을 본 나머지 이루어진 것이다. 이런 생각은 일종의 역사, 상황론이 될 것이다. 이때 시의 성패를 결정하는 것은 시와 역사의 긴장관계다. 시에서 역사의식이나 그 감각이 얼마나 강도가 있게 나타나는가로 작품의 질이 이야기될 수 있다. 「절정」을 이런 시각에서 읽는 경우 거기에는 한가닥 아쉬움 같은 것이 생긴다. 이육사의 이 시가 비극적 구조 속에 '나'를 내어 맡긴 것은 역사의식의 한 표현이다. 그렇다면 이 작품의 시적 화자는 끝까지 그 곧고 억센 정신자세를 지켜야 한다. 그것이 불의에 맞서 타협할 줄 모르는 저항의 정신이기 때문이다. 논리가 이럼에도 불구하고 마지막 두 줄에서 「절정」의 화자는 다소간 쉽게 마음의 빗장을 풀어버린 상태가 된다.

'겨울'을 강철로 된 무지개와 일체화시킨 정신의 경지는 이미 의분에 들끓는 저항자의 그것이 아니다. 그 앞에 놓인 "눈 감아 생각해 볼밖에"도 문제다. 어느 비평가는 이것을 오이디푸스의 전설에 대비시켰다. 오이디푸스는 그의 눈을 없앰으로써 참된 자아를 찾게 되었다는 것이다. 이 작품에 '눈을 감는' 일과 오이디푸스의 자기 눈 빼어내기가 같은 범주에 든다는 생각이다. 이런 생각은 서구와 동양의 문화 배경과 정신적 성향을 고려해 넣지 않은 결과로 빚어진 것이다. 동양에서 눈을 감는 일은 '나'를 찾는 일에 그치지 않는다. 그것은 그 너머의 세계, 곧 하늘과 땅의 이치를 헤아리기 위한 방편으로 존재한다.

동양, 특히 유학의 인간상 가운데 하나인 선비 사회에서는 수기정심(修己正心)이 자아를 갈고 닦는 일의 첫 과정이 된다. 이를 통해 선비가 마음을 갈고 닦아 가면 마침내 그는 하늘과 땅의 이치를 알게 된다. 이때 선비는 눈을 감고 평정심(平定心)이 되도록 노력한다. 그것으로 '나'를 넘어서고 천도(天道), 곧 우주와 삼라만상의 질서를 헤아려내기를 기한다. 이것은 이미 자아의 각성에만 그 목적을 둔 서구식 세계가 아니다. 이때에 '눈'을 감는 일은 그 방법 가운데 일단일 뿐이다. 이것을 서구식 비극의 개념에 대입시키는 것은 유관성에서 벗어난 해석이다.

5

  너무도 명백한 사실로 시는 현실이나 역사의 추수개념이 아니다. 그러나 좋은 시에서 역사가 매우 빈번하게 수용되어 있는 것도 사실이다. 여기에 이르기까지 우리는 이육사의 시를 그 제작자가 처했던 특수 여건에 비추어 읽기를 기했다. 그럴 경우 「절정」은 필요조건을 갖춘 작품이다. 그럼에도 이 작품에서 그 충분조건은 만점 상태로 나타나지 않았다. 그렇다면 이육사의 시는 이런 차원에서 끝나버린 것인가. 이때에 우리가 살펴야 할 것이 「광야」다.

    까마득한 날에
    하늘이 처음 열리고
    어데 닭 우는 소리 들렸으랴

    모든 山脈들이
    바다를 戀慕해 휘달릴 때도
    참아 이곳을 犯하던 못하였으리라

끊임 없는 光陰을
부지런한 季節이 피여선 지고
큰 江물이 비로소 길을 열었다

지금 눈 나리고
梅花香氣 홀로 아득하니
내 여기 가난한 노래의 씨를 뿌려라

다시 千古의 뒤에
白馬 타고 오는 超人이 있어
이 曠野에서 목놓아 부르게 하리라
- 「광야」 전문

  그 의미구조를 보아 이 작품은 크게 두 개의 단락으로 구분될 수 있다. 그 전반부는 1연에서 3연까지다. 이 부분에서 주체가 되는 것은 '광야' 그 자체다. 여기서 광야는 시간을 초월해 있고, 일체의 움직임 밖에 있는 공간을 뜻한다. 우리 문화사의 감각으로는 개천(開天)과 개국(開國)의 장에 닭이 울도록 되어 있다. 그럼에도 이 작품 첫 연에서는 그것조차 금기로 나타난다. 어떤 읽기에는 여기 나오는 "어데 닭우는 소리 들렸으랴"를 긍정으로 본 예가 있다. 그러나 이때의 '어데'는 '어디에'의 방언 형태가 아니다. 그것은 우리 고어에서 자주 쓰인 부정형의 서술부를 거느리는 부사다. 이렇게 읽어야 제2연의 "산맥들이" "차마 이곳을 범하던 못하였으리라"와 그

의미맥락이 제대로 연결된다. 이 작품은 그를 통해서 광야를 신성불가침의 절대공간으로 만들었다. 3연에서 "큰 강물이 비로소 길을 열었다"가 나오는 것도 이런 이유에서다.

이 작품의 제2단락은 4연과 5연이다. 앞서 단락에서 시적 화자는 광야를 노래했다. 그러나 이 단락에서 그는 자신의 심경을 토로하고 있다. 4연에서 그는 자기희생의 각오를 피력한다. 그 희생의 성격은 역사의 요구에 응하여 한 몸을 바치려는 것이다. 어떤 이는 이때의 "씨를 뿌려라"를 단순한 선구자 의식의 표현으로 보았다. 일종의 보편론에 해당되는 이런 생각에는 지나쳐버릴 수 없는 논리의 빈터가 있다. 모든 사람에게 그 자신의 생명은 소중하기 그지없는 것이다. "가난한 노래의 씨를 뿌려라"에는 그 생명을 시적 화자가 스스로 바치고자 하는 희생의 목소리가 담겨 있다. 이것이 무엇에 말미암는 것인지 보편론으로는 그 뚜렷한 동기나 목적이 실종상태가 된다.

여기서 "눈나리고"는 이 작품의 뼈대가 되는 의식으로 보아 일제 식민지적 상황을 가리킨다. 그런 상황 아래서 시적 화자는 매화꽃의 향기를 맡는다. 우리 전통문화에서 매화는 지기(志氣)와 절조(節操)의 상징이다. 그것은 이른봄에 피어 겨울의 어둡고 쓸쓸한 기운을 물리친다. 이 꽃은 동양화의 한 양식인 사군자(四君子)의 단골 형태다. 그 화제(畵題)에서 이 꽃은 "서릿발을 아랑곳하지 않고 눈보라를 물리치는 지조(凌霜傲雪歲寒操)"의 상징으로 나타난다. 「광야」의 시적 화자가 그 향기를 맡는다는 것은 '눈나리고'로 표상된 역사의 위기에 처해서 선열의 매운 의기를 배우리라는 각오를 다진 것이다. 이에 따라서 "가난한 노래의 씨를 뿌려라"는 역사의 소명에 응해 목숨을 던지리라는 시적화자의 결의를 뜻한다. 이것으로 이 작품이 도저한 역사의식을 바탕으로 한 것임이 드러난다.

"다시 천고(千古)의 뒤에" 이하 이 작품의 마지막 연은 이런 역사의식의 총괄편이면서 완결형이다. 시적 화자는 여기서 자기희생의 보람과 의지를 당당한 목소리로 노래한다. 스스로의 목숨을 내어던지면서 그가 기대하는 것은 "백마 타고 오는 초인(超人)"이다. 이때의 "백마 타고 오는 초인"은 광복의 상징이며 민족해방과 독립의 객관적 상관물이다. 그에 대한 기대와 믿음이 있기에 시적화자는 자기희생을 감히 할 수 있는 것이다. 이것을 보편론자들은 새 시대나 세계정신의 등가물로 잡는다. 그런 읽기로는 시인의 희생이 희화화되어버린다. 언어, 문자상의 차원이라고 하지만 자신의 파멸을 뜻하는 가난한 씨뿌리기가 실체성이 없는 새시대를 부르기 위해서 이루어질 수는 없다. 이것으로「광야」는 민족의식을 바탕으로 한 가운에 유례가 없을 정도로 든든한 구조를 가진 작품임이 드러났다. 「절정」에서 품게 된 아쉽다는 생각도 이것으로 넉넉하게 극복이 이루어진 것이다.

여기에 이르기까지 우리는 이육사의 후기시를 역사의식의 좌표 위에 놓고 살펴보았다. 그 결과 이육사의 시는「절정」으로 그 문이 열리고「광야」에 이르러 마무리가 된 항일저항시의 전형임이 밝혀졌다. 다만 이런 시 읽기에는 적어도 한 군데에 주석을 필요로 하는 부분이 생긴다. 그것이「광야」의 마지막 연 첫 줄에 나오는 "천고(千古)의 뒤"다. 널리 알려진 일로 모든 민족운동가에게 조국의 해방과 독립은 일각도 지체될 수가 없는 절대지상의 과제다. 그러니까 그들은 두 번 다시 누릴 길이 없는 이승에서의 삶을 포기하면서까지 민족운동에 정신(挺身)한다. 그런데 「광야」의 시적화자는 그것에 대한 기대를 "천고(千古)의 뒤"라고 했다. 이때의 '천고(千古)'는 그 사전적 의미가 "천년이나 되는 오랜 세월"이다. 이것은 「광야」의 시적 화자가 지닌 심정으로는 있을 수 없는 일이다. 이 논리의 매듭을 풀길이 없는 한 「광야」, 곧 도저한 역사의식에 입각한 시이며 성공작이라는 판단은 번복되어야 할 것이다. 여기서 올바른 "천고(千古)의 뒤" 읽기가 문제가 된다. 이때에 우리가 살펴야 할 것이 황매천(黃梅泉)의 「사세시(辭世詩)」 둘째 수다.

> 새짐승 슬피 울고 강산도 찌푸렸다
> 사랑하는 내나라는 없어졌다네
> 가을이라 등불 아래 책덮고 헤아리니
> 이 세상에 선비되기 어렵고도 어렵구나
> (鳥獸哀鳴海岳嚬　槿花世界已沈淪
> 秋燈掩卷懷千古　難作人間識字人)

이 시의 작자인 황매천은 1910년 한일합방이 되었을 때 지리산 밑에서 살고 있었다. 그는 높은 벼슬자리에 나가지 않았으므로 주권상실에 직접적인 책임을 져야 할 입장은 아니었다. 그럼에도 망국의 비보를 듣자 스스로 목숨을 끊기로 결심했다. 그에 따르면 선비는 국가, 사직의 파국에 임해서 구구하게 목숨을 보전하려는 사람이 아니었다. 감연하게 자신을 던져서 의로운 죽음을 택하는 것이 선비의 길이었다. 그런 판단의 결과 황매천은 자결을 결심했다. 그 최후의 자리에서 그는 세 수의 칠언절구를 남겼다. 이 작품은 그 가운데 한 수다.

그 의식의 차원으로 보아 위의 시는 이육사의 「절정」이나 「광야」와 좋은 대비감이 된다. 이육사가 그의 작품에서 자기희생의 의지를 담은 것과 똑같이 이 작품도 죽음을 전제로 했다. 「광야」에 짙게 시대의식이 담겨 있는 것과 똑같이 이 한시에도 그런 시적 화자의 감정이 문면 깊숙이 배어 있는 것이다.

이들 사정이 감안되는 경우 황매천의 한시에는 더욱 우리를 긴장케 하는 부분이 포함되어 있다. 그것이 셋째 줄 마지막 석 자인 "회천고(懷千古)"이다. 여기서 '회천고(懷千古)'는 '난작인간식자인(難作人間識字人), 곧 선비로 이 세상에서 살아가기가 참으로 어렵구나'로 나타난 자기희생의 원인이 되어 있다. 그 뜻을 다시 한번 짚어보면 '천고를 헤아려 보니'가 된다. 그렇다면 이때의 '천고(千古)'가 물리적 시간을 뜻하지는 않을 것이다. 그 이유는 간단하다. 대의를 알고 나라의 강통을 생각하는 선비(識字人)가 단순하게 물리적 시간을 헤아려 본 다음 죽음을 결심할 리가 없기 때문이다. 여기서 '천고(千古)'의 내포가 무엇인가는 이 작품의 첫줄과 둘쨋줄에 이미 그 실마리가 나타난다. 이 작품에서 황매천이 뼛속 저리게 슬퍼한 것은 망해 버린 나라며 사직(社稷)이다. 국가, 사직의 시간형태는 역사며 전통이다. 이렇게 보면 황매천의 「사세시」에 나오는 '천고'는 국가, 사직의 동적 형태인 역사, 전통으로 파악된다. 이육사와 그는 다같이 선비문화의 전통을 이어받은 사람이다. 그렇다면 「광야」의 '천고' 역시 그와 같은 맥락의 말로 잡을 수밖에 없다. 그 결과 「광야」의 이 부분이 "다시 민족사의 결정적 국면이 닥치면" 정도로 읽는 일이 가능하게 된다. 이것으로 우리는 「광야」의 구조 분석을 마치게 되었다. 이제 우리가 내릴 수 있는 결론은 명백하다. 일제 암흑기에 이육사는 투철한 역사의식과 함께 반제, 민족해방투쟁을 벌이다가 순국했다. 그의 시에는 그런 의식이 예술적 의장을 통해서 성공적으로 형상화되어 있다. 그는 우리 현대시사의 값진 풍경이며 자랑스러운 이름이다.

李陸史 연보

가계표

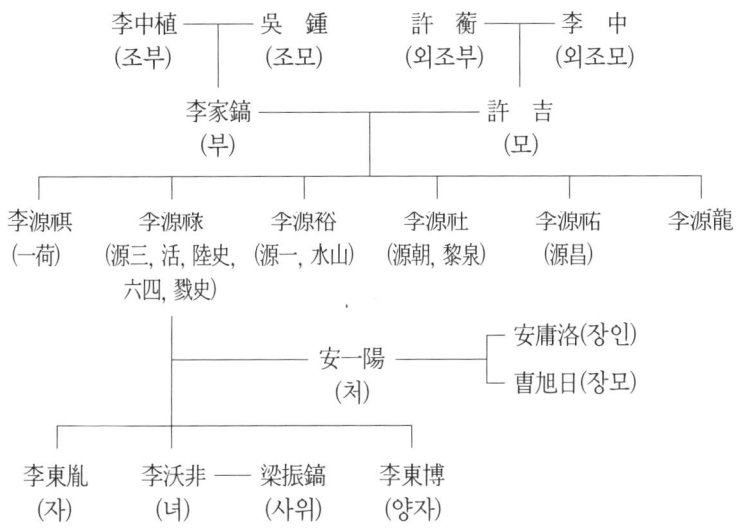

1904년 (1세)　　4월 4일(음력 3월 21일) 경상북도 안동군 도산면(陶山面) 원천동(遠川洞) 882번지(육사 생시는 마을 이름이 '遠村' 이었음)에서 퇴계(退溪) 이황(李滉)의 13대 손인 이가호(李

	家鎬)와 의병장 범산(凡山) 허형(許蘅)의 따님인 허길(許吉) 사이에서 차남으로 태어나다. 첫 이름은 원록(源祿), 그 다음 이름이 원삼(源三)이었다. 스스로 활(活)이라고 이름을 짓기도 했다.
	어려서는 조부 치헌공(痴軒公)을 모시고 다섯 형제와 함께 한학을 수학하다.
1910년 (7세)	일제에 의해 한일합방이 되었다. 국치를 당하자 조부인 이중식옹이 비복들을 모두 풀어 주고 문서를 불태웠다. 예안(禮安)에 설립된 신교육기관 보문의숙(寶文義塾)에 백형을 따라다니면서 새로운 학문의 세례를 받았다.
1916년(13세)	조부 별세. 이 무렵부터 가세가 기울기 시작하다.
1919년(16세)	향리(鄕里) 원촌(遠村)에서 같은 안동 녹전면(祿轉面) 신평동(新坪洞) 속칭 '듬벌이'로 이사가다. 3·1운동의 일환으로 예안만세사건을 겪다.
1920년(17세)	백형 및 아우 원일과 함께 대구로 나오다. 두인(斗人) 원일과 경주 양동 사람 운거(雲居) 이명룡(李命龍)이 석재(石齋) 서병오(徐丙五)에게 사사할 때 육사도 그들과 동행, 서예·그림을 익히다.
1921년(18세)	영천(永川) 오동(梧洞) 안용락(安庸洛)의 따님 일양(一陽)과 결혼하다.
1922년(19세)	영천 화북면(華北面) 백학학교(전 白鶴學院)에서 이명선·서만달·백기만과 함께 약 6개월간 공부하다. 그 후 대구 교남학교(嶠南學校)로 옮겨 적을 둔 것으로 전한다.
1923년(20세)	대구 남산동 662번지로 이사를 하다. 이 해 봄 일본으로 건너가 약 1년여를 지냈다. 일본에서는 동경의 정칙학원(正則學院)과 일본대학(日本大學)에 적을 둔 듯하다. 경찰

	신문조서에는 금성고등예비학원(錦城高等豫備學院)에 1년간 재학으로 기록되어 있다. 이때 대구의 김관제(金觀濟, 약업인), 김현경(金顯敬, 삼강병원장), 강신묵(姜信默, 경북도 근무) 등의 재정적 도움을 받았다.
1925년(22세)	백형 원기(源祺)와 아우 원일(源一)과 함께 독립운동 집단인 정의부(正義府)·군정서(軍政署)·의열단(義烈團)에 가입, 활동하다.
1926년(23세)	대구 조양회관(朝陽會館)에 나가 신문화 강좌(新文化講座)에 참가하다. 이 해 이정기(李定基)와 북경에 가다. 광동성 광주 소재 중산대학(中山大學) 수학 설이 있다.
1927년(24세)	광동에서 귀국. 이 해 가을 장진홍(張鎭弘) 의사의 조선은행 대구지점 폭파사건에 피의자로 원기·원조와 함께 피검, 원조는 재학생이어서 나오고 2년 7개월의 옥고를 치르다. 이때 변호인이 이우익·강희준이었다.
1929년(26세)	장진홍 의사의 검거로써 삼형제가 석방되다. 조선일보 대구지사를 경영. 중외일보 기자. 이 해 10월에 광주학생사건이 일어나자 또다시 예비 검속되다.
1930년(27세)	첫 시 「말」 조선일보(1월 3일) 발표. 아들 동윤(東胤) 출생(2세 때 사망). 11월 대구의 격문사건(檄文事件)에 연계되어 원일과 함께 대구 경찰서에 연행, 투옥되다. 원일은 2개월여에 병보석으로 나오고 육사는 6개월 만에 석방되었다.
1931년(28세)	외숙 허규(許珪)의 독립군 자금모금에 관계되어 만주에 가다. 도중 만주사변이 발생하자, 동행은 돌아오고 육사는 봉천(奉天) 김두봉(金枓奉)에게 가 지내다.
1932년(29세)	북경에 가 있다가 10월 22일 국민당 정부 부설의 조선 군관학교(교장 金元鳳) 간부 훈련반에 입교하다.

1933년(30세)	4월 22일 조선 군관학교(제1기생)를 졸업하고 10월 14일 상해(上海), 신의주를 거쳐 귀국하다.『신조선(新朝鮮)』지에 시「황혼」을 발표함으로써 시작(詩作) 활동을 본격화하다.
1934년(31세)	5월 25일 서울에서 일본 헌병에 의하여 피검되다. 이 사건은 군관학교 출신자 일제 검거였다. 약 7개월 이상 구속되었다. 백형 일하(一荷)공이 육사의 활동 자금 때문에 연행되다.
1935년(32세)	봄부터 위당(爲堂) 정인보(鄭寅普) 선생의 지도를 받다. 이때 신석초(申石艸)를 만나 평생지기가 되었다.『개벽(開闢)』1월호에「위기에 임한 중국 정국의 전망」을, 동지 3월호에「중국 청방비사 소고(青幇秘史小考)」등을 발표, 정치·사회 활동에 깊은 관심을 보이다. 6월과 12월 그가 관계한『신조선(新朝鮮)』에「춘수 3제(春愁三題)」,「실제(失題)」등의 시작품을 발표.
1936년(33세)	만주 목단강 쪽에 있다가 귀국하자 곧 피검되어, 서울형무소에 구류되었다. 그 해 가을 사거(死去)한 중국 작가 노신(魯迅)을 애도하는「노신(魯迅) 추도문」(『조선일보』10월)과 노신의 작품「고향」을 번역(『조광(朝光)』12월호) 소개하다.『풍림(風林)』지 제1집(12월호)에「한 개의 별을 노래하자(詩)」를 발표. 11월 18일(음력 10월 5일) 모부인 회갑연을 대구 상서정(上西町 23번지)에서 가지다. 이때 하생(荷生) 서기원(徐起源)을 비롯하여 많은 친구들이 출자하여 잔치가 성대하였다.
1937년(34세)	「해조사(海潮詞)」(『風林』3월호),「노정기(路程記)」(『子午線』제1집) 등의 시와「질투의 반군성(叛軍城)」,「무희의 봄을 찾아서」등의 산문을 발표하다. 서울 명륜동에서 살림을

	했고, 이때 모부인을 모시고 아우인 원일과 같이 살았다.
1938년(35세)	무인(음력) 11월 23일 부친 아은(亞隱) 공의 회갑연을 간소하게 가지다. 이때 신석초(申石艸)·최용(崔鎔)·이명룡(李命龍)과 함께 경주로 여행했다. 나중에 그는 삼불암(三佛庵)에 들어가 요양을 하다. 「강건너 간 노래」(『비판』 7월호), 「소공원(小公園)」(『비판』 9월호), 「아편」(『비판』 11월호) 등의 시와 「모멸의 서」(『비판』 10월호), 「조선 문화는 세계문화의 일류」(『비판』 11월호), 「계절의 5행」(『조선일보』 12월호), 「초상화」(『중앙시보』 3월) 등의 산문과 수필을 발표했다.
1939년(36세)	가을에 서울 종암동 62번지로 이사. 이 해에 「절정」, 「남한산성」, 「청포도」 등의 시와 「영화에 대한 문화적 촉망」, 「시나리오 문학의 특징」 등의 영화 예술 관계의 평론을 발표.
1940년(37세)	일제의 삼엄한 전시체제 선포로 상황이 크게 악화되다. 이 해에 발표된 시작품은 「반묘(斑猫)」(『人文評論』 3월호), 「일식」(『文章』 5월호), 「교목(喬木)」(『人文評論』) 등이며, 「청란몽(靑蘭夢)」, 「현주(玄酒)·냉광(冷光)」 등의 수필도 발표하다.
1941년(38세)	4월 26일 부친 이가호옹 별세. 9월에 성모병원에 입원하다. 딸 옥비(沃非) 출생. 『인문평론』, 『문장』 등의 잡지에 「파초」, 「독백」, 「아미(娥眉)」, 「자야곡(子夜曲)」, 「서울」 등의 시작품을 발표하는 한편, 수필 「연인기(戀印記)」, 「산사기(山寺記)」와 「중국현대시의 일단면」 및 중국 호적(胡適)의 「중국 문학 50년사」를 초역(抄譯)하여 소개하다.
1942년(39세)	2월에 퇴원하여 요양차 경주 안강(安康) 기계리(杞溪里)의 해산(奚山) 이영우(李英雨)씨 댁에서 쉬다. 건강회복에 힘

썼으나 모친 환보(患報)를 받고 상경. 음력 4월 29일(양력 6월 12일) 모부인 허씨 별세하다. 이 해 음력 7월 13일에 백형 일하(一荷)공도 타계. 연첩한 상고(喪故)에 몸이 쇠약하게 되자 잠시 서울 미아리에 사는 의성(義城) 산운 사람 이태성(李泰成)씨 집에서 휴식을 취하다. 『조광』지 1월호에 수필 「계절의 표정」, 같은 해 12월 1일 『매일신보』에 게재된 「고란초」를 끝으로 육사의 문필활동은 종식. 육사의 유고로 남은 「광야」, 「꽃」은 이 무렵(1942~1943년)에 씌어진 것으로 추정된다.

1942년(40세) 대소가가 분산되어 큰집은 빈소를 모시고 고향 원촌으로 환고했다. 육사와 원일은 명륜동(明倫洞)에, 원조는 혜화동(惠化洞)에, 원창은 인천 송현동(松峴洞)에 떨어져 살게 되었다. 육사는 또 북경으로 들어갔다가 모친과 백형의 소상에 참석키 위하여 음력 4월에 귀국하였으며 안동 원촌에서 얼마동안 지냈다. 7월에는 안동 풍산에서 일박하고 서울로 상경, 서울에서 동대문 경철서 형사대와 헌병대에 의해 피검되어 북경으로 압송되다.

1944년(41세) 양력 1월 16일 새벽 5시 북경 감옥에서 별세하다. 그의 서거는 중국 북경 소재 일본총영사관 감방으로 추정된다. 육사의 부음을 듣고 서울 집안에선 호상소를 성북정(城北町) 122의 11번지에 차렸다.

1946년 1월 6일 인천 송현동(松峴洞) 동생 원창의 집에서 대상을 지내고 대소가가 모인 자리에서 원창의 셋째아들 동박(東博)을 후사(後嗣)로 결정하다. 동년 10월 20일, 여러 지면에 흩어진 작품을 모은 『육사시집(陸史詩集)』을 서울출판사에서 발간하다. 신석초, 김광균, 오장환, 이용악 등이 서문을 짓고

	아우인 이원조가 발문을 쓴 이 시집에는 「황혼」 이하 20여 편의 작품이 수록되어 있다.
1956년 4월 10일	서울 범조사에서 이동영(李東英)이 「편복(蝙蝠)」과 수필 「산사기(山寺記)」를 추가한 『육사시집』을 다시 간행하다.
1957년 가을	대구 한양 다실에서 '육사 추도의 밤'이 열렸다. 이때에 조지훈의 「육사의 민족운동」, 김종길의 「육사의 시」 등의 강연과 박양균의 추도시 「초인(超人)의 노래」 등이 낭독되었다.
1960년	봄에 유해가 고향 원촌으로 이장되었다.
1964년	음력 4월 초4일 환갑을 맞아 장조카 동영이 시비건립운동을 발기, 추진하여 신석초(申石艸)·이효상(李孝祥)·조지훈(趙芝薰) 등의 협조를 얻었다. '이육사 선생 기념비 건립위원회'가 조직되어 시집을 『청포도』라 개제하고 서울 범조사에서 9월 15일자로 다시 발간하다. 8월 16일 안동에서 육사 시비건립기념 강연회를 가지다. 연사는 조윤제(趙潤濟), 홍형의(洪亨義), 이동영(李東英)이었고, 이화진(李華眞)이 유시(遺詩)를 낭독하다.
1968년 5월 5일	어린이날에 안동 낙동강가에 〈육사 시비(詩碑)〉가 제막되다. 그 전날 '추모의 밤'이 경안 극장에서 열리고, 또 추모 강연회(연사: 노산 이은상)가 안동 예식장에서 성황리에 이루어졌다. 시비 전면에는 유시 「광야」를 새기고 비문을 조지훈(趙芝薰)이 지었다. 전면 글씨는 김충현(金忠顯), 뒷면 글씨는 배길기(裵吉基)가 맡았다.
1974년	미발표 유고 「바다의 마음」과 난초 그림 등이 새로 발굴되다. 이것은 육사가 직접 신석초(申石艸)에게 준 것으로서, 그동안 망실상태였다. 이들 작품이 『나라사랑』 16집 특집

	을 계기로 처음으로 찾아낸 것이다. 신석초가 간직한 몇 편의 한시(漢詩)도 이때에 다시 햇빛을 보았다.
1986년 4월 6일	김학동(金學東), 심원섭(沈元燮) 등에 의해서 『이육사전집』(새문사), 『원본 이육사전집』(집문당) 등이 발간되다. 이들은 이육사의 모든 글을 찾아내어 한자리에 모은 것으로 시인의 연구에 기초적 정보자료를 담은 것이다.
1992년 2월	이동영에 의해 평전을 곁들인 『이육사 전집』이 문학세계사에서 간행되다.
2000년 12월	이육사의 문학 활동을 포함한 민족운동의 발자취를 씨날로 한 전기적 연구 『이육사평전』(지영사)이 김희곤(金喜坤) 교수에 의해 발간되다.
2002년 11월 22일	이육사의 「산(山)」, 「화제(畵題)」, 「잃어진 서울」 등 3편이 중앙일보를 통해 재발굴되었다. 이것은 1949년 4월 4일 『주간조선』에 발굴, 소개된 것으로 그동안 망실 상태가 된 것들이다.
2004년	이육사 탄신 100주년 기념행사가 문화부와 안동시, 경상도의 지원으로 이루어지고 그 일환으로 이 전집이 간행되다. 여기에는 새로 발굴된 2수의 시조와 5편의 서간문, 기사보고로 쓴 「대구 약령시의 유래」가 포함되었다.

- 정리 손병희

이육사 작품 연보(발표순)

* 필자가 李活인 경우 陸史와 동일인 여부를 확인하기 어렵다. 밑줄 친 글은 더욱 그렇다.

1930년
시 「말」(『朝鮮日報』) [李活]
평문 「大邱社會團體槪觀」(『別乾坤』) [李活(大邱 二六四)]

1932년
방문기 「新進作家 張赫宙君 訪問記」(『朝鮮日報』) [李活]

1934년
앙케이트 「一九三四年에 臨하야 文壇에 對한 希望」(『形象』) [李活]
평문 「自然科學과 唯物辯證法」(『大衆』) [李活]
평문 「五中全會를 압두고 外分內裂의 中國政情」(『新朝鮮』) [李活]
평문 「國際貿易主義의 動向」(『新朝鮮』) [李活]
수필 「蒼空에 그리는 마음」(『新朝鮮』) [陸史]

1935년
평문 「一九三五年과 露佛關係展望」(『新朝鮮』) [李活]
평문 「危機에 臨한 中國政局의 展望」(『開闢』) [李活]

평문	「公認"깽그"團 中國靑幇秘史小考」(『開闢』) [李活]	
시	「春愁三題」(『新朝鮮』) [陸史]	
시	「黃昏」(『新朝鮮』) [陸史]	

1936년

시	「失題」(『新朝鮮』) [陸史]
<u>평문</u>	<u>「中國의 新國民運動 檢討」(『批判』)</u>
평문	「中國農村의 現狀」(『新東亞』) [李活]
평문	「魯迅追悼文」(『朝鮮日報』) [李陸史]
시	「한 개의 별을 노래하자」(『風林』) [陸史]
번역소설	「故鄕」(『朝光』) [李陸史]

1937년

수필	「嫉妬의 叛軍城」(『風林』) [李陸史]
시	「海潮詞」(『風林』) [李陸史]
방문기	「舞姬의 봄을 찾아서」(『蒼空』)
수필	「門外漢의 手帖」(『朝鮮日報』) [李陸史]
소설	「黃葉箋」(『朝鮮日報』) [李陸史]
시	「路程記」(『子午線』) [陸史]

1938년

<u>평문</u>	<u>「大邱의 자랑 藥令市의 由來」(『朝鮮日報』)</u>
수필	「剪爪記」(『朝鮮日報』) [李陸史]
<u>수필</u>	<u>「肖像畵」(『中央時報』)</u>
시	「草家」(『批判』) [李陸史]
시	「江건너간 노래」(『批判』) [李陸史]
서평	「自己深化의 길 崑崗의『輓歌』를 읽고」(『朝鮮日報』) [李陸史]

시	「小公園」(『批判』) [李陸史]	
평문	「侮蔑의 書-朝鮮知識女性의 頭腦와 生活」(『批判』) [李活]	
평문	「朝鮮文化는 世界文化의 一輪」(『批判』) [李陸史]	
시	「鴉片」(『批判』) [李陸史]	
수필	「季節의 五行」(『朝鮮日報』) [李陸史]	

1939년
평문	「映畵에 對한 文化的 囑望」(『批判』) [李活]
시	「年譜」(『詩學』) [李陸史]
시	「南漢山城」(『批判』) [李陸史]
평문	「"씨나리오" 文學의 特徵 藝術形式의 變遷과 映畵의 集團性」(『靑色紙』) [李陸史]
시	「湖水」(『詩學』) [李陸史]
시	「靑葡萄」(『文章』) [李陸史]
수필	「橫厄」(『文章』) [李陸史]

1940년
시	「少年에게」(『詩學』)
시	「絶頂」(『文章』) [李陸史]
시	「班猫」(『人文評論』) [李陸史]
시	「狂人의 太陽」(『朝鮮日報』) [李陸史]
시	「日蝕」(『文章』) [李陸史]
시	「喬木」(『人文評論』) [李陸史]
수필	「靑蘭夢」(『文章』) [李陸史]
시	「西風」(『三千里』) [李陸史]
수필	「銀河水」(『農業朝鮮』) [李陸史]
서평	「尹崑崗 詩集 『氷華』 其他」(『人文評論』) [李陸史]

수필	「나의 代用品 玄酒·冷光」(『女性』) [李陸史]	
서간	「崔貞熙 女史에게」 [陸史生]	
앙케이트	「앙케이트의 대한 응답」(『詩學』)	

1941년

수필	「戀印記」(『朝光』) [李陸史]
시	「獨白」(『人文評論』) [李陸史]
평문	「中國文學 五十年史」(『文章』) [李陸史]
앙케이트	「農村文化問題特輯 設問에 對한 答」(『朝光』) [李陸史]
시	「娥眉」(『文章』) [李陸史]
시	「子夜曲」(『文章』) [李陸史]
시	「서울」(『文章』) [李陸史]
평문	「中國 現代詩의 一斷面」(『春秋』) [李陸史]
번역소설	「골목안(小港)」(『朝光』) [陸史]
수필	「年輪」(『朝光』) [李陸史]
수필	「山寺記」(『朝光』) [李陸史]
시	「芭蕉」(『春秋』) [李陸史]

1942년

수필	「季節의 表情」(『朝光』) [李陸史]
수필	「皐蘭」(『每日新報寫眞旬報』) [李陸史]

1943년

한시	「謹賀石庭先生六旬」
한시	「晚登東山」
한시	「酒暖興餘」

1945년
시   「曠野」(『自由新聞』에 공개)
시   「꽃」(『自由新聞』에 공개)

1946년
시   「少年에게」(이원조 편, 『陸史詩集』에 실림)
시   「邂逅」(이원조 편, 『陸史詩集』에 실림)
시   「나의 뮤즈」(이원조 편, 『陸史詩集』에 실림)

1949년
시   「山」(『주간서울』 33호-2002년 『중앙일보』 보도)
시   「畵題」(『주간서울』 33호-2002년 『중앙일보』 보도)
시   「잃어진 故鄕」(『주간서울』 33호-『중앙일보』 보도)

1981년
서간   「경주 옥룡암에서 申石艸에게(7월 10일)」(문학세계사, 『曠野에서 부르리라』에 공개)

2004년
신석초에게 보낸 엽서 3편(시조에 들어감), 李源錫에게 보낸 서한, 李相夏에게 보낸 한문서간, 「대구 약령시의 유래」(신문기사보고서), 잡지설문응답 등 7편의 새 자료가 발굴되다.

친필유고
시   「바다의 마음」
시   「蝙蝠」

— 정리 손병희

이육사 연구 서지 목록

1. 연구 논저와 비평문

신석초・김광균・오장환・이용악, 서문, 『육사시집』, 서울출판사, 1946.
이원조, 발문, 『육사시집』, 서울출판사, 1946.
유치환, 발문, 『육사시집』, 범조사, 1956.
이동영, 발문, 『육사시집』, 범조사, 1956.
송영목, 「육사연구」, 『국어국문학연구논문집』, 효성여대, 1959.
이은상, 「육사 소전」, 백기만(편), 『씨 뿌리는 사람들』, 사조사, 1959.
홍영의, 「육사의 일대기」, 백기만(편), 『씨 뿌리는 사람들』, 사조사, 1959.
신석초, 「이육사의 추억」, 『현대문학』 12월호, 1962.
이동영, 「이육사의 생애」, 동아일보, 1963. 12. 18.
김춘수, 「그는 신념의 시인이었다」, 한국일보, 1964. 5. 14.
신석초, 「이육사의 생애와 시」, 『사상계』 7월호, 사상계사, 1964.
김윤식, 「소월・만해・육사론」, 『사상계』 9월호, 1966.
정태용, 「이육사」, 『현대문학』 2월호, 1967.
강전섭, 「육사의 시문습유」, 『한국언어문학』 8・9호, 1970.
박두진, 「육사론」, 『한국현대시론』, 일조각, 1971.
신석초, 『광야』 서문, 형설출판사, 1971.
김남석, 「우애와 정서에 젖은 여수」, 『시정신론』, 현대문학사, 1972.
김인환, 「이육사론」, 『월간문학』 10월호, 1972.

김학동, 「고월과 육사의 유작」, 『어문학』 26, 한국어문학회, 1972.
노재찬, 「항일 민족시의 성격-이육사의 경우」, 『사대학보』 1(부산대), 1972.
박노춘, 「육사의 유시문집의 미수록 작품에 대하여」, 『문리학총』 6(경희대), 1972.
구중서, 「이육사 : 상황과 지성」, 『다리』 4, 1973.
김윤식, 「절명지의 꽃」, 『시문학』 12월호, 1973.
한흑구, 「이육사와 청포도」, 『시문학』 29, 1973.
김용성, 「이육사」, 『한국 현대문학사 탐방』, 국민서관, 1974.
김용직, 「저항의 논리와 그 정신적 맥락」, 『한국현대시연구』, 일지사, 1974.
김종길, 「한국시에 있어서 비극적 황홀」, 『진실과 언어』, 일지사, 1974.
김종길, 「육사의 시」, 『나라사랑』 16, 외솔회, 1974.
김학동, 「이육사의 문학활동」, 『나라사랑』 16, 외솔회, 1974.
신석초, 「이육사의 인물」, 『나라사랑』 16, 외솔회, 1974.
이동영, 「육사 이원록 선생 해적이」, 『나라사랑』 16, 외솔회, 1974.
이동영, 「이육사의 독립운동과 생애」, 『나라사랑』 16, 외솔회, 1974.
정한모, 「육사시의 특질과 시사적 의의」, 『나라사랑』 16, 외솔회, 1974.
최창규, 「이육사 시대의 사상사적 좌표」, 『나라사랑』 16, 외솔회, 1974.
홍기삼, 「이육사의 저항활동」, 『나라사랑』 16, 외솔회, 1974.
김영무, 「이육사론」, 『창작과비평』 여름호, 1975.
김인환, 「이육사 시의 속뜻」, 『배달말』 1, 1975.
김학동, 「육사문학의 개관」, 『이육사전집』, 정음사, 1975.
김학동, 「육사 이원록 연구」, 『진단학보』 40, 1975.
이명자, 「본명조차 상실되었던 이육사」, 『문학사상』 11월호, 1975.
이어령, 『한국 작가 전기연구 2』, 동화출판공사, 1975.
한봉옥, 「한국시와 사회의식(1)(이육사론)」, 『한국현대시연구』, 신학사, 1975.
황헌식, 「암흑기의 묵시문학」, 『창작과비평』 겨울호, 1975.

김시태, 「밤의 인식과 자기성찰」, 『현대문학』 9월호, 1976.
김용직, 「소명감 속의 시와 행동정신」, 『문학사상』 1월호, 1976.
김인환, 「이육사 시의 속뜻」, 『배달말』, 경상대, 1976.
김종철, 「이육사의 문학사적 위치」, 『문학과 지성』 24, 1976.
김종철, 「육사의 시, 그 의미와 한계」, 『시와 역사적 상상력』, 문학과지성사, 1976.
김흥규, 「육사의 시와 세계인식」, 『창작과비평』 여름호, 1976.
백순재, 「육사의 유작 정리와 그 문제점」, 『문학사상』 1월호, 1976.
이기서, 「육사 시에 있어서의 개체와 집단」, 『교육논총』, 고려대 교육대학원, 1976.
이명자, 「새 자료에 의한 이육사의 생애」, 『문학사상』 1월호, 1976.
정태용, 「이육사론」, 『한국현대시인연구 기타』, 1976.
허형석, 「이육사 시 연구」, 군산수산전문대 논문집, 1976.
홍기삼, 「혁명 의지와 시의 복합」, 『문학사상』 1월호, 1976.
홍신선, 「이육사론」, 『동악어문논집』 9, 한국어문학연구학회, 1976.
김시태, 「민족의 비젼」, 『현대문학』 5월호, 1977.
조창환, 「이육사론」, 『관악어문연구』 2, 1977.
홍신선, 「낙원의 회복과 속죄양 의식」, 『시문학』 4월호, 1979.
오세영, 「이육사의 「절정」-비극적 초월과 세계인식」, 문장사, 1981.
이동영, 「이육사의 항일운동과 생애」, 『이육사전집 : 광야에서 부르리라』, 문학세계사, 1981.
김현자, 「이육사 시에 나타난 상상력의 구조」, 『한국문화연구원논총』 41, 1982.
이병문, 「이육사의 시세계」, 『논문집』 7, 광주보건전문대학, 1982.
이유식, 「이육사 시 연구」, 『국어교육』 42, 1982.
강창민, 「이육사 시의 재조명」, 『현상과 인식』 7, 1983.

김승립, 「이육사론」, 『한국언어문학』 22, 한국언어문학회, 1983.
홍신선, 「육사 소설의 구조」, 『동악어문논집』 17, 1983.
박태일, 「이육사 시의 공간현상」, 『국어국문학』 22, 부산대 국문학과, 1984.
신경득, 「일제시대 문학사상에 대하여」, 『배달말』 9, 1984.
이남호, 「육사의 신념과 동주의 갈등」, 『세계의 문학』 여름, 1984.
김광길, 「이육사론 : 한을 중심으로」, 『학술논총』 10, 원주대, 1985.
성명수, 「이육사 연구」, 『밀물』 3, 1985.
윤석성, 「신념의 시학」, 『한국문학연구』 8, 1985.
윤정룡, 「이육사의 사상적 위상 시론」, 『한국문화』 6, 서울대 한국문화연구소, 1985.
이유식, 「선구자의 시심」, 『국어교육』 53, 1985.
장도준, 「최종적 행위와 세계인식」, 『연세어문학』 18, 1985.
정순진, 「이육사와 윤동주의 시에 나타난 시간인식」, 『어문연구』 14, 1985.
심원섭, 「'이육사 시집'들은 믿을 만한가」, 『오늘의 책』 여름호, 한길사, 1985.
김재홍, 「이육사, 투사의 길, 예술의 길」, 『소설문학』 1월호, 1986.
김종길, 「이상화된 시간과 공간-〈광야〉 분석」, 『문학사상』 2월호, 1986.
김옥순, 「이육사 시 연구 여기까지 왔다」, 『문학사상』 2월호, 1986.
김학동, 「민족적 염원의 실천과 시로의 승화」, 『문학사상』 2월호, 1986.
심원섭, 「이육사의 초기 문학평론 및 소설에 나타난 노신 문학 수용양상」, 『연세어문학』 19, 1986.
심원섭, 「이육사의 서지마 시 수용 양상」, 『원본 이육사전집』, 집문당, 1986.
이남호, 「비극적 황홀의 순간 묘파」, 『문학사상』 2월호, 1986.
이동철, 「이육사의 내재의식과 시세계」, 『어문논집』 26, 고려대, 1986.
이승훈, 「이 시를 나는 이렇게 읽는다-대표작 주석」, 『문학사상』 2월호, 1986.
정재완, 「이육사론」, 『어문논총』 9, 전남대 국어국문학회, 1986.
최미정, 「이육사 시의 구조 고찰」, 『관악어문연구』 11, 서울대, 1986.

최병우, 「이육사 시연구-한시 전통 계승 문제를 중심으로」, 『선청어문』 14
　　　-15합집, 서울대 사대, 1986.
김익중, 「이육사 시의 외적 형식과 내적 형식고찰」, 『동악어문논집』 22, 1987.
박주관, 「이육사론」, 『동악어문논집』 22, 1987.
손병희, 「육사 시 해석의 몇 문제」, 『안동문화』 9, 1988.
송희복, 「육사시의 환각과 위의」, 『한국문학연구』 11, 1988.
이강현, 「이육사 시의 고찰」, 『세종어문연구』 5·6, 1988.
손병희, 「〈절정〉, 극적 구조와 앎의 추구」, 『문학과언어』 10, 1989.
이사라, 「이육사 시의 기호론적 연구 : '한 개의 별'의 의미작용」, 『논문집』
　　　30, 서울산업대, 1989.
이규숙, 「윤동주와 이육사 시의 대비연구」, 『교육논총』 10, 1990.
최종금, 「이육사론 : 그의 시정신을 중심으로」, 『한국어문교육』 1, 1990.
김숙귀, 「나라잃은 시대 시 가르치기에 대하여」, 『배달말교육』 9, 1991.
김창완, 「이육사의 〈청포도〉 검토」, 『한국언어문학』 29, 한국언어문학회,
　　　1991.
문덕수, 「이육사 시 연구」, 『홍익어문』 10·11, 1992.
김희곤, 「항일운동으로서의 육사 생애」, 이동영(편), 『일하 이원기선생 순
　　　국 오십주년 추모논총』, 육우당기념회, 부산대학교 출판부, 1993.
노종두, 「이육사의 작품세계」, 『논문집』 31, 공주대, 1993.
손병희, 「낭만적 자아와 우주적 사랑-이육사의 〈황혼〉」, 『안동문화』 14, 1993.
이동영(편), 『한국독립유공지사열전』, 육우당기념회, 1993.
조영식, 「이육사 시와 그 역사인식 연구」, 『청람어문학』 8, 1993.
김병택, 「이육사 시의 의식과 그 의미」, 『논문집』 39, 제주대, 1994.
이형권, 「이육사 시의 구조 분석적 연구; 〈黃昏〉을 중심으로」, 『어문연구』
　　　25, 1994.
김희곤, 「이육사와 의열단」, 『안동사학』 1, 안동사학회, 1994.

한상도, 『한국독립운동과 중국군관학교』, 문학과지성사, 1994.
허형만, 「이육사의 〈절정〉 : 부활의지로 승화된 순교자적 정신」, 『시와시학』 봄호, 1994.
강만길, 「조선혁명간부학교와 육사 이활」, 『민족문학사연구』 8, 1995.
김용직, 「이육사」, 서강대학교 출판부, 1995.
기나연, 「이육사 시의 현상학적 연구」, 『성신어문집』 7, 1995.
강진호, 「이육사 : 일제하 암흑기의 별」, 『문화예술』 204, 1996.
강창민, 「이육사 시에 나타난 '자연'의 시적 변용」, 『국제어문』 17, 1996.
김삼주, 「이육사의 비평적 고찰」, 『예술논문집』 35, 1996.
김임구, 「전범 밖의 문예학 방법론 : 문학구성소 분석론의 이론과 실제 －이육사의 〈광야〉를 중심으로」, 『외국문학』 가을호, 열음사, 1996.
이희중, 「이육사 시 재론 : 주제 공간의 분리와 그 성격을 중심으로」, 『어문논집』 35, 고려대, 1996.
김영범, 『한국 근대민족운동과 의열단』, 창작과비평사, 1997.
노대규, 「시의 언어학적 분석」, 『동방학지』 95, 1997.
백연복, 「시적 이미지 조성과 의미융합의 원리 연구」, 『인문과학연구』, 1997.
손병희, 「이육사의 생애」, 『안동어문학』 2·3합집, 1998.
오하근, 「시작품 해석의 오류 연구－이육사의 〈절정〉의 경우」, 『한국언어문학』 40, 한국언어문학회, 1998.
조두섭, 「이육사 시의 주체 형태」, 『어문학』 64, 한국어문학회, 1998.
조창환, 「이육사」, 건국대학교 출판부, 1998.
홍신선, 「이육사론」, 『동악어문논집』 9, 1998.
권영민, 「이육사의 〈절정〉과 〈강철로 된 무지개〉의 의미」, 『새국어생활』 9, 1999.
박경옥, 「이육사 시의 신화성에 대하여」, 『단산학지』 2, 1999.
강길부, 「이육사의 〈청포도〉」, 『시와시학』 가을호, 시와 시학사, 2000.

김희곤, 「이육사의 생애에 대한 재검토 : 독립운동을 중심으로」, 『한국근현대사연구』 13, 2000.
김희곤, 『새로 쓰는 이육사평전』, 지영사, 2000.
권영민, 「이육사의 반묘(班猫)」, 『새국어생활』 11, 2001.
박현수, 「이육사의 주리론적 수사관과 「서울」의 해석」, 『새국어교육』 61, 2001.
유병관, 「선비정신과 초인의 꿈 : 이육사론」, 『국제어문』 23, 2001.
이상규, 「육사 시에 나타난 안동방언」, 『어문학』 72, 한국어문학회, 2001.
박현수, 「이육사 문학의 전거수사와 주리론의 종경정신」, 『우리말글』 25, 2002.
강창민, 『이육사 시의 연구』, 국학자료원, 2002.
권오만, 「칼날 서릿발을 넘어 꽃성을 꿈꾸는 노래-이육사 시의 성격과 유형」, 『시안』 15, 시안사, 2002.
류지연, 「자기극복의 의지」, 『한국문예비평연구』 10, 2002.
류현정, 「이육사의 정세 인식 : 1930년대의 시사 평론을 중심으로」, 『한국사학』 7, 2002.
신용협, 「이육사의 시정신 연구」, 『인문학 연구』 29, 충남대 인문과학연구소, 2002.
권오만, 「새로 찾은 육사 시의 의미와 좌표-〈산〉, 〈잃어진 고향〉〈화제〉 등 3편의 시 재조명」, 『문학사상』 1월호, 2004.
김학동, 「문학보다 시급했던 육사의 항일운동-망국민의 울분과 저항정신 시 속에 담아」, 『문학사상』 1월호, 2004.
김희곤, 잘못 알려져 온 육사의 삶-친척 '이병희'에 의해 밝혀진 순국의 진실」, 『문학사상』 1월호, 2004.
김종길, 「육사 선생과 나」, 『현대문학』 4월호, 2004.
김용직, 「시와 역사의식-이육사론」, 『현대문학』 4월호, 2004.

박현수, 이육사 시 연구의 몇 가지 문제들」, 『현대문학』 4월호, 2004.

2. 학위논문(석사·박사)

김해수, 「이육사 연구」, 성신여사대 대학원 석사학위논문, 1974.
조병기, 「이육사 연구」, 고려대 대학원 석사학위논문, 1976.
홍신선, 「이육사론」, 동국대 대학원 석사학위논문, 1976.
천덕찬, 「이육사 시의 연구 : 민족의식을 중심으로」, 동아대 교육대학원 석사학위논문, 1977.
강화목, 「이육사 시 연구」, 고려대 교육대학원 석사학위논문, 1978.
정충희, 「이육사 논고」, 고려대 교육대학원 석사학위논문, 1980.
이상호, 「이육사 연구」, 한양대 대학원 석사학위논문, 1982.
박성윤, 「이육사론」, 중앙대 교육대학원 석사학위논문, 1982.
이명수, 「이육사 시 연구」, 건국대 대학원 석사학위논문, 1982.
유응규, 「육사의 시정신 연구」, 조선대 교육대학원 석사학위논문, 1982.
황정란, 「이육사의 시 연구」, 연세대 교육대학원 석사학위논문, 1982.
강윤수, 「이육사 시론 : 유형 및 내용분석을 통한 재평가방안」, 중앙대 대학원 석사학위논문, 1983.
이기서, 「1930년대 한국시의 의식구조 연구-세계상실과 그 변이과정을 중심으로」, 고려대 대학원 박사학위논문, 1983.
최현희, 「이육사의 시 연구」, 성균관대 대학원 석사학위논문, 1983.
김승립, 「육사 이원록 연구:상황과 시인의식의 문제를 중심으로」, 제주대 교육대학원 석사학위논문, 1984.
김삼주, 「이육사 시의 연구」, 인하대 대학원 석사학위논문, 1984.
손계천, 「육사 시 연구」, 충남 교육대학원 석사학위논문, 1984.

이용진, 「이육사 시 연구」, 인하대 교육대학원 석사학위논문, 1984.
심원섭, 「이육사 시의 원전과 기존판본에 관한 연구」, 연세대 대학원 석사학위논문, 1985.
김기창, 「이육사·윤동주의 시 이미지에 대한 고찰」, 조선대 교육대학원 석사학위논문, 1986.
이승범, 「육사와 동주 시의 미래지향성에 대한 고찰」, 조선대 대학원 석사학위논문, 1986.
이종희, 「〈청포도〉에 나타난 상상력의 구조」, 원광대 교육대학원 석사학위논문, 1986.
강창민, 「육사 시 연구-시정신을 중심으로」, 연세대 대학원 박사학위논문, 1987.
김창완, 「이육사·윤동시의 대립적 구조연구」, 한남대 대학원 석사학위논문, 1987.
박민종, 「이육사 시어의 의미 표출에 관한 연구」, 공주사대 교육대학원 석사학위논문, 1987.
박주관, 「이육사론」, 동국대 대학원 석사학위논문, 1987.
정재승, 「이육사의 시 연구」, 경남대 대학원 석사학위논문, 1987.
박석천, 「이육사의 시 연구」, 전남대 대학원 석사학위논문, 1987.
김익중, 「이육사 시의 외적형식과 내적형식 고찰」, 동국대 대학원 석사학위논문, 1987.
구재기, 「이육사 시의 연구」, 충남대 대학원 석사학위논문, 1987.
정재승, 「이육사의 시 연구」, 경남대 대학원 석사학위논문, 1987.
박양천, 「이육사의 시 연구」, 전남대 대학원 석사학위논문, 1987.
엄혜숙, 「이육사와 현실인식」, 연세대 대학원 석사학위논문, 1987.
채수영, 「한국현대시의 의식지향 연구 -한용운, 이육사, 신석정 시의 색채의식을 중심으로」, 경기대 대학원 박사학위논문, 1987.

권윤현, 「식민지시대 저항시에 나타난 현실인식 : 이상화·이육사·윤동주의 시를 중심으로」, 경북대 대학원 석사학위논문, 1988.
김미숙, 「육사 시에 나타난 시의식 연구」, 명지대 교육대학원 석사학위논문, 1988.
김창완, 「이육사·윤동주 시의 대위적 구조연구」, 한남대 대학원 석사학위논문, 1988.
구재기, 「이육사 시의 연구」, 충남대 교육대학원 석사학위논문, 1988.
나은찬, 「육사 시의 신화·원형적 연구」, 전남대 교육대학원 석사학위논문, 1988.
신혜숙, 「공간기호론적 접근을 통한 육사 시의 해석」, 청주대 대학원 석사학위논문, 1988.
이몽희, 「한국 근대시의 무속적 구조 연구 : 김소월·이상화·이육사·서정주를 중심으로」, 동아대 대학원 박사학위논문, 1988.
정선학, 「이육사 시 연구」, 경희대 대학원 석사학위논문, 1988.
임승빈, 「육사 시의 상징 연구」, 청주대 대학원 박사학위논문, 1989.
강연호, 「이육사·윤동주 시의 구조 연구 : 공간구조와 시간구조를 중심으로」, 고려대 대학원 석사학위논문, 1990.
김선학, 「한국 현대시의 시적 공간에 관한 연구」, 동국대 대학원 석사학위논문, 1990.
오상수, 「이육사 시 연구 : 그의 시에 나타난 상징적 표현을 중심으로」, 연세대 교육대학원 석사학위논문, 1990.
이계숙, 「윤동주와 이육사의 시의 대비연구 : 주요 이미지 분석을 중심으로」, 동국대 교육대학원 석사학위논문, 1990.
정회근, 「상화와 육사 시 비교 연구」, 충북대 교육대학원 석사학위논문, 1990.
조병기, 「한국 현대시에 나타난 비극적 서정성 연구 : 이육사와 윤동주 시의 전통적 맥락을 중심으로」, 성균관대 대학원 박사학위논문, 1990.

김숙귀, 「나라잃은 시대 시 가르치기에 대하여 : 윤동주의 〈서시〉와 이육사의 〈절정〉을 중심으로」, 경상대 교육대학원 석사학위논문, 1991.
임채모, 「육사 시의 상징성 고찰 : 시간과 공간을 중심으로」, 전남대 교육대학원 석사학위논문, 1991.
신응순, 「〈광야〉의 구조분석」, 명지대 대학원 석사학위논문, 1991.
정재규, 「이육사와 윤동주 시의 비교 연구 : 두 시인의 자아인식과 시적 저항」, 부산대 교육대학원 석사학위논문, 1992.
주병웅, 「이육사론」, 고려대 교육대학원 석사학위논문, 1992.
조선희, 「이육사 시의 이미지 연구」, 홍익대 교육대학원 석사학위논문, 1992.
조영식, 「이육사의 시와 그 역사인식 연구」, 한국교원대 대학원 석사학위논문, 1993.
주병웅, 「이육사론」, 고려대 교육대학원 석사학위논문, 1992.
조영식, 「이육사의 시와 그 역사인식 연구」, 한국교원대 석사학위논문, 1993.
김광화, 「한국 현대시의 공간 구조 연구 : 청마와 육사, 김춘수와 김수영을 중심으로」, 서강대 대학원 박사학위논문, 1994.
염창권, 「한국 현대시의 공간구조와 교육적 적용 방안 연구」, 한국교원대 대학원, 1994.
이구락, 「육사 시의 원형비평적 연구」, 효성여대 대학원 석사학위논문, 1994.
정성민, 「이육사의 시어 특성 고찰」, 조선대 교육대학원 석사학위논문, 1994.
주지숙, 「이육사 시 연구」, 한양대 교육대학원 석사학위논문, 1994.
신응순, 「육사 시의 기호론적 연구」, 명지대 대학원 박사학위논문, 1995.
이경교, 「한국 현대 시정신의 형성과정 연구 : 한용운, 이육사, 그리고 이상을 중심으로」, 동국대 대학원 박사학위논문, 1995.
김성희, 「이육사 시 연구」, 성신여대 교육대학원 석사학위논문, 1995.
고영규, 「이육사 시의 상상력 연구 : 시간·공간구조를 중심으로」, 고려대 교육대학원 석사학위논문, 1996.

권미옥, 「육사 시의 형식 연구」, 중앙대 교육대학원 석사학위논문, 1996.
김일남, 「윤동주의 저항의식 연구 : 이육사와의 비교를 중심으로」, 관동대 교육대학원 석사학위논문, 1996.
김현성, 「이육사와 윤동주 시에 나타난 시어의 이미지 대비연구 : 현실표상과 현실극복의 의미구조를 중심으로」, 중앙대 대학원 석사학위논문, 1996.
박현수, 「육사시에 끼친 주자학적 영향 : 수사적 발현을 중심으로」, 서울대학교 대학원 석사학위논문, 1996.
박계숙, 「육사 시의 구조 연구」, 충남대 대학원 박사학위논문, 1997.
김호영, 「이육사 시에 나타난 시정신 연구」, 관동대 교육대학원 석사학위논문, 1998.
장영순, 「이육사 시 연구」, 경원대 교육대학원 석사학위논문, 1998.
권순각, 「이육사 시 연구 : 현실수용양상을 중심으로」, 한양대 교육대학원 석사학위논문, 1999.
이진영, 「이육사 시의 신화·원형성 연구」, 대구대 교육대학원 석사학위논문, 1999.
김중호, 「이육사와 윤동주 시의 대비적 고찰 : 시정신을 중심으로」, 한양대 교육대학원 석사학위논문, 2000.
박명화, 「육사 시의 인지 의미론적 연구」, 한남대 대학원 석사학위논문, 2000.
최상영, 「이육사의 시 연구」, 전북대 교육대학원 석사학위논문, 2000.
최승희, 「이육사 시의 이미지 연구」, 명지대 사회교육대학원 석사학위논문, 2000.
박연한, 「이육사 시 교육 방법 연구」, 부산대 교육대학원 석사학위논문, 2001.
서연숙, 「이육사 시의 구조 연구」, 충남대 교육대학원 석사학위논문, 2001.
이이주, 「수용이론의 적용을 통한 시교육 방법 연구 : 이육사의 시 〈광야〉의 교수-학습방법을 중심으로」, 울산대 교육대학원 석사학위논문,

2001.

권석창, 「한국 근대시의 현실 대응 양상 연구 : 만해·상화·육사·동주를 중심으로」, 대구대 대학원 박사학위논문, 2002.
김판준, 「이육사 시의 교육 방안」, 경남대 교육대학원 석사학위논문, 2002.
유현정, 「이육사(1904-1944)의 시대인식 : 1930년대 시사평론을 중심으로」, 안동대 대학원 석사학위논문, 2002.
이정현, 「이육사 시의 이미지의 상징성 연구」, 서강대 교육대학원 석사학위논문, 2003.
정용섭, 「이육사 시 지도 연구」, 충북대 교육대학원 석사학위논문, 2003.
최규일, 「이육사 시 연구」, 서울시립대 교육대학원 석사학위논문, 2003.
황정희, 「이육사 시 연구 : 자의식 발전에 의한 현실 인식을 중심으로」, 관동대 교육대학원 석사학위논문, 2003.

3. 이육사 관련 사료

김정명(편), 『조선독립운동』 2, 동경, 원서방, 1967.
조선총독부 경무국, 「군관학교의 진상」, 한홍구·이재화(편), 『한국민족해방운동사 자료총서』 3, 경원문화사, 1988.
이동영(편), 『일하 이원기선생 순국 오십주년 추모논총』, 육우당기념회, 1993.
이동영(편), 『한국독립유공지사열전』, 육우당기념회, 1993.
국사편찬위원회, 〈이활신문조서〉, 『한민족독립운동사자료집』 30, 1997.
국사편찬위원회, 〈이원록 소행조서〉, 『한민족독립운동사자료집』 30, 1997.
국사편찬위원회, 〈증인 이원록 신문조서〉, 『한민족독립운동사자료집』 31, 1997.

- 정리 손병희

이육사 전집

2004년 7월 25일 초판발행
2011년 8월 30일 3쇄 발행
2020년 12월 1일 4쇄 발행

편 저 김 용 직
손 병 희
펴낸이 박 현 숙

주소 서울특별시 용산구 원효로80길 5-15 2층
TEL. 02-764-3018~9   FAX. 02-764-3011
E-mail : kpsm80@hanmail.net

펴낸곳 도서출판 깊은샘

등록번호 / 제2-69. 등록연월일/1980년 2월6일

ISBN 978-89-7416-136-2 03810

※ 파본이나 잘못된 책은 구입하신 곳에서 바꿔드립니다.

값 20,000원